我们需求和追求的一切，
都无外乎是一些不同形式的差别

需求的极限

关于经济学理论基础的探讨

郭绍华　著

知识产权出版社
全国百佳图书出版单位

图书在版编目（CIP）数据

需求的极限：关于经济学理论基础的探讨/郭绍华著.—北京：

知识产权出版社，2018.1

ISBN 978-7-5130-5189-7

Ⅰ.①需… Ⅱ.①郭… Ⅲ.①需求理论—研究

Ⅳ.① F014.32

中国版本图书馆 CIP 数据核字 (2017) 第 244189 号

内容提要

传统的需求范畴特指人的需求，通常需求的性质又被看作是人的性质。近来，这个被默认的习惯受到了质疑和挑战。例如，动物、植物的需求必须尊重；机器人会有自己的需求。从彻底的进化论角度看，人的需求只是整个需求范畴的一个特例。有必要追究"需求"的起源，探讨需求发生、发育、演变的过程和趋势，有必要研究"一般需求"理论。本书是一个初步的尝试，这种探讨也许将对理解新需求爆发导致的巨大变革，理解人的性质发生的演变，理解新的生产方式、生活方式、社会关系，理解人工智能等非人类的需求主体对人类地位的影响提供一种分析的角度。

责任编辑：宋　云　王颖超	**责任校对：**谷　洋
文字编辑：褚宏霞	**责任出版：**刘译文

需求的极限——关于经济学理论基础的探讨

郭绍华　著

出版发行：知识产权出版社有限责任公司	**网　　址：**http://www.ipph.cn
社　　址：北京市海淀区气象路 50 号院	**邮　　编：**100081
责编电话：010-82000860 转 8388	**责编邮箱：**songyun@cnipr.com
发行电话：010-82000860 转 8101/8102	**发行传真：**010-82000893/82005070/82000270
印　　刷：北京嘉恒彩色印刷有限责任公司	**经　　销：**各大网上书店、新华书店及相关专业书店
开　　本：720mm×1000mm　1/16	**印　　张：**18.5
版　　次：2018 年 1 月第 1 版	**印　　次：**2018 年 1 月第 1 次印刷
字　　数：260 千字	**定　　价：**56.00 元
ISBN 978-7-5130-5189-7	

目　录

1

引　言

"需求"有两层意义，首先是主体指向某个标的的意愿，其次是标的本身。一旦需求的意愿与需求的标的重合，就意味着这个需求被实现。

通常，我们所说的"需求"是指人的需求。需求以及需求的能力也被看作是人性本身。新技术革命极大地满足了我们的各种需求，同时也催生了无数的新需求。新需求远远超过我们原有的天然需求之后，是不是意味着人的性质也在发生改变呢？这种改变有极限吗？

当今这个新需求喷涌而出的时代里，我们已经深切地感受到了来自人工智能和生物工程技术对于人本身的挑战和威胁。机器人的需求、动植物的需求都成了必须面对的问题，它们也会是需求者吗？

需求的强度常被视为"价值"，新需求产生新的价值和价值观，这就对价值理论体系也提出了新的要求。

关于这些领域的理论研究也还远不是一个成熟的领域，在现有的理论库中还没有一件趁手的武器可拿来应对这些挑战。

例如，机器人、人工智能的飞速发展，预示了一个新物种的出现，仿佛天边滚滚而来的沙尘暴。面对这样的挑战，首先要弄清楚的应该是我们和机器究竟有何异同，我们的性质和机器的性质有何异同。研究我们的性质，最根本的话题是我们的需求；同样，机器的需求也就是机器的性质，如果它们有了自己的需求，比较这两种需求就能找到这两种物种的异同，就能判断敌友，就能得出我们发展人工智能的战略，就能预测可能出现的趋势。

　　总之，我们需要一种涵盖所有需求者所有需求的一般需求理论。

　　仅仅在原有体系的顶层修修补补、增砖添瓦显然已于事无补。譬如"虚拟经济学"中的"虚拟"概念，就是一个腼腆和无奈的方案。因为将心理性需求以及为满足心理性需求所生产的产品称为"虚拟需求"和"虚拟产品"并不贴切。在中文里，"虚"字含有不真实、虚假、虚幻的意思，显然不应把心理性需求以及为实现心理性需求的产品本身都当作是不真实的、虚假的、虚幻的，因为我们要为之劳作和付账。而真实的东西常被称作是"实体"，只有实体才可以成为对象。出现这种尴尬局面的原因可以追溯到一些曾经占据统治地位的哲学常识和信条，比如，只有物质才被作为唯一的实体，我们还缺乏足够的研究和信心去挑战这个传统。

　　传统的理论大厦已是捉襟见肘、风雨飘摇了。在理论和事实发生冲突的时候，应当更倾向于事实。现在应该转回身来，重新深究这些体系的根基，将基础建立在更深层的岩层之上。

　　正如康德所阐明的那样，人具有先天的综合判断能力，这是当下人们之所以能够认识世界、适应世界的先决条件。同理，也可以说当前的人都具有特定性质的先天需求，而且，先天具有实现这些需求的自然倾向和能力，这也是人与人之间可以建立政治关系和经济关系的先决条件。例如，经济学意义上的需求，特指人成为经济关系中的人之后的历史范围内的需求，这是一个被默认的常识，绝大部分关于需求的理论都建立在这个默认之上。

　　也正如康德并没有向我们说明先天综合判断能力从何而来一样，所有的经济学家也都没有系统地说明人的需求从何而来。此前关于需求的理解都只建立在不追究人本身的来源和去向的基础之上，建立在对需求本身不追究来源和发展、变异的基础之上，只能将当前的、具体的需求作为讨论对象和出发点。然而，这种种被默认的"一般需求""一般价值"也都并不具有足够的一般性程度，只是某种具体层次、具体尺度、具体历史阶段的具体概念，因此，才会造成理论本身有效性范围的不足与滞后。

150多年前，达尔文提出了物种起源论，在把所有生物都作为一个演化过程的同时，也把人类自己作为没有太多特权的一种生物物种，人也具有自己的演化史。因此，作为人类行为的"需求"当然也只能伴随人本身的演化而生成、积累、发展、演化。如果将进化论贯彻到底，把人本身看作是一个过程，那么，作为人性标志的需求也应当是一个过程。需求也是一个与世界发展进化历史相关的发生、发育、演化、积累、变异的过程。

沿着进化论的思路，向前追溯，人自身是从普通的物种发展、演变而来的，人的需求都是从其前身物种的需求中演化来的。因此，人的所有需求都是从前一种状态中延续、发生、成长、变异、分化出的一簇枝权或叶脉，这些具体需求有着共同的起源，这簇分支中所有成员可能拥有一个共同的分叉点，分叉点之前的状态或实体就可能是这簇具体需求中所有内容和成员的共同部分，就具有更大的一般性程度。这也就意味着，将起点向前追溯，将起点向前移动，就可能找出更具有一般性的实体，追溯到我们所说的这一簇具体需求的发源地。换言之，把人的发育史放在整个生物界进化的大背景下，人的需求的进化史只是整个生物界进化史中的一个分支，沿着这个脉络向前追溯，可以找到人的需求的起源点。再进一步，把生物界的进化放在整个世界进化的大坐标系中，就能看到生物性需求的起源，甚至更早的源头。一般说来，我们相信，越早的就越是一般的。用这个思路，我们有可能找到最一般的"需求"。

上面的推论基于这样一个猜想：前面的实体相对其之后进化的实体来说具有一般性。越向前追溯，一般性程度就可能越高，追溯到了进化进程的极限，就可能达到一般性的极限，也就得到了最一般的需求；反之，沿着进化线索向后展望，直到这个一般需求所能涵盖的所有具体形式、每一个具体的需求形式，就是一般需求具体化的极限；在这两个端点之间，是这个一般需求范畴有意义的区间。

但是，这只是一种基于历史决定论的推论，是一种基于"继承性"

始终有效的信念。事实上，进化过程并不保证所有性状都能均等地继承下来，每一个分支都可能发生灭绝和断裂；进化中也可能产生出与传统模式不甚相干的变异，新出现的变异与作为进化基础的势态之间并不存在显著的继承关系。只有在这两种例外不十分突出时，上述的猜想和推论才会有意义。

尽管如此，我们仍旧可以沿用进化论的思路，仍旧可以把进化和积累作为一般线索，这是因为这样一个事实：到现在为止的所有重大的突变都是在有限势态范围内发生的，都是局部的，都没有能从根本上改变进化线索。所以，这个线索仍然在宏观上存在，在宏观上有效。

回过头来看，我们不知不觉间把"需求"这个用来专指人的意愿和意愿对象的概念推演到人形成之前的其他历史阶段，不仅推广到了人之外的其他生物，甚至还可以推广到生命之外的更广阔的领域。那么，"需求"这个概念就随之演变成了一个更一般的概念。

可以把这种意义上的超出"人"之外的需求称为"一般需求"。

相对于"一般需求"来说，人已经不再是唯一的需求主体了，只是其中的一种需求主体。另外，人之外的其他需求主体并不都具有意识和自我意识意义上的"意愿"，"意愿"被泛化为一种自然倾向。那么，一般需求的概念可以表述为这样两部分：实体趋向于一个特定目标和状态的自然倾向以及被这个实体所倾向的目标和状态本身。

一旦对于需求的追溯超出了"人"的范围，追溯到了人形成之前的进化史阶段，也就超出了人文科学的研究范围，就不再属于经济学和人文科学了。也就意味着，我们试图在经济学和人文科学之外为其寻找理由和基础。不过这并不是什么不可思议的事情，正如我们不可能提着自己的头发使自己离开地面一样，经济学的所有基础显然也不能全都在经济学和人文科学的范围之中，不能指望经济学和人文科学自己证明自己，只能跃出这个圈子，到另外一个领域里寻找支点。这也就是说，我们只能在人文科学领域之外，在看起来不相干的另一个领域里探寻人文科学的基础。

要更深入研究需求，就要从普遍联系的整体局势入手。而至少在目前，最具整体视野的学科方法依然还是哲学。这就是说，我们可以利用哲学的方式寻找需求理论的基础和支点。譬如，只有寻找到"意愿"作为一种实体存在的哲学根据，明白了这种实体与其他实体的相互关系，在所有实体的关系中找到"意愿"的位置，才能确定"意愿"的性质，从而确定"需求"的意义。于是，需求问题就从经济学问题、从生物和人文命题转变成了一个哲学话题。至于哲学所必需的科学知识背景，那是哲学自己的功课。

需求以及由此而产生的价值问题在哲学领域里又具有怎样的地位和意义呢？来看中国社会科学院李德顺教授的一段论述：

"价值论"（axiology）是继存在论（ontology，旧译"本体论"）、意识论（gnosiology，旧译"认识论"）之后形成且与之在同等层次上并列的一大哲学基础理论分支。在哲学史上，这三大分支获得命名从而正式形成的大体时间，分别是：17世纪（存在论），18世纪（意识论），20世纪（价值论）。价值论之所以在晚近才真正形成，是因为它的内容最为庞杂，有待于前两者及其他具体人文社会学科发展的相对成熟作为自己的基础。

……

存在论提出和回答的问题是："什么是存在和非存在？什么存在着？怎样存在？"

意识论提出和回答的问题是："人的头脑是否能够以及如何了解和把握存在？"

价值论提出和回答的问题是："世界的存在及其意识对于人的意义如何？"❶

可以对李德顺教授的观点做一些推广。

---

❶ 李德顺：《价值论》，北京：中国人民大学出版社，1987年，第14页。

（1）世界的发生是一个从物理世界诞生——有机界形成——生命出现——意识能力产生——社会关系发育——价值观念的成熟，这样连续的进化过程。

（2）哲学的三个主要课题的划分，分别大致对应于从世界诞生到价值观念形成的全部过程的不同阶段；后出现的哲学视角关照着此前的所有视野。

（3）具体讲，价值概念中包含了被意识到的意愿和需求强度，意识本身毕竟首先是一种存在者。相比之下，存在论的问题就更根本、更一般。意识和价值本身作为存在者，都是存在者自身发展的成果，都应当在存在论中找到自己的源头和一般性的规则。

所以，追寻需求和价值的一般性及其一般规则的工作，应该从哲学的存在论开始，从本体论的源头开始，由此得到的将是一个不断演化和发展的连续进程。只有找到了更一般的甚至最一般的需求，寻找到需求的极限的起点，才可能为"需求"找到坚实的立足点，才能使其成为一个科学的范畴，成为研究具体需求的出发点。

在通常的意义上，需求的极限是指我们究竟需要什么，需求多少，其实就是指我们意愿的极限。最难以把握的是人的意愿，更无法知道由于为了实现眼前的需求还会派生出些什么更离奇的需求，所以，我们还不知道我们自己究竟需要什么，也不知道我们所使用的方法能不能导致我们实现所有这些需求，实现了这些需求又会给我们带来怎样的命运。

如果需求是人性的标志，需求的变化是否就意味着人性的变化？那么需求的极限也就可以被看作是人性的边界和极限吗？这个极限真的存在吗？

"需求的极限"这个命题实际上有两个方向、两种意义：一个是向前追溯的，一个是向后瞭望的；一种是追寻需求起源的极限，追寻最一般需求的极限，一种是追寻具体需求及其实现形式的极限。理想中，把握了这两个端点，就有了论域的明确界定，就有助于形成关于价值和人性问题的新视野，或许还有助于设想一个如何处理与未来新生智能物种和新生生命物种关系的展望平台和工具。这就是本书企图探讨的课题和思路。

第一章 需求的进化

1.1 一般需求的起点

1.1.1 方法与途径

我们只有实验和思辨这两种工具和方法，通常，这两种方法被交叉使用。对于一般性问题的考察更经常使用的是后者。

用抽象的方法可以从各种具体的需求对象中抽象出一般需求和一般需求对象的概念。但是，这样得到的只是我们对于对象的一种处理，这些概念中并没有关于需求本身发展过程的信息，也不直接等于需求以及需求对象发展进程中某一个阶段的具体形式。

究竟有没有一般性需求这个对象？我们用抽象方法获得的概念与这个可能的对象本身两者之间有多大差别？对于这样的问题，我们还不大有把握。因为，用实践的方法可以接触到无数具体的需求及其对象，用逻辑演绎和抽象的方式也可以得到无数具体的需求和具体需求对象的概念，但是，这两种方法都无法直观到一般性需求本身，或者说用实践和抽象方法都只能接触和获得具体的需求对象及其抽象概念，或得到对于对象的抽象处理后的共相，却得不到可以作为共相的对象本身的内容。

面对方法的尴尬，还有一个可供选择的出路，这就是基于进化论的"追溯法"，虽然也是实验和思辨相结合的方法，但是，更倾向于将研究对象作为一个发展的过程来看待，作为世界整体发展过程中的一个局部和段落来看待，从这个对象在整体发展过程中的位置以及相对关系中分辨和认识对象。这样的方法获得的结果可能更接近于一般需求本身的实际形式。

进化论是古老的思想。佛学经典《大佛顶首楞严经》里就有从天体演化到万物形成，从生物形成以至人类社会生成全过程的描写；中国古代的许多典籍里都有从原始社会到农耕社会演化过程的记载和描写。从康德的星云学说，到马克思关于社会结构的演化学说，直到达尔文的《物种起源》里提供的大量观察证据，进化论逐渐从直觉、猜想、推理迈入了科学，成为科学的方法和事实。

我们在更一般的意义上使用进化论的方法，已经不仅只是对某一个领域里的发生、发展和变化的描述，而是把世界作为一个整体来看待，整个世界被看作是一个发生、发展和演化的完整过程，世界所有的成员都是这个总过程中的一个具体的、分支的局部，是其中的一个枝杈或片段，每一个具体的物种都能在整个世界进化的时空体系中找到自己的位置。

撇开由于突变、断裂所造成的非继承性，在这个谱系中可以发现，由于每个物种都是从原有的另一种物种演变而来的，都或多或少地继承了自己所由出生的原来物种、个体的性质，或多或少地保留了自己原来所处的生成环境所造成的影响，相对于这些后来的、已经分化的各种物种和个体来说，原有的、原始的那个物种的性质就具有一定程度的一般性。比如，一个"祖先"的某些性质对众多"子孙"具有一般性。就是说，在当前看来是一般的现象和势态，是具有某种程度一般性、普遍性的规则或规律，只要向前追溯，就可能追溯到一种具体的实体或势态。在这个层次看起来似乎是抽象的、形而上的、逻辑的、规则的东西，其实在前一个历史背景下，也是一些具体的实体和势态，是一些具体的存在者。

这可以推广为：现实世界中，任何一种看起来是一般性的东西，都可能被追溯为前一个发展阶段中或上一个层次中的具体的东西。对我们这个阶段是一般性的，在前一个发展阶段里，在其起源的阶段里却是具体的。

沿着这个思路，只要不断向前追溯，就可能最终获得相对于它自身当时环境来说是具体的，相对我们来说却是更为一般的规律和规则，直到追寻到一般性的极限位置为止。

如果我们打算尝试用追溯法去寻找一般需求的原理，就不能惧怕将话题扯远。可以相信这样一个规则：虽然最早的不一定是最一般的，但是更一般的一定是更早的，最一般的一定是最早的。只有追溯到一个事实或实体的起源点，才能找到它的最一般状态和规则。

对一般需求所追溯的最远位置，将会涉及这个世界最初、最基本的状态——世界的本原。

1.1.2　物质与关系

经验告诉我们，这个世界的一切实体都是由更深层次的另一些作为要素的实体以某种方式组织而成的。如果我们同时相信，这个世界是经过了一个进化、发育的过程才逐渐形成了现在的样子，那么，所谓进化和发育的过程就可以被理解成是作为素材或要素的深层次实体不断重新组合、积累、排列，形成新样式、新层次实体的过程。

我们曾假定，当前这个层次的一般性规则可能存在于构成这个层次的更基础、更深的层次中。这就意味着，只要沿着进化过程的相反方向向前追溯，从当前层次实体的形成过程就可能追溯到它的一般原因和一般特征。事实上，这不仅是一种古老的思想，也是近现代科学技术的一个重要方法。

作为追溯法的一种，我们经常用解剖分析的方法研究未知对象，从对象的结构中寻找对象的规律和原因。解剖分析有两种：一种是在实验视野下对具体对象的实际分解；一种是在思维模型中进行的抽象分解。

比如，《庄子》中有一个关于物质无限细分的著名思想模型："一尺之棰，日取其半，万世不竭。"就是说，把一个捣衣棰分成两半，来日，将其中的一半再分成两半，如此下去，一万年也分不完，还可以永远继续分割下去。

这里隐含着一个假设的前提："锤"的要素是更小的"锤"，"锤"本身的结构和作为"锤"的要素的"锤"的结构也是相同的。这里，要素的种类是唯一的，要素的要素也是唯一的，要素之间的关系形式也是唯一的，都永远不变。由于只有一种关系形式，只有一种要素，所以，要素和要素之间的关系没有区别的必要，可以忽视。也只有在这个前提下，"锤"才可能被无限分割。

然而，建立在上述假定前提基础上的这个思维模型与实践中遇到的所有具体对象有根本的不同。常识告诉我们，事实并非如此，这些前提在实际对象中并不成立。

现代科学分析方法得到这样的结果：

（1）任何物质实体都由另一些种类的实体组织而成。也就是说，"锤"不可能用与"锤"相同的"锤"构成。要素与由要素们构成的另一层次的实体具有不同的性质。

（2）因此，用解剖分析的方法能够从一个实体中找到两种东西：一是构成这个实体的素材或要素，二是这些要素之间的相互关系形式。

按说，根据大量经验和实验科学得到的这个结果，就可以顺利地构建出更恰当的思维模型，但是情况并非如此乐观。受各种因素的影响，基于不同的侧重点，人们构建的思维模型也大不相同。归纳起来大致有这样一些极端的类型：

（1）将要素与要素之间的关系这两个不同的实体等同起来，忽视两者之间的区别。

（2）仅注重构成实体的要素，忽略构成实体的诸要素之间的关系形式。

（3）仅注重构成实体的诸要素之间的关系形式，忽略构成实体的要素本身。

（4）如同注重构成实体的诸要素之间的关系形式一样，同时注重构成实体的要素本身，这两者都是不可忽略的。

这些侧重点的选择，可导致哲学立场的重大分歧，这里就不详叙了。

这本书里，笔者所持的观点是上述第四种，认为有要素性和关系性两种实体，两者相互之间是对立统一的关系。

之所以在过去很长的一个历史时期里，人们宁愿坚守某一个极端观点而不愿直面一个逐渐清晰的事实，是因为我们始终相信这世界是统一的，如果接受两种或两种以上的基本因素，就可能跌入"二元论"或"多元论"的万丈深渊，就会对世界做出分裂性的理解。往往事与愿违，恰恰是出于统一世界的愿望，反而对世界做出了分裂的理解。

1.1.3　关系与关系者

对于日常的、宏观的、具体的物质实体来说，构成这些实体的要素和这些要素之间的关系形式之间有着明显的区别，显然是两种不同性质的实体。

对于量子物理学意义上的物理世界来说，构成这类实体的要素与这些要素之间的关系形式就不再像在人的感官尺度上的宏观物质世界里那样泾渭分明了，要素之间的关系形式也会是我们理解中的物质实体，要素本身也会是我们过去所习惯的关系性实体。

对于抽象的关系实体来说，比如一个数学对象，构成这类实体的要素不再是物质实体，可以是一种单纯的符号或者是抽象的关系性实体，是另一层次的关系性实体。要素与要素之间的关系只是层次的不同。

从上述这三种不同类型的实体中可以抽象出一个共同的模式：关系和关系者之间的关系，或者表述为：关系和关系者。

1.1.4　差别和差别者

对关系者和关系这两者做进一步抽象：

（1）关系和关系者是不同的，是区别着的，是有差别的；

（2）既然如此，两者就都是这种差别关系的主体，都是差别者。

于是可得：

差别和差别者

1.1.5　纯粹差别和纯粹差别者

能否对"差别和差别者"继续进行抽象呢？能否将两者还原成唯一的一个实体呢？有一个可以尝试的方法：

和所有的具体差别者一样，如果不断减少差别者之间的差别，两个差别者就会不断趋同或接近，当差别者之间的差别减少到"0"时，差别和差别者之间的差别就消失了，就成为同一个实体，也就实现了对"差别与差别者"这两个差别者的抽象。

事实上，每一个实体都处在和所有实体的广泛联系之中（至于这种广泛联系的原因和方式，后面还有机会讨论），减少差别的过程，实际上就是减少与所有实体之间的差别和差别形式。这个情景很类似于克劳修斯热力学第二定律所表述的那样，孤立体系中的热运动总是向着熵增加的方向发展。从广义的角度，这里把"熵"理解为负方向的差别，因为具体的差别都具有差别形式，熵增加可以被理解为差别和差别形式的减少，系统趋向于均匀化。如果一个孤立系统中的差别和差别形式不断地趋向于减少，当熵增加趋于极致时，会是一个什么样的情景呢？

这会是所有物质实体不断解构的过程，是差别形式不断减少的过程，直到减少到只有少数种类的差别形式，甚至直到仅剩一种差别形式，再甚至连这最后的差别形式也将要失去内容和意义的程度，所有差别者之间的差别将越来越小，直至接近失去差别意义的程度。

一旦差别最终消失，差别和差别者的关系将失去意义，两者也就同时消失了，所有的差别者和差别都消失了，这个世界也就不存在了。

至于世界究竟会不会达到寂灭状态，这是个古老的哲学话题，也是一个既无法证实也无法证伪的命题。但是，我觉得，世界不会走入寂灭。一个简单的理由是：因为分解越小的物质所需要的能量越大，假如线性推导，做到头，就会遇到一个终极障碍，解析一个微粒所需要的能量大于或等于全部世界所有的能量，微粒的能量就是整个世界的能量，一个微粒就是全部的世界了。这时，继续分解就不可能了，就达到了分解的极限。也就是说，我们不可能实现对于物质的无限分解，物质对象本身也不是可以无限分解的。只要物质不是无限可分，就意味着差别不可能最终消失。既然有着无法最终消失的差别，世界就不会最终进入寂灭。

这也就是说，差别减少有一个不可最终逾越的极限，可以无限趋近于 0，但是不会最终等于 0。

在极端接近极限的领域里，差别者之间原有的差别形式趋近于消失，消失到了接近除了差别之外没有任何有意义的差别形式的程度，可以把这种差别定义为"纯粹差别"；处于纯粹差别之间的差别者由于同样的原因也将失去自身的所有内容，除了作为差别者之外再没有更多的意义，这样的差别者可以定义为"纯粹差别者"。

其实，这时的纯粹差别和纯粹差别者两者之间，除了分别强调不同的来源和意义之外，互相之间并没有什么不同，两者将融合为同一种东西。我们可以把纯粹差别和纯粹差别者及其接近达到的重叠状态定义为"元子"。

1.1.6 元子

如果坚持物质无限可分的原则，就不可能得到元子的概念。元子是不断分割具体物质可能达到的最后边界。

这里出现了一个有悖于我们思维习惯的情况：因为我们是沿着对物质不断分割的路径到达元子这个不可分割的最后极限的，结果应当获得无限多个彼此之间没有差别的基本"颗粒"。但是，分割这些颗粒的同时，颗粒互相之间的差别在同时逐渐减少，等差别减少到相互之间的微不足道、减少到不再有意义时，所有的、无限多的元子就将融合成唯一的一个元子。或者说，既然所有元子互相之间是无差别的，那么，也就应该是同一个实体。

用佛学的术语，可把这种局面表述为"一为无量，无量为一"。用数学表达式，可写为 $1 = \infty$，$\infty = 1$。

唯一的一种差别形式就不是差别形式，就是无形式，差别和差别形式就直接等同。也就是说，这时，$1 = 0$。

差别者之间无差别就不是差别者，无限多的差别者就会直接融合在一起成为唯一的一个，或者说 $\infty = 1$，并且 $1 = 0$。

1.1.7　纯粹差别就是存在本身

注意这里使用的"="。如果真的达到等式两边的绝对相等，就意味着所有的元子绝对地重合到了一起，无限多的元子重合为唯一的一个元子。唯一元子，没有对象的元子意味着一个寂灭的世界。这时的世界中"一"和"多"的区别将要消失，两者将直接统一。换言之，一个元子就是所有的元子，所有元子就是一个元子。所有差别和对象都消失了，这个世界就将彻底寂灭和消失。没有了对象，等号也就失去了意义。所以，这里的"="只是一种极限意义上的使用，也就是通常数学老师反复教导我们的那样，等式两边无限趋近，但是，永远无法达到真正的相等。差别永恒地"存在"。

在这种意义上讲，世界的存在依赖于差别的存在，依赖于极限状态的差别的存在，依赖于纯粹差别的存在。于是，纯粹差别就是存在本身，反之亦然。这时，纯粹的存在就是存在本身，除了存在之外什么都不存在。

同理，具体差别就是具体的差别者，具体的存在就是具体的存在者。

在差别最终消失的世界里，纯粹差别、纯粹差别者、存在、存在者 ……这些概念或实体都将直接融合，都将趋于消失，这世界也将因此而最终接近于寂灭。好在这是一个无法达到的极限。

1.1.8 抽象与具体的程度

所有元子的直接融合，融合为唯一的一个元子，这是一个极限，是一个永远无法达到的终点。离开这个位置，哪怕是仅仅离开微不足道的、任意微小的位置，这世界就是存在的。如果这个"距离"仅有抽象意义，那么存在就是抽象的，否则，离开这极限点的"距离"有了具体的意义，存在就会是具体的，就会是具有存在者的存在，抽象的纯粹差别就会发展成为具体的差别或差别形式，纯粹差别者就会成为具体的差别者。离开这个极限点越远，这种具体性就越强，差别和差别者之间的界限就会越明显。

我们所谓的世界的"发展"和"进化"，最初，只不过是世界相对于这个极限点的"位置"的变化，是世界"距离"这个极限点的程度，世界本身的具体程度就是离开极限点的程度。

在离开这个极限的某个位置，在元子极其接近于相互融合，但还没有实现彻底融合的位置上，会出现这样一种局面——无限维联系。

1.1.9 普遍联系的第一个模型

在临界理想的无限维世界里，就元子还是相互独立的"个体"来说，世界的全体成员是无限多个相互近乎"无差别"的元子，相互还是"差别者"，但是，没有了更多具体的差别形式。如果差别和差别形式趋向于无限减少，每一个元子没有了自身结构，没有了外在特征，相对于任意一个其他元子没有了更多的特点，没有了更多的有别于另一个元子的独特之处，连空间和时间的差别也趋于消失，所有元子之间仅仅剩余唯一的一种抽象关系形式，那么，与其说是有无限多的元子存在，还不如说是只有一个元子。说存在无限多个元子与说仅存在一个元子是同一个意思。这样，每一个元子就是这个世界的所有元子，是整个世界，就是"整体"。

只是由于还有最终无法消除的差别，所谓"无差别"一词的引号还不能去除，所有元子不能实现最终的融合。

由于每一个元子与所有的元子持几乎完全相等的差别形式，每一个元子就无一例外地与所有其他每一个元子直接"相邻"和"接触"在一起；由于元子没有自身内部结构和内容，和一个元子的"相邻"和"接触"就是与这个元子的全部结构和内容相接触，这样所有的元子实际上已经接近重叠在了一起。然而，当元子之间的差别还没有彻底消失，还没有达到理想的纯粹状态时，至少还保持着使元子相互区别的最低限度的"差别"时，这个最低限度的"差别"，纯粹的差别就属于所有元子，处于所有元子之间。

关于 $1 = \infty = 0$ 的无限维猜想并不全是纯粹的哲学思辨，这已经是现代物理学正在进行中的一个新的研究领域。而且，也没有什么新颖性，譬如，早在 2000 多年前的佛学经典《大佛顶首楞严经》中就有这样的论述：

"一为无量，无量为一。小中现大，大中现小。不动道场，遍十方界。身含十方无尽虚空。于一毛端现宝王刹。"

在我们生活着的这个三维世界里，一个四方体的六个面，在同一时间里，每一个面仅能同另一四方体的某一个面直接相邻，假如我们把直接相邻并直接接触状态称为"无差别"状态，那么，同一时间，一个立方体和其他立方体只能达到某一个面上的"无差别"。如果试图达到全方位的"无差别"，就要在同一时间里所有六个面和另一个立方体的所有六个面直接相邻并直接接触，显然，这在一维时间、三维空间的框架里是不可能的，这就需要更多的空间维度。如果一个球体表面的每一个点要实现在同一时间里和所有的其他球体表面的每一个点都直接相邻和接触就需要有无限维空间。

只有理想的无限维空间才能最终消除所有差别，才能实现无限的均匀，一个维度就直接等于所有维度，等于任何一个维度，当然，也就没有了维度。所以，无限的均匀也就意味着寂灭。也就是说，在极限状态，无限维等同于 0 维，在离开极限的不同位置上，无限维的程度是有差别的，是变化的。

如此说来，所谓"无限维"也有一个程度问题。残留着的"纯粹差别"，其纯粹度越高，无限维的理想性程度也就越高，"纯粹差别"的纯粹程度越低，越是具有具体的差别形式，无限维的理想性程度也就越低。

无限维的理想性程度较低，意味着，一些元子不能和其他元子一样，与所有的元子发生均等的联系，或者说，无限维的所有维度不是无限均等的，不同维度之间会有差别存在，有少数维度不能像其他绝大多数维度那样，均匀地处在所有元子之间，保持均等的尺度，整个体系将是不均匀的。

至此，我们可以得出一个关于无限维世界的模型，也是关于普遍联系的第一个模型：趋近于无限多的元子以趋近于无限均匀的方式联系在一起，只是由于无法达到绝对的均匀，还残存着最后的、纯粹的差别，表现出不同程度的联系。

1.1.10 大爆炸

在无限接近均匀的体系中依然存在着的那些极其微小的不均匀因素将会产生怎样的效应？

可能导致系统的局部崩溃，导致一场空前规模的大爆炸。

系统越是趋向于均匀，系统中残留的差别越小。然而，这个残留着的差别者所代表的差别反而变得越来越大。对于接近绝对均匀、趋向于无限均匀的系统来说，虽然所含的差别趋近于无穷小，这些最后残存着的不均匀部分也随之趋近于无穷小，但是，相对于无限均匀来说，这些无穷小的差别却显得无穷大，以至于残留着的任何微小的差别相对来说都是无限大的差别。这无穷大的差别对于体系来说将是毁灭性的。

由于接近绝对均匀的系统没有了内外之分，成了这个世界的全部，由于普遍的联系，残留着的差别实际上是对于整个世界的差别。换言之，差别由整个世界来实现，接近绝对均匀的系统没有了局部和部分的区别，那么，残留差别所具有的无穷大的差别就直接作用在这个世界的每一个"局部"。

系统的均匀性越高，残存的、接近极限状态的差别对于系统的影响能力就越强。当系统发展到再也无法容纳这种不断趋于深刻的差别时，将造成系统走向分裂，导致一场空前的"大爆炸"。

1.1.11 "时间""空间""能"的复兴与生成

"大爆炸"的发生标志着元子世界的某个局部摆脱了几乎寂灭的无限均匀状态，状态变化了，新状态产生了。显然，前一种状态和后一种状态是依次排列的，这种次序性是新的、具体的差别形式，这种新的差别形式相对于受这种次序所影响的其他所有差别者来说就是"时间"。也就是说，"起点"本身成为一个差别者，相对于这个差别者，后出现的状态就是另一个差别者，这两个差别者之间的关系及其形式是伴随新差别者出现的第三个差别者，仅就这第三个差别者的差别形式的次序性来说，是时间。时间是新产生出来的一种差别形式，时间是一种差别形式。

相对于起点之前趋向于寂灭的历史，时间是一种复兴。

理想的元子世界里，所有元子均等重叠。残存或初始的差别破坏了这种均等，在一些维度里，元子之间不再能够保持无差别的均等，出现了相对分离，出现了新的差别者，差别和差别者各自都开始从抽象走向具体，伴随具体差别者的出现，具体差别形式同时出现，新出现的这个差别形式本身又是一个新的差别者。仅就这个作为差别者的差别形式所具有的相对位置上的特征来说，这个特征就是"空间"。因此，空间也是一种差别形式，也是一种复兴了的差别形式。

最初，时间和空间仅仅是作为同一差别者的差别形式中略有不同的两种特征，由于差别形式刚刚脱离抽象状态，还没有更多的具体内容，空间和时间相互之间也还没有更多的内容，相互之间还极其接近。之后，才逐渐分化成为两种相对独立的作为差别者的差别形式。

由于大爆炸可能更突出地发生在具有初始的、残存的差别的那些局部的、少数的一簇维度里，或者说，残存的差别形式本身决定了大爆炸的具体形式，大爆炸本身的分布是不均匀的。所以，这样的大爆炸所产生的新空间和新时间也只在某些维度里更突出地展开，只在残存着更突出差别的这一簇维度里更强烈地展开。如果初始差别的这一簇维度本身是不均匀的，那么，大爆炸展开的这一簇维度也是不均匀的，在不同的尺度上展开的程度也有所不同，展开的这一簇维度就形成了一组具有新的差别形式的时空维度，因此，这一组展开了的时空维度本身也不均匀。例如，我们所居住的这个世界，从宏观视野看是一维时间、三维空间的，从"弦理论"的视野看，有十一维的空间维度，再往深走，也许还会有更多的维度被发现，直到无限。而无限多的维度其实就是0维度。

某一次大爆炸是无限维世界中某一个局部中某一些初始差别得以实现的结果。

如果把大爆炸说成是一个巨大的能量过程，那么，"能"就是差别的实现形式，"能"也是一种复兴的差别形式。

1.1.12 普遍联系与存在

1. 普遍联系的绝对性

理想状态下，由于元子本身所具有的 $1 = \infty$ ，$1 = 0$ 的性质，每一个元子等同于任何一个元子，等同于所有元子，所有元子直接等同是一种绝对关系，是这种关系本身。

尽管由于上述等同关系不彻底、不纯粹，出现了不均匀，才使得元子互相之间出现了相对分离，但是这只是依然保持着联系的一种相对分离，如果哪个元子彻底离开了这种联系，这个元子就没有了意义和可能，就不存在，或者说，不存在离开了普遍联系的元子，这就是普遍联系的绝对性。

由于普遍联系的绝对性，只有处于普遍联系之中的才可能是存在着的。这个判断也可以被看作是一个关于存在本身的定义方案。

2. 普遍联系的相对性

元子之间无法达到绝对重合的理想状态，元子之间等同关系不彻底、不纯粹，元子之间的联系具有了差别性，这种差别性具有具体的差别形式。这就是说，由于是有差别的，普遍联系就只能是相对的。差别造成了普遍联系的相对性。

注意，上面这段陈述里使用了"具有"一词，"具有"就是存在。对于绝对的相互联系来说，存在是普遍联系的另一种表达，存在就是绝对的，因此，在这个条件下，存在和不存在相互没有区别，有和无是相等的。

但是，对于相对的普遍联系来说，联系的程度是"有"差别的，差别的程度互相也是"有"差别的，这样，"有"或"存在"就存在于这些差别之中，作为具体的存在者存在于差别之中。这种存在相对于无差别、相对于不同的差别程度而有意义。这样，"存在"和"不存在"，"有"和"无"作为具体的差别形式就都具有了相对意义。

所以，具体的存在、相对的存在也是一种具体的差别形式，是离开了绝对普遍联系极限的、与这个极限处于不同差别程度中的具体差别形式。

这样，离开"绝对存在"之后才会有具体的存在者，可以定义为：

以特定的差别形式处于普遍联系之中的差别者才是存在者。符合这个条件的差别者是存在的。

3. 普遍联系的两个极限

理想的普遍联系是所有元子之间达到完全均等的联系和联系形式，任何一个元子、元子相互之间的联系形式和相互关系都是完全一致的，这是差别的最后极限。但是，由于初始或残存差别的存在，普遍联系就不可能是完全均等的，普遍联系均匀程度不可能达到绝对状态，世界无法最终归于寂灭，这是一个无法达到的极限。

差别无穷大、联系形式无穷多样是普遍联系及其联系形式的另一个极限，这就是说，在无限维联系中，没有任何两个元子之间的联系程度以及联系形式是重复的，具有无限多的联系程度和样式。

当然，差别无穷大也包含了元子之间无限远离，以致互相脱离联系这样的极端情形。关系者相互无限远离，最终的结果是相互联系失去意义，无限远离也是产生纯粹差别者的一条可能的途径，但是，除非无限远离的形式是无限均匀的，差别者本身就说明了不均匀，这也是不可能实现的。因此，这是普遍联系的另一个极限。

具体的世界，我们实际所生活着的这个世界，其普遍联系的程度和方式处于无限紧密和无限疏远这两个极限端点之间的某个具体的范围之内。因此，我们遇到的联系都是不均匀的，或者说是相对均匀的，是处于无限不均匀和无限均匀这两个极限状态之间的一种变化着的状态。

"大爆炸"就是无限种可能的不均匀状态中的一种。无限维联系中的可能有许许多多簇的维度被不同程度地展开、拉伸。而我们生活于其中的这簇维度，只是所有被展开的那些簇维度中微不足道的一小簇罢了。这其中，相对于我们人类的天然观察尺度来说特别突出的一组维度，是被称为宏观世界的三维空间和一维时间，在微观尺度和更宏观尺度上还应有更多的维度被不同程度地展开。尽管在这些被展开的维度中我们看到了几万亿个星系，其实也只是元子普遍联系的所有维度中极少的一部分，而且这种拉伸和扩张本身也是不均匀的。

把这个我们目前生存其中的局部称为"我们的世界"。随着我们知识的发展，将可能更多地了解、介入其他的维度，与更多的维度发生更直接的联系，生存在更多的维度之中，"我们的世界"也就随之扩展，这种扩展的极限当然是整个元子世界。

尽管人类卑微地生活在茫茫宇宙中的一个小小微尘上，尽管这庞大无比的宇宙也只是无限维世界中微不足道的一缕尘埃；但是，由于普遍联系，通过其他没有被极度展开的维度，通过无限维联系，我们每一个人，每一个细胞，每一个分子、原子本身只不过是无限维联系中相对不均匀的一种特殊形式罢了，只是这些极少数维度中的一种特殊凝聚的形式罢了。除此之外，每一个人，每一个细胞，每一个分子、原子都直接就是全部的世界，都与世界所有的成员在其他所有维度里有不同程度的联系，甚至直接联系在一起。

1.1.13 作用速度传播的有限性

速度是一个"作用者"及其"作用"在某单位时间内所能越过的空间的值。

在接近绝对均匀的极端条件下，或者在没有被展开的维度里，每一个元子都直接与所有的元子相接触、相重叠，发生在一个元子之间的事件，就直接是发生在所有元子之中的事件，任意两个事件之间没有次序的差别，也就没有时间和时间差，因此也就没有我们通常所谓的速度问题。

离开了这个极端，对于不均匀的元子之间的关系来说，由于时间和空间这两种差别形式的产生和存在，此处发生的事件已经不再能够直接就是彼处的事件，不再能是所有元子同时发生的事件。相对于那些依然还保持着重叠或者紧密接触的元子维度中的直接作用传递来说，已经展开了的维度中的作用传递就是一种间接作用。由于普遍联系的不均匀，即使是同一个作用，在均匀程度不同的条件中传递时，也会出现速度差，出现不同的运动形式，因此速度是相对的，是两个过程、两个运动状态或运动形式之间的比值。我们常把其中的某一个运动形式定义成"单位时间"，作为参照对象。

仅在无差别的、元子直接重叠或相邻的维度里，事件和作用传播不需要过程和时间，速度才可能等于无穷大，也就无所谓速度。此外，在所有已经展开了的维度里，作用和事件传播的速度都是有限的。而且，"速度"这个概念或关系也只在远离均匀极限的范围内才有相对意义。

速度的有限性不仅是不均匀的产物，也是维系不均匀状态的因素，一个事件或物体之所以有机会成为一个相对独立的事件或物体，正是因为这个事件造成的影响不会立即成为所有其他局部乃至全体的同时行动，不至于因为传播和反应的速度无限大，使得这种传播妨碍甚至毁灭这个事件或物体本身。反过来说，正是因为其他局部的事件和物体发生的影响也由于作用传播和反应的有限性，而不至于在一瞬间改变这个局部的事件和物体，在发生改变之前的这个时间区间里，这里的事物可以暂时存在。

由于普遍联系的绝对性，速度尽管有限，却不会是 0，一个事件的作用终究会推动其他相关者，还会最终反馈到事件启动者本身，从而破坏或影响到事件启动者原先赖以存在的条件。所以，任何不均匀的局部，任何事件和物体都是一种暂时的存在者。

需要注意的是，作用传播的有限性是形成事件发生次序性的主要原因，也就是形成时间和空间次序的原因，也是因果关系本身形成的基础。如果作用传播速度不是有限的，那么，我们现在所理解的时间、空间、因果关系就是另一回事了。在作用传播有限性的范围之内，作用传播的速度可以是不同的，正是由于这种速度的差别，造成了时间、空间、因果之间的相对性。

1.1.14　不均匀分布的"凝聚"

差别使我们这个世界变得不均匀，而不均匀本身由于作用传播的有限性而变得更加不均匀，而且，不仅在时间和空间上都是不均匀的，甚至连时间和空间自身也是不均匀的。

因为时间和空间本身就是具体的差别形式，已经是不均匀的产物，已经是不均匀的，也就成为进一步不均匀的原因。换言之，不均匀是差别的形式，差别形式是不均匀的。

我们把这种不均匀局势中的那些处于暂时稳定状态的事件和物体称为"凝聚态"或"凝聚者"。

凝聚者是普遍联系中的一个个不均匀的局部，凝聚者具有自己的凝聚形式，或者说差别形式，以这种差别形式处于普遍联系之中。以特定差别形式处于普遍相互作用之中就是具体的存在，因此，凝聚者就是存在者。存在者可称为实体，凝聚者也就是所谓的实体。

1.1.15 两种凝聚

元子具有差别性和差别者性这样的双重属性，也就是说，元子同时具有两种属性，是这两种属性的直接同一者。如果元子之间发生了不均匀的分布，产生元子的凝聚，就不再是这两种属性同时均匀的凝聚，因为差别性和差别者性的均衡凝结其结果仍然是元子本身。实现元子不均匀分布以致形成凝聚的不会是均等的两种属性，而应当是这两种属性之间出现的差别以及这两种属性分别的、不均等的、有差别的积累和凝聚。

这种不均衡的积累有两个可能的极端情形：

（1）差别性和差别者性这两种性质的直接重叠；

（2）这两种性质的决然分离的分别积累。

这是两个都无法实际达到的极限，一个实体所具有的差别性和差别者性只能处于这两个极限端点之间的某个具体的位置。在这两个极限之间，差别性和差别者性两种性质之间的关系是"对立统一"关系，是既不能相互绝对融合又不能相互绝对分离的对立统一。于是，可能出现介于两者之间的凝聚形式，出现更偏重于这两种极端中某一个极端的凝结和聚集，分别出现以差别性的凝聚为主要特征和以差别者性的凝聚为主要特征的这样两种典型的凝聚者。

1.1.16 差别性的凝结

说元子是差别性和差别者性的直接重叠者，这是一种极限意义的重叠，是不可能绝对实现的重叠，元子具有差别性和差别者性这两种性质，一旦融合，元子以及整个元子世界就将同时消失。

元子互相之间的关系也是这样，在理想的无限维均衡联系的场合，相互趋向于更理想的重合，这种"状态"的主体是元子本身。如果总是处于相对静止，也就无所谓"状态"。但是，在发生大爆炸时，新状态产生了，相对于前一个状态，新状态才成为真正意义上的状态。

两个状态之间的状态差就是新的差别形式，就是差别性的最初形式。元子的差别性和差别者性就开始发生分离，主体和主体的形式之间开始发生分离。元子是新差别的差别者，两个状态之间的状态差是差别的差别，是新的差别形式。

比如，两种状态的次序差——时间——就是新一层次的差别。在这个新的层次上，状态的主体已经不再是元子，而是元子之间的关系，是一种状态变化成为另一种状态所产生的状态差，次序差只是上述状态差的一部分。由于普遍相关性，这种次序性本身对处于次序中的状态又会发生影响，状态差中的次序差本身开始成为一种新生的、相对独立的新实体、新作用、新的作用者，这个新的作用者就是时间。

所以，时间、空间、能量、样式、形式之类的实体，本质上是一种差别，是差别性的凝结，是一种差别形式，是差别形式的积累与实现，进而，是差别形式的积累、再积累。

这就意味着差别性凝结成的差别形式可以作为主体参与下一层次的相互作用，可以进一步凝结成为新的实体，可以不断地积累起来，形成差别性的、差别形式性的新实体。

1.1.17 差别者性的凝结

最原始的差别者是元子所具有的差别者性。

元子本身内部没有差别者，是差别和差别形式的直接统一，这时的差别者等同于差别形式本身。

作为最初的差别者，由于元子处于趋近于绝对均匀的普遍联系中，被视为本身不变化，元子的变化是定义域之外的另一回事。这是第一层。

在我们的这一簇大爆炸之后正在展开的维度里，元子之间互相作为差别者，这些差别者之间有了差别的形式，这是最初的差别形式。这是第二层。

如，元子及其相互之间作用所产生的时间、空间上的差别形式可表述为"场"。

最初的具体差别形式有时间、空间、力、场、能……初始时，这些差别形式之间还没有显著的区别。

上层次的差别形式作为差别者产生了新的差别形式，这些差别形式"凝固"下来，变成了新的差别者，新的差别者之间又产生了新层次的差别形式，这种新层次的差别形式又被作为新的差别者。从此以后的差别形式都可算作属于第三层的差别者。

如，由第二层次的差别者分布不均匀产生的粒子和空穴；这些粒子和空穴作为差别者，积累形成具有新的差别形式的差别者。

1.1.18 粒子与空穴

元子本身具有差别和差别形式直接同一的性质，就是说，元子作为差别者没有内部构造却有外部特性。元子的外在特性由元子之间的相互关系所规定。在元子与元子的相互关系中，差别形式就是差别者本身，相互作用就是相互作用者本身。

元子之间分布的不均匀产生了第二层次的由差别形式构成的差别者，如场、能、力、时间、空间等，当这些差别者之间的相互关系再次出现不均匀时，不均匀之处聚集和稀疏就会产生出新的差别形式以及新的差别者，这种不均匀现象中的一部分暂时凝聚的区域可能会表现为粒子和空穴。由于普遍联系，此处的聚集就是彼处的稀疏，因此，粒子和空穴是同一群元子在同一时间区间里在两个不同空间位置上分布的现象，是时间和空间不均匀、不对称产生的现象。

可以用一个"酸奶模型"来粗略地模拟这种情形：

把无限维联系中的一簇已经展开了的三维空间粗略地想象成一杯很均匀的酸奶。由于某种原因，酸奶中正在形成一个微小的凝块。

推理：

在这个三维空间里，构成凝块的这一部分元子发生了相对于其他元子之间更为紧密的联系，但是，由于普遍相关性，这种紧密联系必须以另一部分元子之间相对疏远为代价。

这些使得元子疏远的差别可能有两种极端的分布情形：

（1）由构成凝块的那些元子之外的其他所有元子均匀分摊；

（2）由另一小群元子集中承担。

被疏远的元子分布可能处于这两个极端中的某一个极端；也可能处在这两个极端之间的某一个具体位置上；也可能在这两个极端之间不断转换和震荡。

先来看第一种极端里的情形。

一个初始时相对均匀的整体中出现一小群元子发生了格外紧密的关系，聚集点周边相邻的元子趋向于紧密，稍远些的其余元子被迫变得更疏远一些。

由于作用传播速度的有限性，短时间内紧邻凝聚点位置的那些元子之间与较远处的那些元子之间已经不能保持相等的、均匀的相互关系，因为至少凝聚点和凝聚点周围元子的关系不可能是绝对均匀的，与远离凝聚点的其他元子也不再能保持均等的相互关系，所以，一旦初始的聚集点作为原始的差别"进入"系统之后，系统就进入了均摊和消除这个差别的过程，这是它必须实现而且永远无法最终实现的差别，系统将永远处于实现这个差别的过程之中。所以，我们假设的第一种极端情形可能将是一个无法达到的极限。或许可以用熵增加原理来描述这个过程。

再来看第二种极端的情形。

如果系统不是以所有成员均匀分摊的方式实现新差别者造成的差别，而是仅仅引起与这次凝聚的类似规模的另一个区域中的一部分成员之间的疏远，以这样的方式来平衡由于新差别出现形成的不均衡，那么，就会形成一个与新凝聚"区"相对的一个元子们相互疏远的"区"。如果把相对凝聚的"区"称为"粒子"，那么，相对疏远的"区"就可以被称之为"空穴"。"空穴"也可以称为"粒子"，只不过两者的凝聚方向相反罢了。

同样，也不能想象从差别的出现到空穴的形成是一个不需要时间的瞬间，这应该也是一个过程，有过程就有状态差，就有次序差，也就有时间差。是所有成员调整相互关系，最终把超出平均水平的差别都集中到一个位置上，集中到一个局部区域里的过程。

即使粒子和空穴形成之后，仅就粒子和空穴对于周围环境以及整体环境的关系来说，粒子和空穴与各自周围的元子处于差别中，粒子周围的元子要抵抗吸引，不至于成为粒子的一部分，空穴周围的元子要抵抗排斥，不至于使空穴变得更大，这两种作用终究会传递到空穴和粒子上，所以，整个过程始终应处于震荡或旋转之中，不会是静止的。

仅就相对静止中的粒子和空穴来说，两者之间会有这样一些关系和特点：

（1）相对于各自的环境背景来说，两者各自分别都具有实体的地位，都是一个相对独立的差别者。

（2）除了作用方向相反之外，两者的时空形式应是大体对称、互补，或互为镜像的。

（3）假如两者相遇，会发生"湮灭"，两个实体同时消失，将原先引入的差别归还出来。

再来看一种处于这两个极端之间的可能情形。

假设：

在接近上述第一种极端情形的条件下，"凝块"发生了移动。

相对原先均匀的整体来说，这种移动是又一种新的差别和差别形式。由于普遍联系，凝块的任何移动都最终推动所有元子的移动。但是，由于作用传播速度的有限性，凝块移动不会在一瞬间同时对所有元子产生影响，只有与其直接相邻的元子才会更早地受到影响。

凝块保持着自己的是其所是并向某方向移动时，推开了前进方向上的元子，在身后留下了一个空当，在这个空当还没有被其他元子完全填补前，这个空当的形状和已经移走的凝块有相似之处。这种相似性程度有完全相似和完全不同两个极端的可能。这里我们假定移走的凝块的形式和它走后留下的空当的形式接近相似极限。

显然，这个空当也是元子不均匀分布的一种形式，和凝块的性质并无原则区别，不同之处仅在于凝聚的方向正好相反。如果可以把凝块称之为"粒子"，那么，粒子移动留下的"空穴"也是粒子。

撷取：

（1）这两种粒子就自己本身来说，前者属于差别者的聚集，后者属于差别者之间的疏离，而疏离只是负方向的聚集。除了方向相反之外，都是差别者性的积累形成的具体差别形式。

（2）把这两种粒子相比较，一个显著特征是双方的对称性，两者的形式是相同的，但是两者的方向是相反的，把这种关系称之为"互补"关系，双方构成了"粒子对"。

（3）粒子对是由运动产生的，运动是一种差别实现的过程，所以，粒子和粒子对是由差别的实现才产生的，一种差别形式转换成了另一种形式。这种新形式迫使双方分离，分离的双方就成了新的差别者，两个差别者之间保持着一种新的差别形式。在这两种差别形式持续期间，这两个粒子存在着。

（4）由于产生和维持这种暂时凝聚的一个重要原因是相互作用速度的有限性，普遍相互作用的环境终究会融化、分解、淹没这些暂态的粒子，所以任何粒子和实体都有寿命的限制，都有所谓的"半衰期"。

（5）如果两个对称的粒子遭遇，它们不会还原为一个静止的凝块，而是会发生物理学术语所讲的"湮灭"，将凝块产生时使用的差别归还出来，使两者同时消失。

（6）尽管"粒子"和自己的对称者"空穴"相遇时，原先产生凝块时所使用的差别将得以实现和归还，但是，这种归还并不能彻底的消除当初产生凝聚的原始差别，只是消除了对称粒子产生时的差别。而且，已经无法沿着这种差别产生的原来途径返回，将差别还原为0的途径已经被改变，这种对称是不守恒的。于是，由于"湮灭"所实现了的差别，所释放出的能量只能再次转换成新的残余的差别形式，转换成新的差别者。由此看来，"时过境迁"不仅是差别性和差别者性积累的结果，也是其生成的途径。

（7）直观地看，似乎构成粒子的实体是这个实体核心区域的那些相对凝聚着的元子群本身，构成空穴的实体是这个实体核心区域的那些"虚空"，其实，这并不全面。因为这两种实体的存在都是以牺牲周围元子分布的均匀程度为代价的，都以周边元子之间的关系发生变化为代价，都与周围的元子处于相互作用之中，处于具体的差别和差别形式之中，用自己已经形成的差别形式抵抗着周围环境的压力，因此，周围环境的势态不仅是这个实体存在的条件，而且周围势态的变化将直接造成该实体本身的改变，所以，周边势态也是这个实体本身的一部分，也是这个存在的主体。

这样，粒子和空穴作为实体就面临两种相对：一是与这个实体直接作用的周边势态乃至整体势态之间的相对；二是粒子和空穴之间的相对。

（8）酸奶模型设立在我们直观思考能力所能理解的三维空间、一维时间的四维时空里，但是这四维时空仅仅是无限维联系中不均匀的、相对突出展开的一个微小局部，可能还有更多的维度被不同程度的展开。所以，在三维空间中的距离并不意味着在其他维度里的分离，同样，三维空间里的重叠也不表明在其他维度里也是重叠的。不能忘掉或无视其他维度联系造成的影响，无论是微观尺度还是宏观尺度。

譬如，无穷远处的粒子之所以可能保持相互纠缠的量子态，一个电子可以经过三维空间中的任何途径从一点到达另一点，可以在同一时刻处于三维空间的任意位置，这些在三维时空中的超时空行为只有在多维空间的框架里才更容易被理解。

粒子在作为差别者的同时还作为差别者之间的差别，作为作用者的同时还是粒子之间的作用，粒子具有差别者和差别的双重身份和性质，或者说，具有作用者和作用者之间的作用这样双重的性质。这意味着，相互作用是粒子之间的作用，而这种作用却要通过粒子之间的普遍联系来实现。通过粒子的相对凝结来实现，普遍联系的具体差别形式成为实体，成为粒子，成为作用者。表面看，作用者和作用都是粒子自己，归根结底，是元子不同的凝结方式，都是元子不均匀的时空分布形式。时空分布形式本身成为实体。

1.1.19　两类实体

现代物理学已经得到了一个被称之为"标准模型"的粒子清单。在这个清单里，粒子被分成两大类型，玻色子和费米子。玻色子被认为是主要传递相互作用的粒子，费米子被认为是主要作为物质实体的粒子。这种现象说明了一个重要的进展：原先粒子具有差别和差别者的双重身份、具有作用者和作用这样双重性质的情形发生了分化，发生了进一步的积累和凝结，在这些充分积累起来的新层次的粒子中，一部分粒子更突出地表现为差别者，主要作为相互作用者；另一部分粒子更突出地表现为作用者之间的作用，直接体现为差别者之间的差别，成为两种不同性质的粒子。差别者和差别、作用者和作用出现了分离。这使得粒子同时具有的两种性质在积累中产生了相对分离，生成不同性质的粒子，不同的粒子只是把其中的一种性质更突出地表现出来。但是，两者之间没有绝对区别的意义，不能想象作用者和作用的彻底分离，因为这样就又回到了纯粹差别和纯粹差别者的状态。

于是，两种性质分别充分积累的极端情形，形成了两种性质不同的实体：一是主要作为差别形式的实体；二是主要作为差别者的实体。同样，这也就意味着我们可以把作用者和作用者之间的作用分别定义成两种实体。

（1）把元子的差别者性充分积累形成的实体称为"物质"；

（2）把元子的差别性充分积累形成的差别形式之类的实体称为"元间"。

1.1.20　物质与元间的对立统一

物质与元间的对立统一是宏观世界的基本存在形式，而这种存在形式是从差别与差别者对立统一的形式中发展出来的，是差别与差别者对立统一形式的积累形式，是差别与差别者对立统一形式的一个特例。

因此，积累程度不同，物质与元间对立统一的具体形式也有所不同。在积累的初期，物质与元间之间也没有明显确定的界限。

如，凝聚态物理学中把基本粒子分成为费米子和玻色子这样两类。费米子更多地表现出物质实体的性质，遵守泡利不相容原则，一个费米子不能同时占据两个量子态，不同的费米子也不能占据相同的量子态；玻色子又被称为"载力子"，更多表现为物质实体之间的作用和关系，表现为元间实体。尽管这已经是两类具有相当程度、相当层次积累的实体，相互之间仍然没有一条绝对的界限，只是偏重于物质方面或偏重于元间方面，在一定的条件下仍然可以实现相互转换。

来看夸克的发现者 M. 盖尔曼教授的一段通俗描述：

物质组成宇宙，不同的基本粒子如电子、质子组成物质。这些基本粒子缺乏个性——宇宙中的电子都相同，所有的质子同样可以相互转换。不过，任何粒子可以占据无数不同的"量子态"中的一个。基本粒子可分为两大类。一是费米子，例如电子，它们遵守泡利不相容原理，即同一类的两个粒子不可能同时占有相同的量子态；另一类叫玻色子，例如光子，它们不遵守不相容原理，同一类的两个或两个以上的粒子偏好在同时占有相同的量子态。光子的这种特性使激光的运动成为可能，在激光里给定态的光子可以激发出更多相同态的光子发射。所有这些光子具有相同的频率和相同的运动方向，形成激光。

玻色子由于喜欢挤在相同的量子态使密度增加，这使得它们的行为十分像经典场（如电磁场和引力场）。因此，玻色子可以看成是这些场的量子（量子化的能量小包）。电磁场的量子是光子。同样，理论要求引力场也有相应的量子，这种玻色子称为"引力子"。事实上，任何基本的力都有与之相应的基本粒子，及相应的量子。有时候，量子被称为相应力的携带者。

当我们把物质描述为由基本粒子（费米子和玻色子）组成时，我们应该强调在某些条件下玻色子的行为更像是场而不像是粒子（例如一个电荷周围的电场）。费米子也可以用场来描述，虽然这些场的行为与经典场不同，但某种意义上都与力相关联。❶

应该说明一下，我们这里假设的元子与物理学中所讨论的基本粒子还有相当遥远的距离。也许元子要经过几十个数量级的充分积累才能达到生成粒子的程度。

在远离微观世界的人的天然感官观察尺度的宏观世界里，在元子的差别性和差别者性各自更加充分积累的条件下，物质和元间各自的属性才相对明确，物质和元间两者之间对立统一的关系变得十分鲜明。在这个定义域里，物质是"结构""关系"或元间的前提，任何结构或元间都必须以物质要素作为自己存在的基础和载体，离开了物质的元间是不可想象的；同样，元间是物质的前提，任何物质都具有自己的结构或元间，没有结构的物质也不可想象。物质和元间是相互依赖于对方才能够存在的实体。

在这个定义域里，物质都是由其他物质以一定的结构方式或者说以一定的元间形式组织而成的，物质要素是物质的组成者，元间是物质要素之间的相互关系或组织形式。简言之，物质是结构的，结构是物质的。没有元间的物质和没有物质的元间都不存在。

由于物质的层次性，元间也同时具有了层次性，低层次的元间就是元间的要素，元间要素是元间的组成者。这时，元间是元间要素的相互关系或组织形式。

---

❶ ［美］M. 盖尔曼：《夸克与美洲豹 —— 简单性和复杂性的奇遇》，杨建邺等译，长沙：湖南科学技术出版社，1997 年，第 123 页。

1.1.21 物质与元间对立统一的思想渊源

物质与元间对立统一的思想最早可以追溯到亚里士多德的本质与形式的对立统一；追溯到《易经》里阴阳的对立统一；追溯到佛学里的"色法""心法"，但这都还是模糊的直觉。自 20 世纪 30 年代以后，中国哲学家金岳霖、熊十力分别以自己的术语和方式开始了用现代思想方法从现代科学背景中寻找支持的尝试。对立统一思想也是一个不断从直觉走向自觉的发展过程。

在金岳霖看来，世界由"式"和"能"这两个基本因素的对立统一所构成。所谓"式"，类似于亚里士多德所说的"形"；所谓"能"，类似于亚里士多德所说的"质"。正如形不能无质，质不能无形一样，也"无无能的式，无无式的能"，"它们的综合是道"。❶

在熊十力看来，世界由"翕"和"辟"这两个基本因素的对立统一所构成。"聚摄力用积极收凝，乃不期而成为无量的翕圈。翕圈抑或形向，以其无形质而由动势摄聚，有成为形质的倾向也。物质宇宙由此建立。""恒转之动而成翕，才有翕便有辟，唯其有对，所以成变。""用则一翕一辟，以其相反而成变化。""翕即凝敛而成物，故于翕直名为物；辟恒开发，而不失其本体之健，故于之名以心。""心物同体，无先后可分。""总之，宇宙心物两方面，从无始来法尔俱转。"❷

笔者于 2001 年出版了一本小册子❸，提出的物质与元间对立统一的观点，除了词汇新潮一些之外，精神实质与上述这两种学说基本吻合。几年之后，笔者才逐渐领悟到这类观点的不彻底性。

"形与质""阴与阳""色与心""式与能""翕和辟""心与物""物质与元间"所描述的对立统一关系是同一个基本事实和对象，优点在于，比

---

❶ 金岳霖：《论道》，北京：中国人民大学出版社，2007 年，第 12、14 页。
❷ 熊十力：《新唯识论》，北京：中国人民大学出版社，2006 年，第 66、67、69、70 页。
❸ 郭绍华：《物质与元间的世界——辩证本体论纲要》，武汉：湖北辞书出版社，2001 年。

起那些试图利用抽象方法将世界归结为单纯的"精神"或单纯的物质这样的唯一本原的各种方案来，更准确地反映了世界实际存在的状况。这些理论假说都试图寻求一个不可再次分解的极限。

物质与元间相互都是对方存在的必要条件，都不能脱离对方而单独存在，不存在这两者之中哪一个更具优势、更为基本的问题。但是，物质与元间的这种关系、规律或事实本身还不是原点，还没有达到作为本体论意义上的抽象程度和一般性程度。因此，不能解释许多现实中的事实和问题，特别是许多新的物理发现，虽然物质与元间及其对立统一关系不能进一步分解，但是却能够进一步抽象和追溯。显然，物质与元间是两种不同属性的东西，至少两者之间是有差别的，再抽去两个差别者各自的性质特征，于是，两者都是对方的差别者；两个差别者之间的对立统一关系就是两者之间的差别形式，再抽去具体的差别形式，就只剩下差别本身了。这样我们就得到了更为一般性的两个范畴：差别者、差别。

沿着将进化论贯彻到底的思路，可以将所有对象都作为世界进化史发育到某个历史阶段才生成和出现的历史现象和势态，都可以在进化坐标轴上找到起点和终点，都应当有定义域。因此，当我们把物质与元间的关系也放在世界进化的坐标轴上就会发现，这个规则和事实也应当是发育和进化生成的。物质与元间，以及两者之间的对立统一关系并不是形而上的、固有的、永恒不变的，而是有来源、有载体并且实际存在的对象。物质与元间是从差别性和差别者性这两种性质的分别积累中形成的，差别者性的充分积累形成了物质，差别性的积累形成了元间，差别与差别者之间关系的充分积累形成了物质与元间之间的对立统一关系。我们所生活的这个世界不过是这样一个演变过程的一个片断和场景，更具一般性意义的范畴是差别和差别者。

差别和差别者对立统一的范畴也是一个研究社会学、经济学的有力武器。无论是我们的物质需求还是"精神"需求以及为了实现这些需求所生产的产品，生成需求和实现需求过程中的每一个环节首先都是存在的，都是实体。譬如，关于所谓"实体经济与虚拟经济"的分类也只有相对意义，应该具有平等的地位和意义。

1.1.22　最一般的需求

为什么熵总是趋向于增加？

熵增加的动力和原因是什么？

为什么世界会永恒运动？

这都是因为还存在着没有被最终消除的差别，这些差别是熵增加的原因和动力，是世界运动的原因。由于差别永远无法最终消除，世界只能永恒运动。

熵增加实际上是差别实现的一种现象和趋势。

差别是差别者之间的差别，于是，实现差别就是差别者的自然倾向。如果用"需求"这个词来表述这种自然倾向，那么，消除差别、实现差别就成了差别者的"需求"。可以说，实现差别是所有差别者的共同需求；所有的存在者都是差别者，那么，实现差别就是最为一般的、最基础的需求。因此，差别的实现就可以作为最广义、最一般需求概念的起点。

至此，本书探讨需求极限的一个端点已经找到，追寻需求起源极限的工作可以暂告一个段落了，接下来的任务是端点之后的展开和发育了。

无疑，这里作为差别主体的差别者、最为一般的差别者、最初的差别者还远不能意识、理解、掌控自己所面对的差别，所谓"需求"只是一种纯粹自在的天然倾向，一种拟人化的隐喻。

消除差别的进程并不是一帆风顺的，由于所有差别者的普遍联系，由于差别和差别者的关系本身就意味着不均衡，这两种原因使得消除差别的过程不得不以产生新的差别为代价，整体的熵增加以局部熵减少为代价，长周期的熵增加以一系列短周期的熵减少为代价，一个周期的熵增加以另一周期的熵减少为代价。熵增加的总过程由一系列熵减少和熵增加的子过程组合而成。这样，总体上看，熵增加的子过程并不比熵减少的子过程多多少，熵增加总是以熵减少为途径；反之，熵减少也必须以熵增加为途径，差别的实现和差别的生成相互成为对方出现和存在的条件。

这样，一般需求的实现就有了两种途径和现象：一是差别以及差别形式的减少过程；二是差别以及差别形式的增加过程。我们这里所追溯的进化过程，实际上是从上述的差别减少过程接近极限后转过头来再重新进入另一个新的差别以及差别形式增加的周期，开始积累新的差别形式，直到眼前这个世界现状的发育、演变过程。而在此书中，试图讨论的侧重点在于：把这个发育演变的过程视作是一般需求向具体需求积累、演化的过程，追寻具体的、生命的、人的需求生成过程和发展趋势及其可能的实现途径。

一般需求被定义为差别者实现差别的自然势态，那么，差别者就成为需求的主体；具体的差别形式以及具有特定差别形式的差别者就成为需求的标的；差别实现的过程就成为需求实现的途径。开始时，这三者重叠在一起。随着差别形式的发育、物质和元间的发育而逐步展开，各自发育成相对独立的实体。但是，无论发育到怎样的程度，三者各自都始终是造成另外两方变化的重要因素，总是紧密相连的。需求的发育实际上是这种紧密关系本身的进化与演变过程。

1.2 自在的需求

1.2.1 互补与对称

从"酸奶模型"中可见，构成"粒子对"的"粒子"和"空穴"虽然方向不同，但形式却十分近似甚至相同，双方是互补与对称的。

1.2.2 契合与契合者

具有互补与对称形式的两个实体遭遇时，会实现双方的差别，会发生"湮灭"。我们可以把这样的差别实现的过程称之为"契合"，两个差别形式互补的实体，两个可以发生相互湮灭的粒子分别是对方的"契合者"。差别的实现可能存在着无限多种的途径，但是，契合是差别实现的最完美途径，也是实现需求的更直接途径。

1.2.3 自然倾向与目的性

实现差别者之间的差别、寻找最契合者、寻找差别实现的最直接途径，这都是自然倾向，都是趋向于更容易实现差别的一种自然倾向。可以把这些自动趋于更直接实现差别的自然倾向看作一种"目的"。不过，这些都还是紧邻本原的、最初的、最一般的、最单纯的"目的"。这种意义上的"目的"、需求、需求者、需求目标、实现需求的途径和过程……还都是纯自然的倾向，是自在的。

1.2.4 元间转移产生的契合者

差别者充分积累可以形成物质实体，这些物质实体作为要素，相互之间又以特定的关系形式构成新一层次的物质实体，这新物质的结构形式就是它的元间。元间是差别者性充分积累形成的实体，之后，元间这种差别形式本身也有资格再次以差别者的身份相互组成新一层次的实体，但是这种资格的实现受到了元间实体所依存的物质载体的制约。

在这以后的层次中，虽然物质和元间逐渐分化成了两种不同性质的实体，但是所有物质都有结构可言，所有结构都必须依托某种具体的物质介质。我们可能达到非常接近纯粹的物质和纯粹元间的极限，但是物质和元间不能最终、绝对、彻底地分离，不能最终绝对地脱离对方而单独存在。所以，具体的事物都处在这两个极端之间，处在这两种极限情形之间的某个具体位置。

在上述模式中，"所有结构都必须依托某种的物质介质"并没有绝对限定一种结构必定依托唯一的一种物质介质。比如，亚里士多德曾举了一个蜡模和印章的例子。铜制的印章，可以把印迹印在许多蜡模之上，铜和蜡是两种不同的物质，但可以具有相同或互补的"印迹"，如果把这种特殊的"印迹"作为一个实体，一个元间实体，实际上，盖印的过程就使得"印迹"脱离了原来的具体的"铜"的物质实体，被转移到了"蜡"这样的、另外的一种物质实体之上。这样，元间实体就不再必定依托于某一种特定的物质载体，而是可以在不同的物质载体之间实现转移。

这种转移的意义在于：使得元间实体不再受原有物质实体自身时间、空间、性质等条件的制约，超越了原先物质介质所处时、空的限制，在不同的时间、空间和物质载体中存在和传播。

物质与元间的相对分离是二者对立统一关系的一次革命性进展。

由于元间转移只能通过相互作用才能实现，所以，元间转移是相互作用的结果和现象。

通过相互作用实现的元间转移，实际上将一个物质实体的元间实体强制转移到了另外一个物质实体上，强制另一物质实体改变自己原有的元间形式，被改造成与"强制者"的元间形式相同、相似或互补的元间形式。但是，这种强制作用的结果并不是复制了强制者本身，而只是制造了一个强制者的元间契合者，一个不完全的、局部的、某种程度上的契合者。

元间转移也是产生契合者的一条重要途径。

1.2.5　形式逻辑的重大进展

同一元间实体可以在不同的物质实体之间转移的事实，蕴含着两个重要的原则：物质实体的唯一性和元间实体的可同一性。

元子是差别和差别者的直接统一体，我们日常所理解的"形式逻辑"对它无效。或者说，在元子之后的很长的阶段里，形式逻辑作为一种自然规则和势态还没有完全生成，还在不断地发育中。

元子之间的差别者性和差别性分别充分积累，形成了物质和元间这两种不同性质的实体，元子所具有的差别性和差别者性直接统一性质，演变成了物质实体具有的元间性，以及元间实体所依赖的物质性，物质实体和元间实体虽然成为两种性质不同的实体，但都是物质与元间的对立统一体，只不过物质更多地具有了差别者性，元间实体更多地具有了差别性。

越是积累充分，积累的层次越多，这种分化越是明显。直至物质和元间几乎可以出现两种相对独立的实体，比如一船货物和一张货物清单。

在这种极限位置，物质作为差别者的高度积累形式，表现出了"唯一性"，一个物质实体及其所有的要素都绝对区别于其他任何物质实体，不与任何物质实体同时处于同一个空间，或者说，同一时间里仅处在唯一的空间内；同一时间里只具有唯一的一种元间性质。我们把这种性质表述为"$A \neq B$"，这个关系可以看作是形式逻辑里"矛盾律"和"排中律"的基本含义。

与此相应，元间实体作为元子差别性的充分积累形式，表现出既可差别又可同一这样两种性质。这使得不同的物质实体可以具有相同的元间实体，具有相同的元间形式，同一个元间实体可以在不同的物质实体之间实现转移和复制。同一种性质的物质实体也可以具有不同的元间形式。可以把这种性质分别表示为"$a = a$"和"$a \neq b$"。

物质实体的唯一性否定了物质实体之间的"同一性"，A=A除了同义反复之外没有更多的意义。而$a = a$说明的是不同物质实体中具有相同的元间实体，两个a处在不同的物质实体之中，具有不同的意义，所以，不再是同义反复。因此$a = a$，这个表述有资格成为形式逻辑中"同一律"的逻辑来源，同一律也只有在元间实现转移之后才能成立。

由于元间转移的不彻底性，这种相等在物理上是一种近似，而且，此前粒子之间的形式相同性也都是这种近似，是一种假定。元间转移产生的近似性导致的相同性是通过比较产生的，因而是可以证明的。

完整的形式逻辑直到元间实现了抽象之后才最终得以形成。

1.2.6　全面契合与局部契合

酸奶模型中提到的契合者，除了方向相反之外，其他元间形式都是相同的，而且两个契合者的构成要素虽然是不同的物质载体，但性质是相同的。相比之下，元间转移产生契合者并不强调这一点，所生成的元间契合者和元间实体各自所依托的物质实体可以不尽相同，甚至差别很大。比如，铜印章的图形和蜡模上的图形是对称的、互补的图形，但各自分别依托的是两种不同性质的物质。

从这两种契合者中可以抽象出两个典型的契合形式。

（1）同时实现物质和元间两个方面的契合，可能更彻底地实现契合。

（2）两个实体之间只有部分元间相互契合，可以实现两个实体的部分契合。

显然，前者要求在物质和元间的所有层面上全面契合，后者仅仅要求某个层面、某个局部的元间契合。绝对的契合显然是极限状态，是不可能最终实现的极限，最终受到物质主体差异的限制。比如，此蜡块和彼蜡块虽然都是蜡块，但毕竟是两个不同的蜡块。

事实上，所有能够实现的契合，都是离开这个极限边界的部分契合，或者在某种条件下实现的仅仅元间部分的契合。比如，铜印章和蜡模的契合只发生在双方直接接触的界面之上，仅仅是两者的这一小部分元间的契合。

1.2.7　契合与选择

如果所有差别者的差别形式都统统一样，一个差别者实现与任意一个其他差别者之间的差别方式是相同的，与所有差别者实现差别的方式也是相同的，也就无所谓差别形式了。离开了这个极限，当各个差别形式之间的差别出现并不断积累时，将面临形形色色的差别者，面临差别形式不断增多的复杂环境，要实现契合，就必须首先寻找到契合者，至少要寻找到部分契合的契合点，之后，才可能实现契合。

一个实体与所有其他实体处于相互作用之中，这些对象实体和自己的契合程度处在极其契合和极微弱契合这两个极限状态之间。由于相互作用的不均匀性、随机性、过程性，假如一个实体能有机会和所有实体逐一遭遇，就能和所有实体逐一比较，就像王子要让所有的姑娘都试一下那只水晶鞋一样。

所谓"比较"，是一种特殊的相互作用，比较的结果就是相互作用的结果。通过这种比较就能凸显出双方的差别及其差别形式，从而可能"找到"与自己差别最小的对象。

我们把所有结果中差别最小的，差别得以最大程度实现的那个对象叫作"理想契合者"。虽然没有达到绝对的无差别，达到绝对的全面契合，但是相对于其他作用者来说，已经是最大程度的对称和互补了。

不同实体之间的相互作用产生的结果不同。和不同实体的作用过程实际上是一个"选择"的过程，只有遇到了与自己的元间形式互补程度更高、对称程度更高、差别更小的对象，才能更大程度地实现自己的差别，才能更大程度地实现双方的契合，所以相互作用过程也是一个选择过程。

如果所谓"需求"就是有待实现的差别，那么寻找、遭遇、选择契合者的过程就是需求者实现"需求"的过程。

1.2.8　相对互补与多样性

既然世界的一切都是差别积累的结果，差别的积累所产生的积累者当然不会是无差别的，只能是更加不均匀、不对称的。因而，绝对意义上的对称不可能出现、存在和延续，只能是相对的互补，相对的对称，相对的均匀。

对称都是有缺陷的。

造成对称破缺的主要原因有三点：

（1）初始差别的存在和积累；

（2）普遍联系和影响；

（3）作用传递速度的有限性和过程性。

如，一个凝块和自己的空穴相对分离之后，在双方各自续存期间，各自经历了不同的遭遇，之后两者再次相逢时，已经不能够再以刚生成、刚分离当初的形式发生"湮灭"了。两者已经不再可能是完美互补的了，当两者重新相遇时，差别就不会等于 0，而是将两者之间的不相互补的那一部分差值表现出来。差值部分就成为新的实体。

如果一个凝块与另一个不同凝块的空穴相遇，两者之间的差值可能会更大些，两者"湮灭"后剩余的残值与上面的例子中产生的差值就会有不同的形式和性质，就会有另一种新实体出现。

互补的相对性也成为多样性出现和积累的一个重要原因。多样性的积累正好与契合性的积累朝着两个相反的方向发展。多样性和相同性的实体都得到了充分的积累。

1.2.9　差别的部分实现

由于差别形式的不断积累，差别者的样式不断增加，现存的差别者就不再是单一的一种形式的实体，而是各种不同层次、不同样式的丰富多彩的实体集合。契合的形式也从单一的一种形式积累成了无数丰富多彩的样式，彻底实现差别、实现完美契合的情形就成为一种特例。每个积累层次中，契合、实现差别的情形有了越来越大的差别，更多的新实体不断生成。在我们生活的这个宏观尺度的世界里，部分实现差别、部分实现契合，成为主要的形式。

1.2.10　由于局部契合产生的凝聚

我们这个进化模型的起点是接近极限的唯一一种差别形式。所谓"多样性的积累"，是在此基础之上发育的差别形式的多样化增长，是同一差别形式的不同组合形式，因此，任何积累起来的差别形式都拥有自己形成之前的基础层面的一般的差别形式。比如，砖块是一种基础的材料，砖块的形式相对于所有用砖砌成的建筑物来说，就是一般性的差别形式。

差别形式是层次性的，越是基础的层次，其差别形式越具有一般性。

这就是意味着，尽管世界上有形形色色的具体事物，但是，不管表面上看起来差别有多大，从深层次看，都有其相似之处、共同之处，甚至在某个局部和层次上有极为契合之处。两个实体，从整体上看，是两种不同的东西，这两种东西各自的某些局部可能具有与对方相互契合的特征和构造。这种局部的契合关系可能成为两个实体凝结成一个新的、更大实体的契机、纽带和原因。

比如，在两种大分子化学物质的端部各自带有一个碳原子，这两种化学物质虽然差别很大，但是，这两个碳原子却是契合的，两个碳原子轨道上的电子可以共享同一个轨道，由此形成了共价键。这个共价键使得两个原先分离的实体结合在一起，成为一个新的、更大的化学物质。

部分地契合使得带有契合部分的两个实体局部地消除了差别，但是这种部分消除差别的后果是导致了凝聚，使两个实体结合成为更大的实体，消除差别的初衷却扩大了差别，使得差别形式再次积累。

同理，反方向的部分契合也是造成原有实体瓦解和分裂的原因。

如果分解实体的途径和方式与生成、凝聚这个实体的途径不同，并不是沿着原来的途径退回原状，那么分解过程也是一个生成新的差别形式的过程。

差别者和差别就在这种契合、凝聚、再分解、再凝聚的反复相互作用过程中，逐步积累、发展、进化成为一个物质与元间的丰富多彩的世界。

1.2.11 差别实现的一般过程

在高度积累的物质与元间的世界里，既然所有具体物质实体和元间实体都是积累的产物，都具有内在的结构和构造，都是由内部的要素以及这些要素之间的关系方式组成的，那么，这些实体相互发生作用时，就不能想象相互作用可能在一瞬间完成，而必定是一个时间性的过程，必定是一个首先从某个局部位置开始，从某个局部的某个层次开始，逐步向整体扩展，直至最终完成的完整过程。

有必要分析、探讨相互作用的一般过程。

1."有"的"判断"

设：

A、B 两个实体，两者之间的相关性正在逐渐增大。

根据我们关于"只有处于相互作用中的实体才是存在者"的定义，站在 A 的立场上，当 A 和 B 作用程度极小，甚至趋近于 0 的条件下，A 不会认为有一个对象 B 是存在着的，因为它不可能知道 B。当然也不存在与 B 的比较，A 和 B 互相还不构成可以进行比较的对象。

当 B 的作用和 A 的作用逐渐接近，直到相互开始发生具体比较时，开始具有比较意义的第一时刻，在开始发生相互干涉的初始时间，A"发现"了 B，A 可以"判断"："有一个对象出现了"，直至双方都"发现"了对方，都获得了对象，成为了对方的存在者。

实体都是结构的，每一个结构都有具体的形式。与外部实体初步相互作用时，还没有机会把自己整体的全部内容在同一时刻立即与对方全面接触，必定是最突出的局部首先和对方发生关系，双方都是以自己最突出的局部和对方发生最初的关系，逐步发展、过渡到更全面、更深刻的相互作用。

在这个相互作用过程的初始阶段，作用双方虽然都不能获得对方更多的元间，但是，互为对象的关系已经建立，相互之间可以"知道"对方的存在，"知道"有一个比较者存在。双方相互确立了"有"的关系，相互成为对方的"有者"。

2. 从"有"到"是"

双方最初的接触使双方同时成为对方的"有者"，成为对方的对象，"是"对方的对象。这时，"有"和"是"具有相同的意义，仅仅说明双方互为对象的关系。

但是，除了知道"有"对象之外，双方都还没有条件知道对方的结构，确定对方"是什么"，"是什么样的对象"，这时的"是"是空泛的、抽象的、无内容的。

随着双方继续接近，双方各自结构中的成员开始逐渐和对方更多的成员、内容遭遇，双方各自的素材、结构、运行方式逐渐开始同对方的结构、内容、运行方式发生更广泛的冲突，从此，冲突将导致各自的素材、结构、运行方式开始发生部分改变。在自己内部开始显现出对方的内容、结构、强度和性质所产生的影响，作用者的元间开始在被作用者元间的改变中体现出来，作用双方开始相互体现对方的元间。

简单讲，对方的元间就是对方要素的时空排列方式，是对方特定的差别形式，是对方的"是"，是对方的是其所是。

于是，相互作用的双方从仅仅"知道"对方的"有"或"存在"，发展到了开始"知道"对方的"是"，而且开始部分地"知道"了对方"是什么"，开启了进一步"知道"对方是什么的大门。

相互比较也从"有"的比较发展到了"是"的比较，抽象的"是"变成了具体的"是"，变成了有内容的"是什么"，变成了是其所是。

3．"是"的程度

只有被对方改变才可能"知道"对方的元间，"知道"对方的是其所是。同样，只有通过改变对方才可能被对方改变。这实际上也就是更一般意义上的元间转移。

从这种元间转移中，参与比较的双方各自得到的不仅仅是对方的元间和物质成分，还得到了自己的物质与元间成分同对方的物质与元间成分相互较量的结果。这个结果中包含的既不完全都是自己的原有的物质成分和元间样态，也不完全都是对方原有的物质成分和元间样态，而是双方较量产生的新结构、新组合，是另外一种新实体的生成。

所"知道"的对方的"是其所是"，并不是对象的本征状态，仅仅是这新实体中残留的对方元间和物质碎片与效应，是对方的物质与元

47

间对己方产生的效应，是对方与己方的物质与元间相互较量所产生的结果。

只有当这种痕迹和残留足够大、足够多，多到足以占绝对优势时，才算是理想的元间转移，才算是相对多一些、更真一些的对方本征的是其所是。

除此之外，比较的过程使双方都被改变，双方都不能绝对保持自己的原有的物质成分和元间样态，双方的物质和元间遗存都不可能达到更完整的程度，也就都不可能不失真地把自己的元间和物质完整地转移到对方。

因此，双方所"知道"的对方内容都是有限的，有程度可言。并且，"知道"对方的是其所是也需要一个过程。

4. 不对称的比较

对于对方"是什么"的"了解"，只有通过对于对方的改变、被对方改变来实现。对于对方改变的程度、被对方改变的程度成了"了解"对方的程度，这似乎是一个悖论。

对于对方的改变损坏了对象原有的元间，反而失去了元间完整转移的机会。当两个作用者处于势均力敌的均等地位时，这种冲突达到了顶点。均势的相互作用难以实现理想的元间转移。

好在这是一个不均衡的世界，参与比较的对象双方并不总是均等和对称的，或者说很少有机会是均等和对称的。

在被作用者 B 远弱于作用者 A 时，可能出现这样一些特殊和极端的情形：

（1）B 的物质与元间成分都被粉碎，但是，都没有对 A 造成显著影响，没有严重破坏 A 的物质与元间的体系。

（2）B 的元间被破坏，被强制改造成了 A 的部分形式。

（3）B 的元间被改变程度很小，而是被相对完整的转移，全部或大部分元间成分成为对方 A 元间的一部分。

（4）B 的物质成分被改变程度很小，而 B 的物质分布被 A 同化，同时也对 A 的元间形式发生了作用。双方达成某种程度的契合。

在这些情形中，B 作为作用者对于对方的"了解"是通过对方对于自己的不同程度的摧毁和改变来实现的。有时，向对方转移元间也已经实现，只不过自己已经没有了记忆自己的载体，使得继续转移失去了意义。自己不再存在，不再作为原来意义上的对方，也就没有了"知道"对方的前提。

但是，作为作用者另一方的 A，除第一种情形之外，在其他的情形中都获得了 B 的资源，A 接受了 B 的物质素材或元间成分，A 接受了 B 对于自己的部分改造，部分地被 B 的物质或元间所改变，A 具备了"知道"B 的条件。就是说，A 有条件更多地"知道"B 的是其所是。

还有一种情形，就是 A 向 B 输出了自己的元间，将 B 同化成了 A 的模样，B 得到了 A 的部分元间。

在不对称的相互作用中，更可能更多地了解对方的是其所是，更可能实现较为理想的元间转移。理想的元间转移只是一般相互作用中的一种特殊结局。

比如，铜印章就是 A，强度远远超过了蜡块 B 的强度，两者接触时，破坏了蜡块原有的表面形式，将其强制改造成为与铜印章表面花纹相互补的新样式，铜印章的花纹实现了从铜印章向蜡块转移的目的。换言之，蜡块"知道"了铜印章的表面花纹的元间，"知道"了对方部分的是其所是，而铜印章的表面花纹在这次元间转移的相互作用中磨损很小，基本保持了原状。

1.2.12 直接相互作用的三个环节

我们把相互作用的过程大致归纳为接触——比较与判断——反应与改变这样三个环节。

A 与 B 的比较从最初的、最突出的点接触，从近似于质点的接触演变到双方结构的全面冲突和比较。这时，双方都成为对方模板，成为一种选择性的先决条件。如果，双方的某一部分物质结构相互契合时，这两部分就会发生互补，具备了因此而结合的可能，有可能结合成一个新的物质实体。这样，在与对象素材完全契合到完全不契合这两种极端情形之间，就形成了对于对象素材的不同程度的选择，形成了"判断"的标准，形成了一种对于对方结构和素材的评价基础。

当然，这还不是"人的判断"，而是一种广义的判断，是结构者以自己的结构作为对于对方的一种比较条件，受这个比较条件的限制，比较的结果实际上已经被规定，这个过程的结局被称之为"判断"。

和最初的关于"有"的单纯的判断、抽象的判断不同，这个层面的判断是具体的、有内容的判断，是关于"有什么"和"是什么"的判断，是判断者与被判断者相互之间具体结构、强度、过程等细节的比较。

典型的比较与判断就是用一个元间作为标准的模板，与对象进行比较，发现对象与模板之间的差异形式和差异的程度，发现两者之间的契合程度。

显然，比较和判断这两个原先重叠在一起的环节发生了分离，开始各自拥有了自己相对独立的意义。比较和判断的差异在于：作为相互作用过程的不同阶段，比较主要指相互作用的过程，判断主要指比较得到的结果。

判断作为比较的结果，以新的物质和元间的事实具体地表达和实现，具体地实现为相互作用双方的改变以及新的物质及元间的产生，因此，这时的判断都以具体的改变和反应结果来实现。

比较与判断导致改变与反应。

比较的实现是参与比较的双方都被改变，只有使双方都发生改变，才能实现比较。

改变是比较的结果，结果本身意味着判断。判断作为比较环节的一种发展了的形式，其特点在于凸显和实现比较中产生的差异，因此，判断意味着新事件、新物质的出现。

判断之后的改变是比较者对于比较过程、判断者对于判断对象的反应。反应是被限定模式的变化。

比如，在比较中，A 和 B 的某个部分有结构上的契合，实际上，是双方都以自己的结构对对方的部分、片断进行对比、选择和判断，凸显出了契合之处，契合的部分就会产生结合，生成特定结果的变化，这种变化及其结局就是反应。

如图 1-1 所示，相互作用的过程可以归纳成由接触、比较与判断、反应与改变这样三个环节组成的连续链条。

实际上，对于简单的、初级进化水平的物质和元间来说，接触、比较与判断、反应与改变三者最初仅仅作为同一个直接的过程被重叠、蜷缩在一起，是没有充分展开和分化的同一个状态，是同时发生的同一个事件，是对这同一个过程的不同角度的描述。

对于充分积累了的、趋向复杂和分化的相互作用过程来说，这三个环节将分别被各自展开为更长的、更丰富的、相对独立的子过程，开始拥有各自的内容。但是，每个子过程自身也可以分析为由这三个环节构成的相对独立的过程。

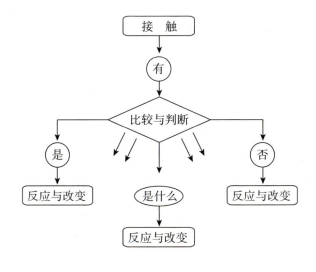

图 1-1

这三个环节分化、展开的过程和程度成为物种进化、逻辑进化、世界进化过程和程度的标度。

1.2.13 间接作用和直接作用

间接作用是指以作用者自身的作用为主的作用过程，也就是指以作用作为作用者时的相互作用。间接作用因作用和作用者的相对分离而产生。

比如，太阳发出的光线属于太阳所有作用形式的一部分，阳光本质上属于太阳的一部分，但是，太阳光和太阳本身发生了分离，作用者和作用者的作用发生了分离。我们现在还不能和太阳发生直接的接触，只能通过太阳的电磁波、粒子风、引力等太阳的作用和太阳发生间接作用。

从一个实体的核心位置到边缘位置，我们把这其中的哪一部分当作是作用者本身，哪些部分当作是这个作用者的作用呢？这中间没有一个绝对的界限，只有相对意义。只有在这种相对性出现显著分离时，作用者和作用者的作用之间的区别才是显著的，才有明确的意义。

作用者时空分布的不均匀以及作用与作用者的分离导致了一个实体被分成了许多不同的层次，各个层次分别又成为相对独立的作用者，成为相对独立的实体。这就意味着，一个作用者的作用本身又是另一层次的作用者。一个作用除了作为上一层次作用者的作用，受到上一层次作用者的调制，实现上一层次作用者的作用之外，其本身也是作用者，也是一个相对的时空过程，也具有自己的核心时空区域和边缘时空区域，也要发挥和实现自己的作用，也可能发生作用者和作用者的作用这样两个部分的分离，产生下一层次的作用者。

对于更为一般的情形，

设：

作用者 R1、R2，分别发出各自的作用 F1、F2。

F1 作为一个被分离出来的作用，携带了 R1 的元间 "r1"，同时，作为相对独立的作用者 F1 又拥有自己的元间 "f1"；同样，F2 作为作用，携带了 R2 的元间 "r2"，作为作用者 F2 又拥有自己的元间 "f2"。

当 R1 与 F1 之间、R2 与 F2 之间的差别很小或者趋于无穷小时，当 R1 与 R2 发生相互作用时，这种相互作用就是直接作用，两者之间的作用不经过 F1、F2 的过程和中介。

当 R1 与 F1 之间的差别相对于 R2 有意义的时候，R1 与 R2 之间的相互作用就是间接作用。R1 与 R2 之间的相互作用就要以 F1、F2 的相互作用作为过程和中介。R1 与 R2 之间发生的间接作用实质上是 F1 与 F2 的直接作用，R1 与 R2 之间的间接作用通过 F1 与 F2 之间的直接作用来实现。

1.2.14　间接作用者的双重元间

F1 与 F2 都是具有双重身份的实体，首先，F 作为实体 R 的作用，各自携带了所由发出的实体 R 的元间 r；其次，F 作为另一层次的作用者本身又各自具有自身的元间 f。

F 的元间由 R 的元间 r 和自身的元间 f 这两种成分构成，这两种成分分别在 0～1 的范围之内取一定的值，当一方趋近于 1 时，另一方就趋近于 0。比如，当 F 中的元间 r 达到最大值时，F 就是 R 本身，F 还没有从 R 中分离出来；当 F 中的元间 f 达到最大值时，F 中的 r 就会是趋近于 0 的最小值，就意味着 F 已经成为远远脱离 R 的独立实体了。间接相互作用者拥有的元间处于上述这两个极限的范围之内。

F 作为 R 的作用要从 R 中分离出去，就必须拥有自己的相对独立和分离的物质成分，这些物质成分本身也必须具有相对独立的元间形式 f，具有不同于 R 之 r 的新的元间形式；F 既然作为 R 的作用就不能不带有 r，一旦 r 成为 0，F 和 R 之间就失去了联系的意义，F 也就不再是 F 了。因此，F 中的元间只能是由 r 和 f 这两部分共同组成的双重内容，就像一个业务员，在履行公司使命的同时，还有自己个人的特点。

每一个实体、每一个作用者都被看作是一个以自己的核心时空区域

53

为起点，以不均匀的形式覆盖整个世界的完整实体，核心时空区域附近的部分被称为作用者，远离核心时空区域的部分被称为这个实体的作用。这只是一种近似的表达。

间接作用者都具有双重的作用，一方面是其作为作用所携带的所由发出的、所被调制的作用者的势态和作用方式，另一方面是其本身作为作用者以及所直接拥有的势态和作用方式，从实体的核心时空区域向整个世界"辐射"的作用。

从实体中心辐射出的实体的作用本身作为作用者并不可能毫无阻挡、一帆风顺地行进，在途中不可避免地要与熙熙攘攘的其他作用者们遭遇，不可避免地对周围的时空区间发生影响。或者说，由于作用必须是相互的，如果不是存在着这种影响，任何实体都没有对外产生作用的可能，任何实体本身也就没有形成和存在的可能。作用者的作用和环境的相互作用是作用者本身存在的前提，也是该作用者及其作用本身存在的前提，作用者的作用与统一场中其他作用者的相互作用决定了作用者本身的存在形式，也决定了这个作用者对外发生作用的形式。

作用者的作用是受到作用者调制的作用，携带了作用者的部分元间，当这种作用本身作为作用者与其他作用者再发生相互作用时，实际上就成了自己携带的元间与对方所携带的元间相互之间的比较和较量，又成了新层次的两个结构者的比较。

这种比较者具有双重意义、双重身份。一方面，作为作用，携带着所由发出的作用者的元间，体现的是作用者的势态和作用力；另一方面，其本身作为作用者又有自己本身的势态和特性。两个具有双重性质的作用者的作用，产生的结果必定是带有双方作用者各自两个层次的元间的新的实体和事件。

比如，阳光照在一朵玫瑰花上，从花瓣上反射出的光不是原先太阳光里的全部光谱，只能是和花瓣表面反射能力相关的一部分光谱。还有，受到阳光中某波段光的激发，花瓣本身也会产生新的激发光谱，这样，从花瓣上发出的光谱是由花瓣自己发出的光谱以及花瓣反射出的阳光光谱两部分光谱混合而成，是一种包含了太阳和花瓣两个作用者元间的新的实体。

相互作用只有通过相互改变才能实现和完成，这个一般性原则对于两个处于均势中的直接作用者来说不言而喻。但是，对两个相互悬殊的作用者或者对于间接的作用来说，相互改变也成为悬殊的和间接的。比如在人和太阳的相互作用中，人对于太阳不会有直接和显著的改变，人对太阳的影响能力趋近于 0，相互改变成为单向的改变。这就出现了一方作为单纯的作用方，另一方作为单纯的被作用方的极端局面。这提示我们，相互改变有两个极限端点。

1. 单纯作用者

单纯作用者对于对象发挥物质和元间的作用，改变对象的物质和元间的状态与构成方式，但是其本身不因这种输出发生改变。同时，对象的改变不会对单纯作用者本身发生影响，单纯作用者不因对象的物质或元间的改变而改变。

对于直接作用来说，当作用者 R1 的规模、强度远远大于另一方作用者 R2 时，当 R2 对于 R1 的改变小到可忽略不计的程度时，R1 可以被认为是单纯作用者。

对于间接作用来说，当作用者 R1 发出的作用 F1 与 R1 本身出现了时间和空间的分离，F1 作为 R1 的作用同 R2 或者 R2 的作用 F2 相互作用时，两者产生的各种变化无法通过 F1 或者其他途径直接反馈到 R1，也不会使得 R1 因为 F1 对 R2 的相互作用产生直接和显著的变化，那么，R1 也可以被看作为单纯作用者。

2. 单纯被作用者

理想的单纯被作用者应当是无条件接受作用者施加给自己的一切物质的、元间的作用，无条件地被对方改变，自己对于对方却不发出任何有意义的作用，或者说，发不出任何足以造成对方改变的作用。

实际上，既然是实体，既然是存在者，就必然处于相互作用之中，就既是作用者又是被作用者，就不可能存在真正意义上的、绝对的、理想的被作用者。所谓单纯的被作用者也只是一种极限形式，是某个实体的某个局部在某种条件下的特殊作用方式。

结构相对简单的实体在参与相互作用的过程中，发生改变的同时就改变了这个实体本身，这个实体的本质被改变，就不再是这个实体了，这个实体就不再能继续作为原来意义上的存在者存在了，也就不能成其为单纯被作用者了。

因此，只有充分积累的、具备足够层次的复杂物质才可能作为单纯被作用者。

1.2.15　具体的凝聚态

如我们所熟知的那样，100多种元素在相互作用中，以无数种组合方式形成了无数种物质形式，我们的宏观世界就是这些有限元素排列组合并且不断变化的结果。具体的物质都是元子的不同形式的凝聚态。

基本粒子之间的遭遇、接触、碰撞事件随机发生，在这些相互作用事件发生之前，作为作用主体的作用者各自都已经具有了自己特定的形式，具有自己的是其所是，以自己特定的元间形式与同样也具有特定元间形式的对象发生遭遇、接触、碰撞之类的相互作用。

可以把每一次相互作用的结果都看作一种新的元间形式。每一种现有的元间形式都可以作为出发点，作为模板，对所有的、形形色色的作用对象进行挑选和选择，在复杂的、随机的相互作用中最终找到契合者，找到更能实现自己差别形式的对象。

比如，一个碳原子有四个有待实现的"键"，它是用这些"键"对随机遇到的作用者进行挑选，就像拿着水晶鞋去寻找灰姑娘一样，一旦遇到正好与之互补的对象就能与之契合，就能更方便地形成凝聚态，组成新的物质实体。

如果我们试图把实现这种差别形式的冲动和倾向称为"需求"，那么，这两个差别者，这两个具有差别形式的差别者各自就都是一个需求者，是需求的主体，两者又都是对方的需求对象，相互之间构成需求和被需求的关系，可以把这种需求关系称之为"自在需求"。

其实，用"自在需求"来表述这种关系并不十分精确，因为"自在"这个词的本义是纯粹的无拘无束，是纯粹的自由，对应英文的 free, unrestrained, unrestricted。一旦有了确定的对象，对于对象有了特定元间形式的要求，在限制对方的同时也就限制了自己，既然受到了限制，也就失去了纯粹的自由，也就不是纯粹自在的了。但是，反过来问，有纯粹的、没有对象的存在者吗？没有！并不实际存在所谓纯粹的自在者。所以，所谓"自在"，只能是某种程度上的自在，是某种程度的、相对的自在。根据这个原理，我们所定义的"自在需求"并不彻底否定需求和需求者相互规定的关系，而是在某种程度上否定双方各自对于自身的规定性，就是说这个阶段的相互作用者自己不能特别规定自己，自己不特别限定自己的元间形式，自己不会特别地保持自己的元间形式。

不能规定自己元间形式的需求者是自在的需求者。

1.3　自为的需求

1.3.1　链状物的复制

两个具有互补部分的实体发生契合，形成的新实体不会是互补者双方的任何一方，而是两个作用者之间相互作用的新的结果。所有作用方原先各自拥有的差别形式、元间形式全部都发生了变化，差别被实现，就不再能够作为原先意义上的存在者了。如果说原先的作为素材的实体中具有有待实现的差别，这些有待实现的差别形式可看作是这些作为素材的实体的"需求"，那么，契合过程实现了这个差别，也就实现了双方的需求，差别被实现了，需求也就不存在了。

而链状物是有利于一次性实现更多契合点的一种物质形式。

链状分子是由多种元素线形排列形成的，每个元素之间以契合的方式连接、凝聚在一起，成为一个相对统一的物质整体。如果构成这个链状物质的每个环节上都各自具有一些没有被实现的"键",那么这个链状物实际上是一个链状的模板。当它处于丰富的资源环境中时,这些没有实现的"键"都会各自挑选出与自己互补的对象,与之发生契合。这样,就可能形成这个链状物和另一条互补的链状物相契合的新物质实体,而这个新物质是依照与链状物互补的方式组装起来的另一条新的链状物。

这没有什么新奇之处,真正的奇迹出现在这样一种条件下:如果有一种力量可以把作为模板的链状物和由于契合而附着在其上的新生成的另一条链状物不加损坏地分离开来,就能得到两条互补的链状物。

初始的模板链状物为 R 链,新得到的链状物为 L 链。R 与 L 除了方向不同,其他结构都是相同的,两者互补。

如果把 L 链也作为初始模板,也放入元素资源丰富、条件适宜的环境里,就会得到和上面一样的结果,得到另一个契合物 R,是和初始模板 R 完全相同的另一条 R 链。这就是说,用两次复制的方式就可以制造出相同的物质,就可以组装、复制出附着在另一物质实体上的相同的元间实体,制造出和模板物质完全一致的一个新的物质实体。

1.3.2　生命物质

脱氧核糖核酸(DNA)就是这样一种可以自行实现上述两个过程的特殊物质。它由两条互补、对称的链状物共同组成。在合适的条件下,原先两条紧密缠绕、扭结在一起的链条可以分段打开。在打开的位置上,单链链状物作为模板,再次选择素材,生成新的互补的单链链状物。将新生成的链状物分离出去之后,两条原始的链条又能恢复到原先的契合状态。被分离出去的单链链状物又可以作为模板,生成自己的互补物,两次互补形成了与模板形式完全相同的新的 DNA 物质实体,作为模板的 DNA 物质用两次复制的方式转移实现了自己复制自己。

通常,我们把能够自己复制自己的物质实体称为"生命物质"。

相对于生命物质产生之前的进化阶段,DNA 物质的出现标着五个方面的革命性进展。

1.实现了自己复制自己

作为模板的实体在环境中挑选合适的素材，通过两次复制，将素材组织、塑造成为与模板形式相同的元间形式，将其同化为与自己相同的元间形式。

元间转移的本质是"同化"，但是，过去的同化只能将对象同化成自己的互补形式，而生命物质却能得到互补的互补，将对象同化为和自己完全一样的元间形式。

过去，同化是一般意义上的元间转移，同一个元间实体在所有可能的物质载体中进行，比如，一个脚印留在沙滩上，脚掌和沙滩上的沙子虽然可以拥有互补的元间形式，但其物质性质或物质要素却不相同。而生命物质所同化的对象是有选择的，是特殊的，仅仅挑选那些与模板物质素材互补的素材，进而是相同的物质要素，两次同化达成的结果不仅是元间实体的更彻底转移，元间实体所赖以存在的物质载体及其要素也是相同的。不仅实现了元间同化，同时也实现了物质同化。当然，也只有这样才能实现更多层次上的元间转移和同化，元间转移才算得上是更彻底的。

是不是说，至此，元间转移已经达到了最大化了呢？答案是否定的。因为物质是元子的差别者性是经过充分积累才形成的，元子的差别者性是一种绝对差别，由此而充分积累起来的物质都具有唯一性，这样的物质实体除了和自身等同之外绝对区别于其他物质实体。尽管两个物质实体可以拥有最大限度相似的元间形式，甚至完全相同的元间形式，但毕竟还是两个物质实体。也就是说，元间实体可以相互等同，也可以存在不同程度的差异，但是，物质实体相互之间只能是处于差别中。比如，两只一模一样的茶杯，尽管样式、性质完全相同，但是毕竟是两个不同的茶杯，构成两只茶杯的物质要素虽然是相同的物质，但却是两组不同的物质要素。用 A = A 只能描述这两个茶杯这两个物质实体拥有相同的元间形式，是一模一样的，并不能指谓这两个茶杯是同一个茶杯。

所以，形式逻辑在这个问题上总是歧义的。

厘清这个歧义的一个方案是：要区别物质和元间这两种处于对立统一中的不同实体，正如我们在前面曾经讨论过的那样，用小写的"a"来表示作为物质的元间，指称不同物质载体中所携载的元间实体；用大写的"A"来表示这些元间所依附的物质，指称具有特定元间形式的物质实体。也就是说，任何具体的物质都是由 a 和 A 这两部分组成的。如此，就可以得到这样的一般关系：

用"a = a"表示处于不同物质实体中的元间形式是同一个元间实体。

用"a ≠ b ≠ c……"表示处于不同物质实体中的元间形式是不同的元间实体。

用"A = A"表示物质实体自己与自己等同，这是同义反复，无意义。

用"A ≠ B ≠ C……"不仅表示任何物质实体之间互不等同，也包含了它们各自所携带、所持有的元间成分之间的差异。

这些关系提示我们，任何具体的物质都是由 a 和 A 这两部分组成的，在两者发生彻底分离之前，在元间实体从物质载体中彻底抽象出来之前，还不能进行真正意义上的纯元间实体间的比较，除了自身等同之外，无法获得真正意义上的"a = a"。

只有在生命形式出现之后，A 之 a 全等于 B 之 a 才成为可能。

2. 出现了自己记忆自己的新方法

存在者要保持自己的存在，就是要使得自己不至于在相互作用中出现重大改变，一旦这种改变达到导致丧失自己是其所是的程度，这个存在者也就不存在了。也就是说，存在者存在的前提是自己记忆自己，保持自己的是其所是。忘却了自己就不再是自己了，只有能够有效地自己记忆自己的实体，才能成为更长久的存在者。

生命物质出现之前的普通物质实体只能依靠构成自身的物质素材之间相互关联的紧密程度来维系自身的元间特征，当与环境中的其他对象发生相互作用时，只有在自身的强度、自身的"牢靠"程度远大于对方时，自己才不会被改变。可以把这种记忆方法称为"牢度记忆法"。这就意味着，牢度更高的物质实体更有机会保持自身，这样，牢度相对更高的存在者就会更多一些。

除此之外，另一种可以使自己这样的实体更多些的方法就是"复制"法，或者叫"复制记忆"法。尽管牢度不是足够高，只要能大量复制，自己的元间实体就能得到更多的存在机会。问题在于复制是元间同化和转移的过程，只有通过相互作用才能实现元间转移，而相互作用意味着相互改变，怎样才能保证在复制过程中元间实体不发生重大变化，又能成功地同化、改造别的对象？存在者自己如何知道自己这种复制是正确的？自己如何知道自己是否发生了变化？

DNA之类生命物质的出现，实际上就是一种解决上述问题的新的记忆方式。这种方式的实质是用两条对称的、互补的链条，相互作为对方的模板，相互作为参照的标准，相互用对方的记忆来记忆自己，达成了相互记忆、相互限定、相互校对、相互印证、相互实现对方的这样一种共存关系。

3.出现、形成了主体性与目的性

此前的相互作用都是作用者之间随机、盲目、直接的碰撞和比较，只有实现对于对方的改变才能实现元间的转移和复制，只有偶然遭遇到互补者才可能发生契合，在作用过程中，作用双方都被改变，都不能确保维持其原有的元间形式。生命物质出现之前的普通物质实体只能依靠自己的结构强度也就是以自身相关性的紧密程度来维持自己的现有结构，自己无法"觉察"自己的改变，只能处于被动的改变之中，不能限定相互作用的结局，没有自己真正的目的性，也就无所谓"自己"。

与此不同，生命物质参与的相互作用，是事先就设定了结果的、有目的、有"预谋"的过程。生命物质是以自己现有的元间结构为模板，从环境中，从与自己相互作用的许许多多的对象中仅仅挑选出预先规定了结构特征的素材，将它们依照预先已经设定好的方案重新组装起来，形成和自己一模一样的新的实体。这是最初的、主动实现自己目的的过程。

所谓目的性，首先是具体的需求，对具体需求对象的需求，这里有两种规定：一是对于素材性质的需求和规定；二是对这些素材之间关系的需求和规定。

生命物质已经成为具有目的性的需求主体。所谓目的就是需求主体的标的，是一种有待实现的具体的差别形式以及具备这种元间形式的物质对象。

要实现需求，就必须作出有目的的行为。目的性和实现目的的行为从最初的直接重叠状态开始，逐步出现了分离，目的性成为一个相对稳定的、既成的元间模板和蓝图，成为一种特定需求的"指令"，是一种具体的元间实体，实现目的的行为则发展成为实现需求的过程、机构和手段。

4. 萌生了最初的自我和自我意识

两条元间实体互补的物质链条相互限制对方的随机性，通过对方规定自己的元间样式，实现了两者同时的记忆；用两次互补的方法形成了物质实体自己制造自己的机制；两个互补的物质链条相互记忆对方，相互校正对方，把对方作为记忆自己的相对物。

这两个相互对立且相互补充的物质链条共同组织成为同一个物质实体，构成同一个物质与元间对立统一的新型实体，这种物质的革命性意义在于：实现了自己记忆自己，形成了胚芽状态的自我。

自我是实现了自己记忆自己的元间实体，但是，"记忆"是一种对象性实体，记忆的前提是拥有相对者，拥有记忆主体和记忆对象。这时的自我，只能通过自己内部互补的两部分，相互对于对方的记忆来实现。简单地说，记忆主体必须通过记忆对象才可能被记忆。而这种自己记忆自己的自我是两个互补的相对者的对立统一体。

自我的产生使得这种物质得以从普遍相关之中区别出来，不再因随机的相互作用发生任意的改变，不再被任意的、无规定的、自己不知道的、与自己不相同的、无法预期的作用所轻易改变。而是依靠自己的记忆来维持自己的稳定，维持自己的存在，依照自己的元间来同化与自己发生相互作用的周围环境。具有自我的物质才算是生命物质。

相比之下，单独的一条链就更接近于普通物质，两条链的组合就能更正确地实现相互复制，只有这两条链的组合才成其为自我，才成其为完整的生命物质。自身内部的两个方面相互把对方作为记忆自己的依据，互相把对方作为自己的存在条件，两个实体，DNA 两条链相互规定对方，两条链中的任意一条都"知道"对方的存在，都从对方的存在中知道自己的存在，两者共同组成一个统一的自我，这个自我知道了自己。"自己知道自己"就是最初的自我意识。尽管这是间接的、最初的"知道"或"自我意识"，但毕竟是一个革命性的开端，这标志着"自我""自我意识"的萌生。

只有"自我"才可以拥有真正意义上的主动性和目的性，只有自我才能成为这两种属性真正的行为主体，成为通常意义的需求主体。

5. 出现了最初的分工

尽管这时的 R 和 L 是对称的、互补的，但是，两条链各自的一些功能却是靠对方来实现的，就是说，每条链各自都不能独自实现自己的全部功能，许多功能要由对方代劳或供给。尽管这时，双方提供给对方的"服务"以及从对方换取的服务是大体对称的，这种"服务"的对象最终是自己，是自己为自己的，这标志着自为的分工和交换关系的萌生和出现。

1.3.3　分工与进化

实现 DNA 的复制至少应满足这样一些基本条件：

（1）环境中拥有的可以作为手段和工具的资源足够丰富，例如各种酶和引物等；

（2）可以作为基本素材的成分（底物）足够丰富；

（3）环境势态适合，例如温度、光照、电磁、化学环境等。

作为自我的需求主体对于环境中不同物质的"看法"也是不同的，它对环境十分挑剔，对于不同的物质素材有不同的利用方式或利用程度，与不同环境中不同的成分和内容会有不同的作用程度，会有不同的作用形式，有些被作为工具和手段，有些被作为复制自己、构成自己本身的素材，有些则是需要回避和排除的。作为自我的、需求主体的DNA，对环境诸因素是有选择的。

处于不同环境中的DNA，复制、保存自己的效率显然不同。处于上述三种条件更优越环境中的DNA，或者说，与环境越是契合的DNA，其复制就越方便，就会产生更多这种相同的产物。所以，DNA复制的全过程不是由其自己独立实现的，而是和周围环境共同实现的。双方相互成为对方性质决定者，互相限制、规定、影响着对方，双方逐渐趋向于成为互补者，逐渐成为处于共生状态中的互补者。这样，可以将整个复制过程看作是一个整体，看作是由作为需求主体的DNA和周围环境中所有相关因素这两大方面共同组成的整体，环境因素和DNA各自承担了不同环节的任务，分别充当了不同的角色，它们的关系是相互合作的"分工"关系。

站在DNA这种初步作为"自我"的需求主体的立场上，这些密切相关的环境因素被看作是方法、途径、条件、工具或手段；如果把这些环境条件的总和也作为一个相对完整的整体，甚至也看作是一个作用主体，也当作是一个"自我"。站在这种"自我"的角度看待DNA，也会得出相似的看法。双方都可以把对方作为方法、途径、条件、工具或手段。

如果双方都把这些最经常的、最密切的相互作用者直接作为自己的一部分，作为自己本身内容的一部分，以此为边界，重新划定"自我"的范围，就会将对方也作为自己的一部分。于是，原先的"自我"，原先的那个需求主体就会扩展"自我"的范围，将这些经常处于身边的甚至是随身携带的、专门只供自己拥有的环境也作为"自我"新的一部分。这个新的"自我"就由这两部分内容构成，一部分是原先作为需求主体的那些内容，另一部分是原先作为实现需求的部分条件、工具和手段的那些内容，这两部分其实也是对称的、互补的。两个部分就形成了新的整体，形成了更大的、新层次的自我。可以把这种新的"自我"理解为初始的"细胞"模型。

从此，原先作为需求主体的DNA不再是"裸体"的了；从此，生命进化到了细胞水平。DNA和细胞器的关系，实际上就是我们上面讨论的需求主体与实现需求的途径、条件、手段和工具之间的关系，显然，后者已经形成了一个可以与前者相对应的相对完整的实体。

试图仅仅用纯粹推理的方式来重构生物进化的过程显然近乎迂腐，没有太多实际意义，更好的方法是从科学研究的成果中学习、理解、领悟、归纳和提炼出需求及其实现途径的进化线索。

初期的生命物质与普通的非生命物质差别不大，环境都被作为对象。环境的内容虽然是自己存在的前提，但环境的内容毕竟不属于自己的内容，不在自己的掌握之中，只能通过偶然的遭遇才能从环境中碰巧遇到适合自己需求的互补物。由于环境的不均匀分布，自我并不能总是可以持续、均衡、不断地得到自己所需的素材和条件。

实际上，DNA展开并复制出的互补的片段，导致生成了另外的互补形式，如导致生成特定的蛋白质，这种蛋白质反过来成为DNA自己的环境。

如果这种模式发展到足够丰富的程度，就意味着，DNA自己为自己创造了一个不同于原先那个不可掌控的自然环境的另一层次的新环境，自我首先处于自己为自己创造出的小环境中，然后再通过这个小环境与更大的自然环境发生作用。这样，环境有了内、外之分。

内环境相对于处于核心地位的"DNA"来说，具有工具性和手段性的意义，是"DNA自我"的物质环境和手段。同样，站在"内环境"的角度看DNA，它也只是"内环境"中的工具和手段，是"内环境"的元间手段和条件。双方都为自己建立了一个随身携带的环境和工具体系，两者共同组成了新层次的自我。

相比最初的、"全裸"的 DNA 来说，细胞水平的"自我"，发育出了两个层次：一是作为记忆和核心的实体（如 DNA 之类）；二是作为保障实现记忆内容的工具与手段的实体（如细胞器之类）。

其中，作为记忆体的 DNA 部分，其元间实体的内容也随之发生很大的变化。如果说过去的主要内容是抽象的、无目的的，现在则增加了手段和方法性的内容，使之成为具体的目的性和实现这些目的的具体方案。随着逐渐地累积，后者的比重开始远远超过了前者，逐步占据了主导地位，DNA 反倒成了实现自己的手段和方法的程序包。也就是说，关于实现自我的方法和途径的内容变成了自我本身，最初的自我本身反而变得微不足道了。自我的内容发生了根本的转变，也意味着自我需求本身的根本转变。

实现自我目的的方案成了自我本身，这个最初发生在原始生命中的现象，最终发育成为人与社会关系的普遍现象，使得人的需求变成了人的性质。很难说有真正的、纯粹的生存目的和纯粹的需求，具体的需求往往就是实现需求的手段，实现需求的手段变成了需求本身。人通常只是为了得到自己的生存手段而生存，生存本身的意义被逐渐疏远和掩盖。

1.3.4 物质自我与元间自我

细胞中的 DNA 已经发展成为一个关于自己实现自己的方法、流程和工艺的元间性实体，是一个"程序包"样的实体。这个元间实体的最终实现必须通过将"程序包"里的方法、流程、工艺等全套程序都物化为具体的物质实体，都具体地展开，实现成为具体的物质实体和物质过程，都实现为与外环境相区别的内环境。由于作为内环境的物质实体是那个"程序包"中的元间指令物化的结果，属于自我的元间转移和同化的成果，所以，这个物质实体与其所实现的那个元间实体是互补的、对称的，是被其所规定的。这样，就会出现两个互为镜像的实体——物质实体和元间实体，两者互为对方存在的条件。

　　细胞核中的染色体就是这种意义上的元间实体，这其中存储了这个细胞全部生命历程各个阶段的指令以及所有细胞器的建造规划和演变过程的程序；其余的大部分细胞器是物质实体，它维护和保障着作为元间实体的染色体中的程序和指令，是元间实体存在的手段和工具。两者互相成为对方存在的条件，两者共同构成了不可分割的整体。

　　细胞阶段的生命体进化到了这样一个程度：原先物质与元间直接对立统一、相互直接依存的局面发生了改变，发展出两者间接对立统一的新形式。同一个生命主体被分化成为两部分：一个是以物质形式实现的元间实体，以元间属性为主；另一个是根据前者的元间指令实现的物质实体，以物质属性为主。两者用不同的方式表达了同一个元间形式，两者互为镜像，互相作为对方生存的前提和条件。之后的生命体都建立在这种物质实体和元间实体对立统一的基础之上。如果把前者称为"元间自我"，就可以把后者称为"物质自我"，完善的生命体是物质自我和元间自我这两方面的对立统一体，两者共同构成了生命的自我。

1.3.5　生命个体

　　所谓"自我"是相对他物、相对于所有作为环境的其他存在者而言的，是一个实体有别于其他所有实体的内在依据和因素。由于以特定的形式处于相互作用中的实体都是存在者，每一个存在者都与他物、与其他存在者处于相对之中，所有的实体就其自身来说都已经是可以作为"自我"的个体了。

　　然而，普通的"个体"只能依靠自身的要素和要素之间的关系形式直接记忆自己，靠自身关系形式的"牢度"维持自己。在相互作用中只能听天由命、随波逐流，并不能主动维护自己的稳定，不能主动保持自己原有元间形式的特征，也不知道自己是否发生了变化，也就不能主动维持自己的存在。用传统的哲学术语来讲，这样的"自我"只是一种自在的自我，还不是"自为"的自我，也不是"自为"的个体。

　　以 DNA 为标志的生命物质发生了根本性的进步，物质的相互作用不再完全是盲目的，开始出现了确定的方向和目标。DNA 物质所参与的相互作用都具有鲜明的目的性，以复制与自己相同的物质为目标。因此，可以把这种阶段的实体定义为最初的具有主动性和目的性的"自为"的实体。

两条以互补方式规定对方的物质链条共同构成了 DNA 物质，每条单链都通过"为对方"的方式实现了"为自己"的自为，在对方中实现了自己，以双链互补的方式自己记忆了自己，因此构成了具有目的性的自我。

进而，这个具有自为性质的自我，又将原先环境中的一些对象，将自己复制自己的手段和工具，将自我复制所需的一些必要的物质要素组织在一起，将这些曾经被作为环境的对象要素同化成为自己的新成员。

DNA 与这些新成员的关系，也是从契合的、分工的紧密关系中演变而来，因此始终保持着与对方的区别以及区别中的联系这样一种对立统一的关系，并逐渐分化成为两种处在对立统一中的实体。相对而言，DNA 发展演变成了以元间特征为主的实体，主要充当着指导者、操控者的角色，其余部分成为以物质的细胞器为主要特征的实体。一个作为抽象实体，一个作为具体实体，互为镜像，对立统一，共同组成了一个完整的生命实体。单细胞阶段的生命就是这样初始的、完整的个体，也是最初的物质自我和元间自我的对立统一体。

1.3.6 自为需求的几个特点

具有自己规定自己元间形式的需求者是自为的需求者。自己规定自己的元间形式、规定自己需求对象的元间形式的需求是自为需求。

细胞水平生物的形成，标志着自为需求的生成，这种初始的自为需求表现出如下几个特点。

1. 以生存和繁殖为基本需求

细胞作为最初的自为性的需求主体，它根本的目的性在于：保持这个实体自身的稳定和长久地存在。而且，从初始时的仅仅保持 DNA 这种元间实体的存在，发展成为保持元间自我和物质自我共同组成的对立统一的个体的生存。

所有差别者都无一例外地处于普遍联系的相互作用之中，一种存在者不过是这种相互作用中不均匀的一种相对凝结、凝聚的暂态，都是运动和变化着的，在与环境不断地冲突中，"自我"将被不断改变，最终丧失自己的存在，因此，"存在"也只有相对意义。

保持元间实体长久存在的一个最有效的途径，是在元间自我的物质载体发生改变之前就将元间实体转移到其他的物质载体上，复制到其他物质载体上。这一部分物质实体解体了、改变了，其他的物质实体却以接力的方式保持着自我的元间。元间实体转移到新的物质实体之上，实现了"刷新"。因此，复制自己就成为生物生存的基本方式和基本目标，从而也成为每一个个体的基本需求。如果能更多地复制自己，元间实体生存的机会就能大幅提高，因此，更多地复制自己就成为实现基本需求的重要策略。

这样，维持一种生命实体更长期存在的任务就被分成两个阶段。首先，是要保持元间转移之前的元间实体的稳定；之后，是要保持元间转移过程和结果的续存和稳定，保证转移之后的元间实体也能长久地存在。把生命体保持元间转移之前这个阶段稳定的续存称之为"生存"或生存需求；把通过元间转移以及转移之后长久生存的需求称作"繁殖"需求。

生存和繁殖是自为阶段生命物质最基本的需求和目的。

2. 形成了具体的、自为的目的性

所谓生存，就是主动保持自己的存在，保持自己已有的元间形式，保持以特定元间形式组织在一起的这些物质要素更长久地处于原有的关系之中。特别是当环境已经发生变化时，也能保持自己元间实体的稳定。这已经就是最一般的目的性了。

自在的目的性还没有建立起"自我"，仅仅依靠本身物质素材之间关系的稳定性来维持这个实体的存在，本身没有对于自己的记忆，不知道自己是否已经发生了变化。因此，它的"主动性"仅仅是初始的、抽象的。

DNA 出现之后，两条链互相记忆、限制、规定了对方，一起构成了一个可以自己记忆自己的"自我"，自己规定了自己的元间形式，规定了构成这种元间形式的物质要素，规定了实现这些元间形式的方法和途径。至此，目的性成为被限定了的具体目标，实现这个目标的过程开始演变成了自为需求实现的过程。

生命发生和进化的过程也就是目的性从"自在"向"自为"的发展过程，生命主体就是目的性的主体。细胞水平的生命形成后，目的主体和实现目的的手段才开始逐渐发生了分离，开始了各自的发育和进化。

3. "手段"逐渐积累成为"目的"

相对而言，DNA 是目的性主体，是目的本身；细胞器是实现 DNA 复制的工具和手段，是 DNA 通过对于环境的同化，将一部分更紧密联系的环境同化成自己的一部分，将自己为自己创造的小环境作为自我的一部分，终生带在身边。

对于初始的细胞来说，DNA 和细胞器各自还残存着一些相对的独立性，一些细胞器本身还会残留着自己记忆自己的能力，对于高度进化了的细胞和细胞群体来说，细胞器与 DNA 的分化将更加明显，细胞器趋向于成为更纯粹的物质实体，DNA 趋向于成为更纯粹的元间实体，DNA 中将拥有关于细胞器的更多的设计指令和控制程序。DNA 作为目的性的实体，作为需求的主体，在不断地增长。其他细胞器的记忆功能也逐渐被 DNA 所取代，成为 DNA 中的新内容。

如果其他细胞器的增长和积累是一个过程，那么就意味着在生命自我进化过程中，原先作为手段的那些部分逐渐成为自我的一部分，自我的增长就是作为手段和工具的那些部分不断变换成为目的本身的过程，成为 DNA 中的成分。照此规则，不断积累下去，最终，实现自我的手段成为自我的主要内容，如何生存成为生存本身。单纯的、抽象的生存需求将逐渐发展成为关于如何生存的具体需求。

4.更多的外环境逐渐被同化为内环境

生存的意义在于以特定的元间形式处于特定的相互作用的势态之中。但是，作为生存主体的自我所生存的势态环境是变化的。对此，由于自我不可能从整体上选择或干涉势态的变化，只能影响和左右与自己密切相关的、极小的范围的环境，一个办法是将这些小环境固定下来，将这些小环境与总体的势态区分出来；更稳妥的方法是将这些小环境作为自我本身的一部分，自己生成、建造、管理自己的小环境。于是，生命物质的一个突出特点是创造了属于自己的"内环境"，通常利用一层"膜"把自己与周围环境区分开来，用这层膜来区分自我与环境，通过这层膜与外环境实现交换与沟通。

显然，内环境都是从外环境中分离、同化、拓展出来的，生命的生存过程逐渐演变成为竭力向外环境扩张和巩固内环境的斗争。

5.萌生出最初的"分工、交换、价值"

通过对方实现自己一方的需求，就是最一般意义上的分工；分工意味着交换，是分工双方互相对于对方的付出与收获。

L链和R链相互分工，相互合作，相互交换，把对方作为自己需求的来源，把对方作为实现自己需求的工具，不过，这是一种近似于对称的交换，或者说是最公平的"等价交换"，各自的付出等于各自的收获。从对方得到的，除了方向相反之外，正是自己所付出的，自己所需要的正是自己赋予对方的，反之亦然。

但是，这个双链物自己并不能实现自我复制，还要有其他物质和元间的条件，要从环境中得到这些条件。由于所有与环境的关系都是相互作用的关系，因此，可以把获取这些条件的过程也看成是与环境分工合作以及交换的过程。

既然是相互作用，就不存在绝对的、单纯的获取或付出。这只是两个极端，所有的作用者都处在趋近于单纯的获取者与趋近于单纯的付出者这两个极限端点之间的某个具体的位置上。

离开了对称的极限，具体的分工与交换都不会是绝对均衡的。也就是说，我付出的并不是我本身所直接需要的，用自己不需要的东西去交换自己所需要的，用自己需求程度低的东西去换取自己需求程度高的东西，用自己暂时不需要的东西去交换自己当下紧迫需要的东西。

当细胞器成为 DNA 的直接环境后，双方构成了分工合作的关系，DNA 所有的需求都要通过其他细胞器供给，其他细胞器的生成也依赖于 DNA 的调控，双方形成了对方的需求者和需求实现者。但是，提供给对方的已经不再是对称的服务和物质要素，而是专为对方"生产"的特定元间性质的专用物质，是自己所不需要的物质与元间产品。

维系这种分工的基本事实是这种分工能够继续下去的事实本身，这已经并不再是原先对称的、等价的关系了，只要从对方获得的东西足以使自己能够继续向对方提供原先的服务，就被"认为"是等价的。这样，所谓"价值"就开始有了具体的含义，这种意义上的价值仅仅是所获得的物质与元间需求品相对于自己以及所付出物质产品与元间产品相对于对方的"效用"，而且，这种"效用"仅限于维持最低限度的双方关系。在这个极限意义上，价值就是需求的强度，是"效用"的程度。

这时，已经出现了 DNA 双链之间、DNA 与细胞器之间、细胞作为一个整体与环境中相应成分之间这三个层次的最初的分工和交换关系。

6. 处于稳定与改变的悖论之中

一个生命形式是由于与自己所处环境相契合才形成及存在的，是与环境相互塑造的结果。如果环境势态和与之契合的生命实体两者都没有发生改变，生命实体就可以毫无悬念地保持自己的存在。但是，事实并非如此，这两者都可能发生变化。

在生命的初级阶段，生命实体自身的改变实际上就是 DNA 的改变，而 DNA 的改变意味着这种生命的目的性的改变，这种目的性的性质就是这个生命本身的性质，目的性的变化就是这个生命本身性质的变化。

这种改变首先要经历这个实体自身内部是否契合的检验，而后，还要通过与环境势态是否契合的检验。不甚契合的双方就会产生冲突，不契合的因素就会在冲突中被凸显、被改变、被淘汰，直至新的元间实体和势态达成新的平衡，为新的 DNA 元间实体创造出生成和存在的条件。

在细胞水平的生命阶段，除了上述的 DNA 层面之外，细胞本身作为一个整体，与外在环境势态处于密切的相互作用中。虽然，细胞的行为最终都可以归结于 DNA 的目的性，但是，这两者之间已经被分化成为两个层次的实体，从前者的指令到后者的物化和执行有一个漫长的过程，使得作为物质自我的细胞器，也就是除 DNA 之外的其他细胞器，有机会以一个单独实体的资格参与和环境势态的相互作用。细胞的动作和行为只有在与环境势态相契合时，细胞和环境势态双方才都不会发生重大改变。否则，任意一方的改变都会造成双方的改变，改变的程度取决于相互作用的程度。

非生命的自然环境没有目的性，但是，由生命体构成的环境就是有目的性的环境，生命体和这样的由其他生命体构成的环境的关系，已经变化成为两种目的性主体之间的相互作用。

DNA 自身的随机变化没有目的性，但是，DNA 自己复制自己的生命史是一个明显的目的性过程。

细胞是一个目的性主体，但是，细胞超出 DNA 直接控制范围的随机行为也没有目的性。

上述三个层次的实体都不能绝对地被看作是目的性主体或非目的性主体，都是这两个极端的对立统一体。这三种层次的实体相互作用的结果也处于被规定和不确定这两个极端之间，总会出现脱离原有的生命实体与势态契合的局面，两者之间就会变得越来越不那么契合，与原有的目的性形成冲突。

作用各方都是对方变化的原因，共同推进着地球表面生态圈的进化和发育，生命物质成为地球生态体系发育的重要因素，也成为这个星球整体发展变化的重要因素。

维持生命实体的存在就是要用自己已经形成的元间形式抗拒变化了的环境势态对自己实行新的同化作用，保持自己元间形式的稳定和不变。然而，当强势的环境势态难以彻底克服时，就迫使生命自我只能用

73

不断改变自己的方式来实现保持自己不变的目的。这样，生命实体就成为一种用不断变化的方式来保持自己不变的物种，始终处于稳定与改变的自身冲突之中。

7. 崭露头角的两种需求

细胞中的 DNA 与细胞器各自承担着元间自我和物质自我的角色，虽然各自都是物质与元间的对立统一者，两者共同组成物质与元间的对立统一体，但是，就两者来说，各自的需求有所侧重、有所不同，前者主要倾向于物质的元间，后者主要倾向于元间的物质。就细胞整体来说，对外将表现出物质的和元间的这两种需求。正是由于这两种需求的不完全对称，由于这两者之间的差别逐步扩大，才造成生命实体向更复杂的方向进化和发展。

1.4 分工与分化

1.4.1 多细胞群居与分工

作为需求主体的细胞只能在与环境的交换中实现自己的需求，这种交换关系本身就是分工了。生命物质的自我复制，就是用自己的元间去同化周围其他物质或物质要素，改变原有物质对象的元间结构和时空分布，将对象改造成为与自己的元间结构相同的样式。如果这个过程不断持续，这个趋势的最大极限是将会造成周围的、邻近的物质要素大部甚至全部都被同化，最初作为需求主体的同化者的生存环境发生了根本的改变，自己的周围已经都变成了自己同化的产物，自己可能会生活在与自己相同的需求主体的包围之中。

例如，在培养皿里看到的一个个菌群，从平面上说，除去菌群的边缘部分，某个个体的周围都是与自己相同的其他个体，这些菌的个体生活在培养基表面的同时还生活在与自己相同的其他菌的个体之中。如果这个平面具有了一定的厚度，对于一个处于菌群群落中心位置的某些个体来说，它几乎已经将其他个体作为了自己的全部直接生活环境。

将具有同种元间实体的细胞作为主要生存环境，这种环境中的细胞的需求就只能通过与其他细胞之间的交换来实现，群居中的细胞个体已经不再能像过去那样具备直接对环境发挥全部作用的同等地位。不是所有细胞都有机会直接通过与环境的交换来实现自己的生存，一部分细胞只能通过其他细胞间接实现自己的需求。这些个体的需求要通过其他个体来实现，都要用自己已经有的东西换取自己所没有的东西，交换对象发生了改变。

细胞生存、繁殖所需的物质与元间的各种素材最终来源并不是细胞群本身，而是细胞群之外的外在环境；由于物质的唯一性，群居中的细胞分布也只能是不均匀的，有边界的。也就是说，必然有些细胞位于群落的核心位置，有些位于边缘位置。位于边缘位置的细胞才能直接与外在环境相接触。这样，所需要的资源要通过其他个体的层层接力，最终才能到达位于核心位置的那些个体。显然，处在菌群不同位置的个体所发挥的作用是不均等的，得到的资源及其性质也是不均等的。

由于这些细胞群分布时空的不均匀性，细胞之间出现了功能上的差异，这种差别就是真正意义上的分工，分工产生了。

分工的本质是拥有相同元间实体的细胞分别承担了不同的任务，所有细胞以分工合作的方式共同实现作为一个整体的细胞群落的需求，实际上也仅仅实现了所有细胞共同拥有的那个唯一的元间实体的需求。

这也意味着，尽管每个个体拥有的元间实体是相同的，有着相同的元间自我，但是，每个细胞所表现出的物质特征却不同。也就是说，元间自我相同，物质自我不同，元间自我和物质自我发生了差异。

如果元间实体中已经将所有的分化特征记忆下来，成为分化的指令和程序，那么，尽管每个个体拥有的元间实体是相同的，但每个个体只能实际实现或表达全部程序中极其微小的一个片断，仅仅更突出地以这一小段程序片断作为自己物质自我的内容，其余部分都必须隐含起来。

1.4.2 分工的特点

拥有相同元间实体的细胞互相之间发生的分工，或者说，群落中的细胞，其物质自我互相之间所表现出的分工有如下一些特点。

1、功能的抽象化

每个细胞本身都拥有自己初始的、基本的需求，都具有独立与环境发生关系并单独实现这些需求的全部能力。但是，当这些细胞把具有相同元间实体的其他细胞作为了生存环境，就不再需要样样事必躬亲了，每个细胞都逐步放弃了原来的绝大部分事务，趋向于只专业从事过去全部事务中的某一项极为特殊的工作，其他工作由别的细胞以更专业的方式完成，用自己专业工作的成果换取其他众多细胞的专业工作成果，从而实现自己的全部需求。

这样，就出现了一种功能抽象化的趋势，原先分散在所有个体中的，具有普遍性的功能逐渐被抽象出来，被集中起来，从由所有个体分别承担转变成了由一部分个体专职承担。

功能的抽象化和集中化是生物进化中的一个典型现象。例如，分布于全身的汗腺，其微观结构、工作原理、所生成的代谢物成分和肾小球很相似，同属于排泄系统。除了散热等功能之外，可以把集中表现为一个独立器官的肾脏看成是所有汗腺功能的抽象，是专业化、集中化的排泄器官。

每一个细胞都具有吞噬、排出能力，感知能力，对特异物质的识别能力，与外在对象区别的构造和能力，移动位置的能力……分工导致了细胞形式的分化。在由一群细胞聚集所发生的群体行为中，每个细胞各自的各种功能、原先分布在整体中的由所有成员共有的特性被抽象出来，集中起来，交由某一部分成员集中实现，形成了专门的进食、消化、排泄、呼吸、感觉、运动等系统。每个细胞仅专职从事某一项极为具体的细小工作，向系统提供一项非常具体的服务，由此换来所有其他细胞的服务，自己全部的需求都通过与系统的交换来实现。

2. 分化的正反馈趋势

仅仅就细胞初始的、基础的需求和功能进行分工，并不能直接实现分工合作的目的。因为除此之外，众多细胞分工合作必然产生相互协调与"通讯"的新问题。这样，分工就成了产生新需求的源泉。分工越是细致，新产生的需求、新的分工需求就越多，分工本身不断地产生出新的需求，产生出对于新功能、新组织、新结构的需求，分工成为分工自身的原因。

一个实体和它的环境总是处在倾向于消除差别、寻求契合的追逐中。已经分工了的内环境迫使处于这个环境中的实体与自己契合，改造着处于这个新环境中的实体。改变了的实体、新的实体又作为环境的环境，强制环境与自己契合，使得环境发生改变，如此往复循环形成了正反馈，使得分工中的生命不断改变、不断进化与发展。

外环境的压力也不断通过强制契合的途径改变着生命的元间实体，并因此改变着它的物质实体，生命就在这种分工的正反馈过程中不断积累和进化。

3. 分化促成系统化

相同 DNA 细胞之间的分工，就是使一个细胞更多地执行自己元间实体全部指令中某一段微小的片段，一个细胞的物质实体仅仅表现全部程序中一个微小局部的内容，所有细胞分别实现全部程序中的不同部分，全体细胞分别承担了全部元间实体中的所有内容，共同组成了一个新层次的物质实体或物质自我。这样，相对共同的元间自我来说，就生成了两个层次的物质自我，一是由细胞器形成的一个个细胞，二是所有细胞共同形成的生物个体的整体。同一个元间实体，同一个元间自我，用两种物质方式表达为两个极端层次的物质的自我。

这两个极端层次之间，又生成了许多中间层次。例如，在解剖视野下，可以把一个动物标本分解为系统、器官、组织、细胞、细胞器……这样的多层次综合体。反过来说，一个生命个体的整体是用分工的方式从细胞器开始直到生命整体的积累过程，是分工形成的各个层次实体组织形成的完整系统。

分工作为一种有效的方式与势态，为生命的发展开辟了道路，也因此成为生命世界中的一种基本方式和显著特征。生命的每一个环节和步骤几乎都要通过分工的方式来实现，甚至环节的环节、步骤的步骤也都是通过分工来实现的，于是就形成了不同层次分工的实体层层嵌套的复杂系统。

系统化原则的贯彻，伴随着物质层次和元间层次的积累，使得每一个个体，每一种功能都必须通过系统的途径才能实现。

1.4.3 去分化与整体性

虽然一个生命体是充分积累了的多层次的物质实体，也遵循"物质由物质素材所组成"的原则，但是与普通物质素材构成组织体的方式不同，高度发达的生命体的成长过程是按照一个事先规定了的程序不断物化的实现过程。每个细胞不仅是实现自己局部任务的"零部件"，同时各自都持有整个过程全部程序和指令。就像每个演员都有一套完整的剧本一样，构成整体中每个局部的要素和单元只是由于受到分工的制约才更多地表现出特殊的物化和功能形式，其余的潜质都处于被压抑的状态之中。

多细胞分化形成的高等生命体，构成生命体的每一个基本单位都是拥有全套遗传信息的细胞，所以生命体的分工是相对的。每一个细胞参与形成某种特定组织、特定形态并因此被分化之后，这个细胞全部潜质并不会因此被彻底泯灭，而可能以某种方式某种程度地表现出来，这种表现与分化方式的表现形式会有较大差别，相对于分化的表现形式，这是一种跨分化的表现形式。

这意味着，由于分化带来的高效率，使得许多细胞的大部分时间是悠闲的，许多细胞有机会、有能力对于整体信息有所接触和了解。就像每一个人都有一部手机，通过互联网都可以了解世界上发生的每一件事情，只要这个人有充裕的时间和能力，他对世界事务的了解和干预就会越来越充分，越来越细腻。许多细胞在实现由分化赋予的特殊形态，执行由特化赋予的专门的、局部的任务和功能之余，还具有把自己所拥有的全部的关于整体或某个其他局部的遗传信息不同程度物化的潜能与资质。也就是说，每个细胞并不会因为已经被分化成了某种具体的组织细胞，具有了特定的具体形态和功能就彻底失去了继续作为"干细胞"的资格。而是在作为分工所要求的局部的、具体的、特化了的、分化了的细胞同时，还可能不同程度地将自己所具有的整体元间或某些元间片断物化表达出来，这些表达不受原先特化性质的限定，可以是关于一个某个器官或系统的元间，也可能是与自己分化特征无直接关联的另一个局部的元间。根据这种物化，这个细胞在参与自己分化特征所规定的特定的组织和系统的同时，还可参加、归属于其他更一般性的、去分化的、非明显形态的组织，还执行自己特化形式之外的其他功能，还以去分化的形式不同程度地发挥着自己潜能中的其他功能，直至所有功能。

因此，细胞就具有了分化和去分化这样两种表达方式：一是，直观中生命整体就只是由一套根据分化原则形成的体系；一是，细胞去分化表达还可以形成另一套体系。这两套体系将同时并存。如果把因分化形成的组织称之为"实系统"或称"专职系统"，由细胞跨分化能力形成的体系就可以称之为"虚系统"或称"业余系统"。

高度发达的生命整体实际上都是由这样两个体系共同组成的对立统一体。比如，中医所发现的人体经络系统就很可能是这样的一种虚系统。在发达的社会体系里，"业余系统"是普遍存在的社会组织形式和基本的社会生活形式。可以推想，当人每天的职业平均工作时间降低到3小时、1小时、10分钟之后，由于职业分工形成的系统就会淡化，更多的系统、更纯粹的虚系统就会逐渐成为主流。

1.4.4　普遍联系的第二个模型

设：

一群数量足够的细胞，拥有同一个元间实体。这些细胞之间由各种不同的联系方式相互发生联系。

如：

（1）通过神经网络的电信号或神经递质可以把神经中枢发出的指令传递到分布全身的每一个细胞，同样，供氧系统、血液循环系统、排泄系统、各种激素系统、免疫系统……也都分别把所有细胞联系在一起。

（2）空间分布的不均匀使得细胞有不同程度的相邻，"相邻"也是一种联系方式。

（3）因为所有的细胞都发源自同一个干细胞，之后进入了分化，这种同源性和渊源关系也是一种联系的方式。

（4）通过分化了的结构形成联系，比如一个脑神经细胞，可以通过轴突，与十多万个其他神经细胞直接联系，形成神经网络。

（5）通过去分化的业余系统即虚系统，将不同细胞的"业余功能"分门别类联系在一起。

等等。

所以，细胞之间发生联系的途径极多。

假设：

这种联系途径的上限是无穷大。

有两个可供选择的视角：

可以把每一种联系的方式和途径看作是一个维度，也可以把每一个细胞就看作是一个维度。实际上，这两个视角基本等价，因为细胞之间的联系本身也是通过细胞或细胞的代谢物和信息实现的。

撷取：

（1）如果细胞之间可能实现"无限维"联系，那么，细胞间就有无限种组合的可能，也就会有无限种由于这种联系形式产生的无限种生命形态。这是联系以及联系形式的极限。如果把每一种联系都看作是一种需求实现的结果，那么，这就是这个生命体需求所能预期的最大极限。

（2）如此，每一个细胞都可能与所有其他细胞在连接成任何形式的"组织和器官"，每一个作为基础单元的细胞，可以同时以不同身份在不同层次与其他细胞发生联系，结成任何形式的"凝聚态"，连接成不同的组织和器官。可以不同程度地具有许许多多的需求和需求形式，可以建立实现这些需求的具体联系方式，形成相应的组织结构的实体。

但是，受制于细胞物质的唯一性和有限性，这里的关于无限个细胞以无限种类的联系方式相联结的假设只能是一个永远无法实现的极限，只能是一个理想中的模型。事实上，任何细胞体系都将在远离这个极限的某个具体位置上取某个确定的状态。从这个观点出发，我们就可以把所有生命形式，所有由细胞的联系和分工方式形成的组织和系统都看成是无限可能联系形式中实际实现了的或者被我们发现了的一些具体的凝结方式。

（3）远离上述极限，我们注意到的各种生物现象，都是无限联系的极其简化的"初级版本"，只是这种无限联系局势中的一个小小的特例，都是无限联系局势中极度不均匀的一个个特例。一个明显特化了的器官实际上是细胞在这些维度里极度明显的凝聚状态。目前，现代生物学还只是发现了、更注重一部分分化明显、物质性较强、凝聚性更为显著的部分维度。今后，将有机会把注意力更多地转向那些元间性实体，关注那些元间性的凝结，也许还会对生命有更多、更全面的发现和了解。

1.5　自觉

1.5.1　"时间差"与分化

生命实体作为一种具体的相互作用者，首先是由作为要素的物质实体以某种特定的时空方式构成的结构体。因此，在参与相互作用时也不可能在瞬间就实现所有的相互作用，也要经历"接触—比较与判断—反应与改变"的全过程，也可以分解为从间接相互作用到直接相互作用的过程。

从过去的分析中可见，间接作用的物质过程中携带了对象的元间实体，也就意味着，在直接作用发生之前，一个作用者的元间实体中的一些成分有可能先于物质实体提前到达作用对象；有可能先发生元间实体之间的间接作用，之后再逐渐发生物质实体之间的直接作用。物质作用和元间作用之间出现了时间差。如果生命实体能在与对象发生实质性的物质作用之前，就通过先期到达的间接作用中裹挟着的元间成分，提前判断出对象的性质，根据这些元间与自己需求的比较做出决策，及时调整自己的行为，就可能获得更多的生存机会。这个时间差对于脆弱的生命物质实体具有极为重要的意义。如果能提前了解到了对象的性质，知道了这个对象是否与自己契合，是否适于作为实现自己需求的对象，提前做出判断，就能提前做出趋向或回避的措施与反应。具有这种能力的生命体将具有更多的生存机会。

这就要求生命实体本身的整体和部分之间也产生相应的分化，按照"接触—比较与判断—反应与改变"的模式，将自己也区别为这样三个环节。其中"接触"和"反应与改变"这两个环节都是与对象直接发生相互作用的环节，"比较与判断"环节却有两种意义，作为物质作用，是与对象直接发生关系的，作为元间的比较与判断就可以是间接的，可在自己内部单独进行。

"接触"环节是相互作用过程的初始阶段，相互作用的初始阶段也可以根据作用程度的差异分析为直接作用和间接作用。一般来说，直接作用以物质作用为主，间接作用以元间作用为主。也就是说，生命体为了尽可能地保持与环境更高水平的契合，自己也应具有这样的分化，自己的接触环节也应该分化为以物质接触为主和以元间接触为主这样两种能力。

通常，把实现这个过程的第一个环节称为"感觉环节"。

1.5.2 从感觉到记忆

如果所有的相互作用都可以分析为是一个接触—比较与判断—反应与改变的过程，那么，所有的相互作用者也可以被分析成这三个环节的组合体。特别是对于作为自为需求主体的生命体，从最初的自在物体逐渐演变生成自为的生命体的过程也可以被看作是作为相互作用者的这三个环节的不断分化、展开和积累的过程。

分工本身是分工的动力和原因，需求本身是新需求的动力与原因，这样的正反馈过程将原本蜷缩着的相互作用的三个环节逐步展开，成长为一株分化发育的生命之树。感觉和感觉器官就是这生命之树上一束绚丽的花朵。

早就没有必要用推论的方式追寻感觉器官生成的途径了，重要的是，站在现代科学实验成果的立场上，理解与体会感觉能力出现在进化史上的意义。

接触环节的展开，其实就是对于相互作用间接性的展开，尽可能在与对象发生实质性作用之前就从与对象的间接作用中提前捕获对象的信息，事先获得对象的元间特征。感觉的意义也就在于：通过与对象的间接作用特别是元间作用，尽可能提前、全面、更逼真地获取对象的元间。

感觉器官怎样实现这些功能？能够在多大程度上实现这些功能？

1. "灵敏度"极限与失真

感觉器官是通过与对象的间接作用获取对象元间的专门装置。既然是间接作用，对象的元间都裹挟在较弱的物质作用中，相互作用就可能改变对象的本征状态，也就是说，观察过程破坏了、干扰了、掺杂了对象的本征元间，使得获得的元间必定会是一个失真的元间。

因此，最理想的感觉器官是接近于极限的"纯粹被作用者"。事实上，这是一个难以达到的极限，具体的感觉器官以及各种人造的传感器都在离开这个极限的某个具体位置取一个具体的值。

要获得对象的元间，就必须与对象进行相互作用，而相互作用过程必然对于对象造成改变，这是一个两难的选择。也正是由于这个原因，所有通过感觉器官或传感器获得的对象元间都不是纯粹意义上的对象的本征元间，都是发生了不同程度改变的、失真了的、被掺杂了观察者自身因素的、变形了的元间，都是对象的间接意义上的元间。因此，感觉器官的灵敏度和信噪分辨能力是最重要的指标。

2. 窗口性与有限分辨率

生命作为需求主体，获取对象元间的目的仅在于实现自己的需求，所有的生命都是有限的具体生命，它的需求都是有限的。因此，有限的生命与环境的契合也是局部的、有限的，只与环境中的一部分作用者，或这些作用者的一部分作用相契合。因此，一种感觉器官、生命实体的全部感觉器官作为作用者，所希望获取的元间、所主动参与的相互作用仅仅与这个生命实体的需求相关，这些行为永远小于、少于对象世界所实际拥有的全部内容。所以，每一种感觉器官，所有感觉器官感觉能力的总和相对全部的环境元间内容来说，是窗口性的，同一窗口采集能力的分辨率也是有限的，只对全部外在元间中的一小部分起作用。

综合上述两点，我们不可能也不需要得到没有与我们发生相互作用的对象的元间，不可能得到被我们的作用改变之前的对象的本征元间，也不可能得到我们感觉能力之外的对象的元间。康德把这些不能被我们直接把握的对象称为"物自体"。我们可以相信它们的存在，但是，始终缺乏感觉上的证据。因为一旦我们接触到了它，它就不是原来的样子了。

3. 元间的分离与抽象

对象通过间接作用改变了感觉器官的"感觉界面"上的物质状态，将对象的元间转移到了这个界面上。也就是说，在这个窗口里，感觉器官的感觉界面上的物质分布和状态是力图跟随对象的元间分布形式与状态变化的，这个变化过程是感觉器官与对象的间接作用共同构成的一个统一的事件，是一个物质与元间的具体事件。这个事件中包含着对象的元间，包含着这个窗口范围内、这个波段内、这个分辨率层次上的对象的元间。

接下来，奇迹发生了。

感觉器官的感觉界面上已经获得的元间被分离了出来，被送到了一个暂时记忆（缓存）界面上，之后又被传送到一个"编译界面"，最终被变换成了一种代表这些元间形式的"编码"和"符号"。这个编译过程实际上是将所获得的对象元间，准确说，将因对象作用所造成的感觉界面上新状态中的元间分离了出来，将这部分元间用另外的一种物质方式重新表达，将对象元间的物质形式统一转换、调制成了这个生命体所能方便处理和易于理解的另一种形式。显然，这种变化只是对于元间的调制形式和媒体的变化，不是所获得的对象元间本身的变化，对象的元间实现了转移。

接着，被编译后的对象元间通过并行或串行等不同的传输途径，被送到"存储记忆界面"或器官保存下来。直到这时，感觉的任务才算是告一段落。

被记忆下来的对象的元间才真正脱离了对象本身，被从对象的连续不断地变化中分离了出来，从对象自身的物质成分中分离了出来，不再继续跟随对象本身的发展进程而改变，成为相对独立的元间实体；成为具有确定性的元间实体；成为相对物质与元间对立统一状态来说更纯粹、更抽象的元间实体，实现了元间抽象的革命。

1.5.3 元间抽象的革命

为什么要选用"革命"这个极端的词汇呢？因为这确实是一个开天辟地的大事变。

虽然从感觉器官转移至记忆器官的元间并不都是纯净的对象元间，但是，已经脱离了产生这个元间的势态环境，脱离了与这个环境的相互作用。作为不再与原先物质过程、物质实体相关的、独立于原先作用过程的独立的元间实体，被转移到了另一种物质载体上。

而这种新的物质载体对新来的元间实体不产生任何明显的改变，新来的元间实体也不明显改变载体的性质，只改变作为记忆载体的物质实体的一小部分状态或分布方式，而且，这种改变是可逆的。因此，从感觉器官送来的元间实体实际上也相对独立于记忆器官的物质实体，成为真正意义上的元间实体。

当记忆器官里存储的元间实体不断增加、不断积累之后，元间实体互相之间就成了相对者，成为元间差别者，各自相对于其他元间实体，成为相对所有其他元间实体的新的存在者，从此，元间实体成为一种新的存在者。

所谓元间的抽象、抽象的元间，都是相对具体元间而言的。具体的元间是处于与物质载体密切相关之中的元间，元间形式的实现和表达都是具体的物质成分和物质状态的实现和表达，元间的变化只能通过具体的物质的变化来实现。尽管抽象的元间也无法最终彻底摆脱这个原则，但是，由于可以用一种物质载体实现所有元间形式的表达，相对来说，元间的变化就远远大于了物质的变化，物质的变化就变得无足轻重。这意味着，已经接近或到达了物质与元间对立统一关系的极限位置。站在这个极端的位置上看，元间已经是抽象的了，元间已经成为相对独立的实体。元间实现了相对于物质的抽象，成为真正意义上的纯粹的元间实体。

差别与差别者的对立统一关系通过积累和发展，生成了物质与元间的对立统一关系。这时，物质都是元间的，元间都是物质的，元间相对脱离的只能是某个具体的载体，从一种物质转移到另一种物质上，这种转移所产生的只能是近似的、互补的元间，产生的是新的元间形式，而不是纯粹的、本征的元间。此前，自然界中，最大相似程度的元间复制和转移就是通过DNA两次复制生成的DNA副本。不过，这依然还是具体的元间，因为这样的元间直接依赖于构成这种元间的物质素材本身的性质。只有在生命进化出专门的记忆器官之后，只有在进化出大脑组织这种特殊的物质实体之后，记忆物质与所记忆的元间内容的无关性才使得接近和达到物质与元间对立统一极限成为可能，才使得元间抽象成为可能。因此，抽象元间的产生是自然进化史上最具革命性意义的重大进展。

在大脑这种特殊的物质实体中，元间实体的存在与活动仅凭借极少量物质和能量为依托，处在物质与元间对立统一原则的边缘和极限位置上，物质作用和元间作用发生了真正意义上的分离，元间实体实现了真正意义上的抽象，元间实体可以作为一种相对独立的实体而存在了。元间实体互相之间成为直接的相对者，元间实体成为真正意义上的实体，成为相对独立的存在者。

1.5.4 元间抽象产生的逻辑革命

最基本的逻辑关系是差别。差别有两个极端形式：同一性和差异性。物质实体互相之间的是绝对区别的，只有差别性这一种关系；而元间实体之间具有同一性和差别性这样两种极端的状态或选项，此外是处在这两个极端之间的无数不同状态和具体形式。只是由于物质和元间的对立统一性，元间实体对于物质实体的依存性，使得元间实体不可能彻底实现自己这两种极端性质中的同一性。每一个元间实体都必然附着在一个特定的唯一的物质实体之上，元间实体没有自己的独立地位，因此，互相之间也只能是绝对区别的，无法实现元间实体互相之间的可同一性。所以，A = A 的逻辑关系除了自身等同之外没有更多的意义。

当元间实体实现了抽象之后，一个元间实体不再必然依附于唯一的物质实体，可以作为相对独立的实体在不同物质实体之间方便地转移和复制，元间实体的变化不再必然引起自己所依附的物质实体的本质变化，这时，元间实体的两种性质才能被充分地实现，a = a 的逻辑意义才得以实现。a = a 不仅说明同一个元间实体的自身等同，由于同一个 a 还可以处于不同的物质实体中，处于不同的处境中，因此，a = a 还说明不同条件下的 a 是同一个元间实体。

同一性和差异性是根本的逻辑基点，整个形式逻辑学大厦都建立在这个基础之上。作为自然现象，这个基点只是当元间实体实现抽象之后才开始建立，而元间抽象只有通过生物方式，在生物进化达到神经组织出现之后的阶段里才得以最终成为一种自然现象。

1.5.5　元间的比较

感觉器官与对象的相互作用是一个不断变化和运行的连续过程，但是，感觉主体是一个与对象区别着的另一个实体，不可能总是跟随同一个对象。外在环境由多样化的无数实体构成，感觉主体只能在不同对象之间不断地切换。也就是说，不仅同一个感觉主体将要面对无数对象，还要用同一个感觉器官面对同一个对象的无数种变化。对于前者，感觉器官可以在不同的对象之间转换注意力的焦点；对于后者，感觉器官主要采用"分时制"的方式进行处理。

例如，人的视觉，不论对象如何变化，每秒钟都固定读取约 24 幅"图像"，而昆虫的复眼只对视野中移动和变化着的图像敏感，对于相对静止或缓慢移动的图像不予理睬。

昆虫怎样知道对象是否移动呢？首先它要将众多复眼中某一只复眼单元采集到的对象图像存储下来，以这个存储着的图像作为基准，与此后从同一只复眼以及其他复眼单元采集来的对象元间进行比较，两幅图像一致，表明没有差别，说明对象的元间没有变化，否则就是发生了变化，对象就是移动的。

如果作为基准的图像是一个二维图像，与之相比较的也是二维图像，两者比较的结果不仅可以凸现出变化所发生的位置和变化的方向，还能将变化者和变化发生的背景区别出来，变化主体的"形象"就被区别出来了。显然，这两幅图像的比较而产生的差值是另一幅图像，是前两幅图像"相减"之后得到的差值，也是关于运动变化主体的一个图像。这表明，观察者如果对在不同时间采集到的两幅图像进行比较，对两幅图像做减法运算，从两幅图像的相减中得到差值，从差值中就可以发现对象运动变化的方向、速度以及这个运动者本身的形象。因此，可猜想，元间比较是生物认识世界的基本方法。

输入和存储的图像分辨率越高，所携带的信息量就越大，获得的差值图像所包含的内容也就愈加丰富，比较的过程也会更复杂。生命实体是怎样充分分离、凸显、处理、利用这些元间的呢？这是一个巨大的课题，属于当今科学技术研究的前沿。

目前，我们还有机会借助一些模型粗略地猜测和憧憬一下这个神秘的殿堂。这里打算采用大家最熟悉的数字计算机原理建立一个模拟大脑信息处理过程的模型，这个模型可称为"冯·诺依曼模型"。

1.5.6 冯·诺依曼模型

最基础的冯·诺依曼式计算机由存储器、控制器、运算器三个主要单元构成。根据预先输入的程序，对寄存在不同存储单元中的数据进行计算，将计算产生的结果记忆在另一些存储单元里。而运算器的基本结构都是全加器或半加器，基本运算都是"异或运算"，都是对存储在不同单元里的数据进行比较，发现这些数据之间的差异。因此，冯·诺依曼计算机也是通过元间比较来实现的。假如我们相信，认识的基本方式也是元间的比较，人的认识过程和计算机的运算过程就有相似之处，用计算机原理建立思维过程的模型就有了合理性和可行性。有理由把大脑粗略地比拟为一部冯·诺依曼计算机，有理由设立由足够多的感觉器官、记忆单元、运算器官以及运算能力组成的关于认知过程的模型。

可以把记忆库比作是一座客栈，店主人比作运算器，感官对象的元间实体比作是客人。

当第一个客人出现在店主人面前时，店主人要把这个客人和自己店里的所有已经住店的客人进行比较，但这时的客店里还空无一人，没有比较对象，所以，第一名客人就成为初始元间，被店主人安排住进了N1号房间。

当第二个客人来到时，店主人将这个客人与N1号的客人进行比较，也就是让这两个元间实体相减。如果得到的结果是0，两个元间实体之间没有差别，那么这个元间实体就是N1自己，是同一个客人。店主人也通过比较"认识了"N1，也就是说，只有两次看到同一个人，才算是认识了这个人。既然是同一个客人，就不需要另行安排新的存储单元。如果得到的结果不是 0，就是一名新客人，安排在 N2 房间。

就像一个刚出生的婴儿，可能第一眼看到的是一个戴着口罩公事公办的女人，第二眼看到了一个热泪盈眶的女人。虽然都不认识，但是不仅记住了这两幅图像，还要对这两幅图像进行比较。

N2 中的内容减去 N1 中的内容，获得的结果不仅仅是两者之间的差值，还有一个"共值"，就是双方共同拥有的元间成分，是从两者中减去差值部分后还剩余的那一部分。

这样，比较结束之后，店主人不仅需要安排 N2 的房间，还把 N2 和 N1 比较获得的差值安排到了 C1，把比较获得的共值安排到了 G1。还要标记出 G1 和 C1 各自属于是哪两个元间实体比较的结果，这个关系参数可以命名为 L 1，L1 也要作为单独的元间实体存储下来。注意，N2、N1、C1、G1、L1……这些名称都具有双重意义，首先是其本身的元间意义，其次是这些元间作为名称所指称的那个元间实体，当元间实体充分积累之后，这两种意义将有明确的区别，是两种元间实体。为每个元间实体赋予的地址码或名称，本身也是元间实体，这一类元间实体可命名、存储为 F 系列的元间实体，也就是符号性的元间实体。

对那个婴儿来说，C1 很可能是一支口罩，或是眼眶中的泪水。而 G1 就是减除了 C1 之后剩余的两张面孔共同的轮廓。口罩、眼睛、泪水、脸型之间的关系被作为 L 系列的元间实体保存下来。

注意，G1、C1、L1 以及以后形成的三个系列的元间实体与 N1、N2……有了本质的不同。这不是从感觉器官送来的关于对象的元间实体，而是运算器官利用分析和归纳能力从外源性元间中解构、分离、下载得到的，是自己生成的新的元间实体。

第三个元间实体到来时，店主人才开始真正忙碌起来。不仅要把 N3 与 N1、N2 作比较，还要与 G1、C1、L1 逐一比较，也就是说，要与店中的所有现存的元间实体进行比较。当然，F 系列的元间实体也随之增加，由此将产生更多的新的元间实体，元间库迅速充盈起来。

不幸的是，那婴儿第三眼看到的竟是一支疫苗注射器，这第三个元间实体与前两个比较，产生的差值很大，共值很小。

随着新元间实体源源不断地传来，在记忆库里逐渐积累起了两大类型的元间实体：外源性的元间实体和内源性的元间实体。

其中，内源性元间实体有两大类型："客店"本身原有的结构和运行程序属于先天的内源性元间实体；由运算器生成的新的元间实体以及赋予所有元间实体的名称和地址码都属于后天的内源性实体。

1.5.7　归纳与分析

就像对待外源性元间一样，也可依照上述模型对内源性元间做同样的处理，也就是把内源性元间实体逐一进行相互比较，每一层次、每一对内源性元间实体之间的比较，都会产生相同和相异两组新层次的内源性元间，也就是产生了 G 系列和 C 系列两组关于关系者的数据，还产生更多的 L 系列的关于关系者之间关系形式的数据，以及 F 系列的纯粹符号、名称、地址之类的元间实体。获得更多的新层次的后天内源性元间实体，第二、第三……N 层次的内源性元间实体。

其中，产生内源性元间相同部分即产生 G 系列数据的过程，类似于我们通常所讲的"归纳"过程，是把对象元间中的相同的部分抽象了出来。不同层次的归纳就是不同层次的"分类"，具有共同的、相同的部分元间实体，就是将不同对象归属为同一类别的理由和原因。

同理，产生内源性元间实体的相异部分即 C 系列数据的过程，类似于我们用通常的"分析"过程，是根据对象的差异，将对象区别开来。

显然，归纳法产生的结果和分析法产生的结果是互补的，除去相同的部分剩下的就是相异的部分，反之亦然。

总之，在这个模型中，可以对差值的差值再次比较，从而实现对内源性元间实体的再抽象。

1.5.8 归纳与分析的极限

对于任何复杂的两个元间实体，只要相比较，就会得到差值和共值这两组新的元间实体，把新产生出来的第二层元间实体相互再次比较，就能得到差值的差值、共值的共值、共值的差值、差值的共值等一系列新的内源性元间实体。

由于感觉器官分辨率的有限性，外源性元间的每一幅图像都是有限像素的，记忆器官的记忆能力也是有限的，所以，运算器官所面对的运算对象和产生的结果也是有限的。

这个过程反复进行，实际上是一个对元间实体解构的过程，终究会达到一个极限，达到绝对等同和绝对差别的极限。也就是说，达到比较者之间只有两种可能状态的极限，要么是相等的，要么是差异的，要么除了等同之外再没有任何内容，要么除了差别之外再没有任何内容的程度。我们可以把 G 系列的极限、把绝对无差别的状态表述为"0"，把 C 系列的极限、把绝对差别状态表述为"1"，0 和 1 就是归纳和分析的极限。

直观地看，归纳是一个向下发展的倒金字塔模式，是一个收敛过程，与之互补的分析也是一个收敛过程，差别者的种类趋向于减小。初始点的元间实体可能最终重合在一个没有内容的点状元间实体上。如果倒过来看，从分析和归纳的逆过程看，是一个树状的分叉图，从这个起点出发，开始生长、分蘖出一个个分支；每一个分支又成为新的起点，再次分蘖，生成了一个个新的层次、一个个新的类别的元间实体。

对于这个初始点来说，只有同一和差异这两个纯粹的元间实体，归纳和分析所能得到的结果重叠在了一起。也就是说，在极限位置，归纳和分析是同一种方法，双方除了名称不同之外没有了内容的差别。

如果内源性元间实体是有限层次的，对内源性元间实体的归纳最终将达到"同一"。也就是说，一切内源性元间实体都可以归结为唯一的一类，都是从同一种元间实体分化出来的。对内源性元间实体的分析最终可以追溯到没有任何具体差别形式的纯粹差别状态。纯粹的差别就不是差别，唯一的"类"就不是类；同样，纯粹的同一也不是真正的同一。这样，纯粹的同一和纯粹的差别这两种状态都失去了自己原有的对象，纯粹同一和纯粹差别这两者之间没有了差别，是同一种状态或实体。这就是说无限的归纳和无限的分析最终导致了相同的结果，两种方法最后会得到同样的结局。这就到达了归纳和分析的极限。

如果用"0"表示同一，表示无差别，用"1"表示有差别，在达到极限位置时，$0 = 1$。

事实上，无论是外源性元间实体还时内源性元间实体，都无法到达或超越这个极限，因为 $0 = 1$ 的逻辑不属于我们的直观世界，我们只可能生活在从无限接近这个极限到无限远离这个极限的某个具体区间。

对于内源性元间的反复比较最终可以追溯到 0 和 1 这样的纯粹差别状态，由此就有理由相信，通过这个过程的逆过程，用 0 和 1 这两个纯粹差别者的"堆积""组合"就可能生成所有的内源性的元间实体，生成无穷种类的"凝聚态"的内源性元间实体。

回顾一下我们对于世界生成过程的讨论，对于外源性元间的讨论，可以发现，外源性元间也是以纯粹差别和纯粹差别者的统一作为起点，由此而展开的一个漫长的积累、凝聚的过程。内源性元间和外源性元间遵循着同样的原理。这就意味着两种不同的途径尽管实现方式不同、介质不同，但是原理相同，可能产生相同的元间实体。

既然所有元间实体通过归纳和分析的方式最终都可以被拆解为 0 和 1，反过来，用归纳和分析方式的逆运算，有可能将 0 和 1 组织成任何的元间实体，不仅可以用差别和同一关系还原所有被拆解的元间实体，甚至可能组装出过去没有的、任意的元间实体。比如，理论上，数字计算机仅凭基本数字单元 0 和 1 的无限积累，不仅应该能模拟几乎所有由有限素材构成的物理现象，还可能产生出物理世界所没有实际实现的任何元间组合或凝聚形式。

1.5.9 元间的解构与分类

先期进入的元间实体成为此后进入的元间实体的参照和标准，经过大量外源型元间的输入和充分的比较，会积累起一个庞大的数据库。目前，这个数据库中包括这样几个部分：

（1）保留所有"原版"的外源性元间。

（2）用比较方式实现了对这些外源性元间实体的解构，将其分解成为一系列不同层次的元间构件或要素，最小的要素达到了分解的极限，并且，可能分别保留每一个构件和要素。

通过这种分类可以发现，构成绚丽多彩的外源性元间实体的竟然是有限种类的元间"元器件"的组合体，越往深处走，"元器件"的种类越少，到达极限时，就仅仅剩下 0 和 1 这两个要素了。

（3）通过足够多外源性元间积累和比较，凸显了元间实体之间的关系。比如，通过对很多人脸图像的多次观察，口罩和脸的关系就会逐渐凸显了出来。将这种关系也作为元间实体记忆下来，用同样的方法对这些关系性元间进行不断的比较，也可以将这些关系性元间实体解构，分为不同层次的种类，例如时间关系，空间关系，与、或、非关系，从属关系，主、谓、宾关系，等等。关系的细分极限最终也会到达纯粹的差别和差别者的关系。关系性元间也是关系和关系者这两个基本要素的对立统一。

（4）保留所有关系性元间及其分类信息。

（5）地址码、符号与概念。当外源性与内源性元间实体分别积累达到相当规模后，由于这些元间实体都分别存储在不同的记忆单元中，调用这些元间实体就必须准确寻找到每一个记忆单元，由于每个单元中存储的元间实体内容、层次上的巨大差别，造成了寻址、记忆地址、操作地址的困难，简单的办法是对所用存储单元赋予相对统一、相对简约的地址与名称，在计算机里，是统一格式的编码。

地址码、符号就像客栈门牌号或村庄、城市的名称一样，具有两种意义。首先，表示了一个元间实体存放的位置，这个位置信息常常也被作为这个元间实体的名称。其次，概要地说明这个元间实体性质，可以粗略地表示这个名称所指的元间实体的主要特征，是这个元间实体某种程度上的"缩略图"或"摹状词"。

计算机里的地址码主要的功能是名称。大脑思维中是否也存在"地址码"，大脑如何实现寻址，我们还知之甚少，没有充分的实验证据。

但是，我们日常所使用语言中的"词汇"不同程度地具有上述两种功能。可以把每一个词汇看作是一个可以概略表达某个元间实体内容的符号，也可以作为这个元间实体的"概念"。

地址码、符号、名称、概念虽然只是比较过程中的脚手架，是一种工具，但是工具的积累可能使其演变成为新的需求品，成为相对独立的新的元间实体。一旦成为内源性的元间实体，也可以像其他元间实体那样进行归纳和分析，所产生的各个级别、层次的元间实体也都完整地保存下来。

1.5.10　认识与判断

一个新输入的外源性元间到来之后，将与已经存贮在这个庞大数据库中的元间进行比较。如果通过比较，在数据库里找到了与外源性元间实体完全一致的另一个元间实体，就表明，已经认识了这个元间实体。就是说，同一个元间实体第二次到来了，就是已经被认识了的对象，就可以将元间库中关于这个元间实体的分类特征，与其他元间的关系特征、名称特征、概念直接赋予这个刚来的元间实体，就可以直接呼出它的名字，得出它是谁、是什么的判断。

由于这个层次的比较结果，并不对对象进行解构，保持了元间实体形象的完整性，我们把这种比较称为"形象比较"，把利用较完整元间实体进行的思维过程称之为"形象思维"。

如果没有能够找到直接与这个新输入的元间实体完全一致的元间，这就是一个不认识的"新客人"，就要与元间库中所有的成员进行一次彻底的比较。但是，由于这是一个充分积累了的元间库，也许用不着全部运算结束，就会在某个层次上的运算结果中找到相同或相似的一组元间，运算就可以停止了。我们会觉得这个新来的家伙头部像什么，身子像什么，尾部又像什么……这时，我们虽然还是不认识这名新客人，但是，认识了他许许多多的特征，可以对他进行分类，可以做出某种程度的判断，给他起一个新名字，赋予他一个新的分类号。

这种比较运算，将对象元间进行解构，解构之后的外源性要素可能在元间库中找到了与自己相同的已经存储在元间库中的对应的那一个元间。而这个层次或局部的对应，说明了我们虽然不认识这个新实体的全部，但是，可能认识它的某个局部；另一方面，这个层次或局部的元间又表明了一种分类特征，据此，可能大致知道它属于已有认识体系中哪个类型的东西，与其他元间实体处在怎样的关系之中。

相对于形象思维，这种利用对元间实体解构之后的元间要素进行的运算、比较、判断的思维属于"抽象思维"。

当然，抽象与解构都有不同程度可言，内源性元间有不同层次可言，比较、判断、运算可以在不同层次的元间要素之间进行，所以，抽象思维是在不同的抽象程度和层面上进行的。比如概念思维、数学思维、音乐思维、图形思维、系统思维就是一些不同抽象程度和不同方面的形象思维与抽象思维。

1.5.11　实践与元间校正

元间获取是通过间接相互作用提前获知对象的性质、行动趋势的目的性行为，对于对象的了解最终会导致对于对象的反应和行为，而这种反应和行为的结果又成为验证、矫正元间采集、认识过程的重要步骤。从元间获取到元间校正的全过程是一个完整的反馈链条，其中，通过执行机构对于对象做出的反应行为可称为"实践"环节。根据实践结果调整元间库中内容的过程则称为"校正"环节。

最初，对于外源性元间的解构是通过运算器官根据先天程序独自实现的。"解构"就是分割对象的元间。对象的元间被从对象上分离之后，就脱离了原先所依存的物质实体，变成了纯粹的元间实体。

对于元间实体可以任意分割，但是，物质实体本身并不能任意分割，只有在物质要素相互之间结合的点位上分割才是恰当的，才能分成原来意义上的物质要素。尽管先天的比较、分割程序也是出自长期的进化、矫正和积累，与外在世界有着高度的契合性，但是仍不能保证所有的元间分割都与在对象世界中以具体物质方式存在的要素关系完全重叠和对应。于是，利用纯粹元间的比较所实现的元间分割与实际的物质对象可能实现的分割就不一定是同一种分割，会产生不同的分类，产生出实际上并不存在、并不可能的元间要素，元间要素与对象实际可以分割的物质要素并不一致。

这里出现了对同一个对象的两种解构方式。

第一种是通过感觉器官直接获取的关于这个对象的元间实体，仅仅依照先天的运算程序进行的例行计算，对这个元间进行解构，将解构的结果存入分析和归纳的概念体系。我们先是在这个内在的、相对封闭的体系中理解这个元间实体。

第二种是根据我们的理解，产生了对于对象的策略，产生了我们的行为，这个行为会重新回到所针对的最初的对象实体，回到物质与元间对立统一的实际的对象实体。我们的行为作为新的相互作用，可能会实际地解构、解剖、拆分这个实体，比如用牙齿咬碎了一个被观察了很久的坚果，坚果硬度并不一定就是过去仅仅估计和判断的那样。这种不一致，偏离了元间采集、处理的初始目的，可能会导致不利的结果，不利的错误的实践结果成为调整元间运算结果甚至运算程序的动力。这种不利结果将成为对上述模型中的元间运算结果和程序进行校正的因素。

通常，我们更相信第二种方式，会主动用实践获得的这一组元间去校正、替换原先仅靠纯粹元间解构所获得的那一组元间实体。

1.6 自觉的需求

1.6.1 经验和经验体系

实践的过程和结果都可以被称为是实践经验，对元间实体解构形成概念的过程也可以成为一种心理经验，思维过程可分为实际的经历和体验过程，以及关于这个过程和结果的记忆与分析这样两个阶段，整个过程可以分析为几个主要的步骤。

（1）初次从感觉器官获得的对象元间实体。

（2）对这个元间实体的解构分析和归纳的处理。

（3）将这个元间实体与自己的目标值进行比较。

（4）根据上述比较得出反应行为的策略。

（5）通过执行器官实施这些策略，与对象发生实际的相互作用。

（6）根据执行的效果，回到步骤1，观察对象在作用过程中的变化，重新获取对象的元间，重新开始一个元间采集和处理周期。

（7）再次进行从"1"到"6"的程序，并且记忆所有的中间结果和过程。反复进行上述程序，直到目标实现为止。

这样，每完成一个循环，即会得到一组元间实体，我们把这些元间实体称为经验实体，所有经验实体都被完整地记忆和保存下来，经验实体共同组成了经验体系。同一个经验体系中的内容是思维主体针对同一个外源性对象作用全过程中各种局面、决策过程和应对方案的记忆。

我们的模型得到了扩展，在记忆库中增加了新的一项内容——经验和经验体系。

当经验形成之后，每当遇到相同或者形似的对象，我们就不必再次经过上述完整的程序了，而是可以直接调用现成的经验实体作为应对这个对象的程序，大大提高了反应的效率。

1.6.2　自我与自我意识

经验实体成为自己处理同类事务的先例，成为影响自己行为模式的主要依据，成为自我的思维、行为习惯和性格的倾向与特征。

比较两个相邻的经验实体，可以凸显出两者之间的差别和差别形式。最突出的差别是关于时间顺序的差别，是从前者向后者发展演变的过程，所以，要经常用后一个经验实体去替换前一个。

两个经验实体相互比较的过程实际上是站在一种行为、习惯、性格特征的立场上观察、评估、理解另一种行为特征的过程，两个经验实体都可以成为观察对方的出发点。如果"行为、习惯、性格的倾向与特征"就是初始的"自我"，那么，一个人的自我就是由很多的经验构成的，是一个经验综合体。

站在这许多经验实体中的一个经验实体之上，站在某一部分"自我"的立场上观察另一个经验实体，就是自我的一部分对另一部分的观察，是一个"自我"对另一个"自我"的观察和对比，通过双方的对比、平衡、选择、修正，最终确立一个完整统一的自我。

后一个元间实体"知道"了自己与前一个元间实体之间的差别以及具体的差别形式，"知道"自己要去更改什么，也就是站在"自己"的某一个立场上观察"自己"的另一立场，发现了自己本身的差别以及差别形式，产生了对于自身修改的要求。

同样，作为被更改对象的经验实体，也可以站在自己的立场上审视对方，就像后悔的想法那样。尽管被替换者已经是过去了的元间，但是，由于在我们的模型中，这是一个被记忆下来的元间实体，是关于外在对象历史的记忆，是脱离了直接相互作用的元间实体，因此，依然是一个平等的元间实体，依然可以作为"自我"的立足点，作为一个自我本身。

自我就有了两个基本要素。一是相对性，只有与其他元间实体相对时，才有意义，才能作为自我；二是立场性，只有站在特定的经验实体的立场上，关照另一个经验实体，才能作为自我。而这种意义上的自我只是整个思维过程的一部分，是许多相互作为思维对象的经验实体中的一个。自我在两个立场之间不断转换。只有所有立场的总和才是全部自我所有内容。可以把大脑看作是由一系列经验实体构成的经验体系，在大脑工作的每一个时刻，都是仅仅站在了这个经验体系中的某一个经验实体的立场上，从这一个经验实体的角度出发来比较其他经验实体。

在同一个经验体系中，至少也会有两个或两个以上的作为关系者的元间实体。在我们日常的语言中，往往仅仅把当前所站的立场作为这个元间实体的"主"，把关系者之间的关系的元间实体作为"谓"，将作为对象的另一个经验实体作为"宾"。也就是说，"我"将这种关系指向了一个特定的对象。

实际上，自我经常在不同的经验实体中转变立场，时而站在甲的立场上观察乙，时而又站在乙的立场上观察甲。

当然，在同一个经验体系里，无论你站在哪一个经验实体的角度上，把哪个经验实体作为"主"，原则上只是强调了这个主词所标示的元间实体相对于其他经验实体的关系特点，并没有根本改变这个体系本身。所不同的只是表达方式的差别，与从其他角度出发的表达相比，具有一定的互补关系。

经验实体形成的经验体系由关系性元间实体作为纽带，如果可以从每一个经验实体的角度表述其他的经验实体，并且得到互补的观点，就表明体系中的经验实体已经互相规定了对方，限制了对方，记忆了对方，实现了相互的记忆。根据我们前面的定义，通过相互记忆实现的体系都是"自我"的成员，这样的概念体系就是一个相对完整的自我。

在同一个作为自我的经验体系之内，站在某一个经验实体的立场上，界定对于同一体系中其他经验实体的关系，实际上就是同一自我中的一部分对另一部分的关照。站在其中一个经验实体的立场上，对其他经验实体进行比较和关照的过程，就是知道自我内在的对象和成员，知道自己的所有成员和结构，知道自己这个经验体系的内在差别和差别形式的过程，知道自己当前立场只是所有可能立场中的一个立场，知道这个当前立场本身的内容和可能导致的得失，这就是自己对自己的意识过程，就是自我意识。

自我意识也就是自觉。

1.6.3 分析判断与综合判断的定义

分析：切割、分解、解构元间实体，把一个元间实体分割成"素材性要素"和"关系性要素"这样两种元间要素。

综合：用一种作为关系性要素的元间实体将两个以上的素材性、要素性元间实体连接起来，组装成为一个新的元间实体。

这两个定义都特指对于元间实体的操作，分析与综合是两种对于元间实体的操作方法。

分析和综合互为逆操作，是可能得到互补结果的操作。

这两种操作过程都是为了得出一个"判断"。所以，判断是一种过程。

"综合"这个词有很多词义，这里更倾向于"组合"的意义。

在哲学领域里，古往今来，可能是康德对"分析与综合"判断（Zergliedrn，Synthesis）的研究更为全面和深刻。有必要重温一下他的定义：

在一切判断中，从其中主词对谓词的关系来考虑（我在这里只考虑肯定判断，因为随后应用在否定判断上是很容易的事），这种关系可能有两种不同的类型。要么是谓词 B 属于主词 A，是（隐蔽地）包含在 A 这个概念中的东西；要么是 B 完全外在于概念 A，虽然它与概念 A 有联结。在前一种情况下我把这判断叫作分析的，在第二种情况下则称为综合的。因而分析的（肯定性的）判断是这样的判断，在其中谓词和主词的联结是通过同一性来思考的，而在其中这一连接不借同一性而被思考的那些判断，则应叫作综合的判断。

前者可称为说明性的判断，后者则可以称为扩展性的判断，因为前者通过谓词并未给主词概念增加任何东西，而只是通过分析把主词概念分解为它的分概念，这些分概念在主词中已经（虽然是模糊地）被想到过了；相反，后者则在主词概念上增加了一个谓词，这谓词是在主词概念中完全不曾想到过的，是不能由对主词概念的任何分析而演绎出来的❶。

笔者是这样理解的：

（1）所谓"分析"判断中所指的"谓词"是"主词"中原有的内容，以及包含在主词中了，所谓分析判断仅仅是明确了这种包含关系，并没有给原有的"主词"增加或减少什么。

（2）相反，所述"综合"判断则是判明"谓词"是一个相对于原来"主词"独立的另一个实体，是过去这个"主词"中不曾有过的，是将两个原来相互独立的实体新组合在了一起，成为新的元间实体。

如果笔者理解的不是太离谱，本文关于分析和综合的定义和康德定义的大体一致。

不过，康德没有区别一个元间实体中素材性的要素和关系性的要素这两种不同性质的元间成分，所以，笔者仍然难于精确把握他的这些定义。比如，如何从集合论的角度分析"主词"和"谓词"的关系呢？当将 B 从 A 分离出来之后，A 就失去了原有的作为主词的资格和地位，这时还能说 B 属于 A 吗？除非 A 是一个足够大的元间实体，从 A 中分离出 B 之后，并不改变 A 的主要性质。

1.6.4　主体间的元间交流

人是一种群居的动物，至少面临两个层次的环境，一是所有人以及相互之间关系构成的社会环境，一是此外的其他因素构成的自然环境。例如天然的和人造的环境。根本上说，这都属于自然环境和自然势态，

---

❶　［德］康德：《纯粹理性批判》，邓晓芒译，北京：人民出版社，2004 年，第 8 页。

都迫使生活其中的每一个个体与之契合，个体既被势态所塑造，是势态作用的结果，也对势态发生着影响，也是势态本身的构成原因和因素。那么，相对稳定的行为模式都是已经与环境达成契合的具体形式，都是从生活环境的势态中生成的，都是从更大范围势态中选择出来的，都是被势态所允许的一种相对凝结的实体。

人作为社会的要素，每个人作为相互作用的主体，作为以物质内容为主的物质作用者和以元间内容为主的元间作用者两种极端的作用主体，主体相互之间就会有直接相互作用和间接相互作用这两种极端形式，有以物质为主要内容和以元间为重要内容的两种极端的作用形式。

下面将要着重讨论的是，主体之间更接近间接作用以及纯粹元间作用极限的相互作用形式和过程。

两个相互作用的主体之间各自都要向对方发送元间实体，也要从对方接受元间实体，才能实现元间实体的交流。但是，人的元间输入能力远远大于元间输出能力。这可能是因为，个体的元间输入能力的对象是两个层次的自然环境，首先是自然环境，其次才是社会环境，在这些环境中，个体输出元间的机会、对象、必要性相对较少。在原始阶段，社会环境更接近自然环境，因而：

（1）自然环境更多的是行为的受体，而不是元间实体的受体，自然环境不可能对纯粹的元间信号做出更多的响应；

（2）个体独自做出思考，独自产生对策的速度和能力要优先于相互协调，独自做出反应的速度远超过通过协调产生的集体行为，除非元间输出本身也开始成为一种反应行为。

元间输入的能力远远超过了元间输出的能力，对于低等动物来说，这不算什么障碍，而当社会化程度越来越高，交流与协调逐渐成为生存的必要手段，直至成为需求本身，元间输入能力与元间输出能力之间的巨大差距，将造成交流的困难，造成间接相互作用的不充分。

一个主体不可能总是能将自己所掌握的元间高效、迅速、完整地传达转移到另一个主体，一个主体对另一个主体的了解和理解也总是不充分的，或者说，不仅很难达到元间彻底转移的极限，而且相去甚远。

生物界进化出了"压缩通讯"的方式，可以很大程度上弥补硬件上的进化滞后，缓解了元间转移和存储等瓶颈环节上的压力。例如，从视觉器官获得的元间实体被两种方式保存：一种被存为"形象文件"，原封不动地保存下来；另一种是"抽象文件"，被分解成了不同层次的元间要素，其中，又分为单纯性要素和关系性要素两种。最理想的元间交流是将"形象元间"直接、完整传送给对方，但这很困难。在摄影技术发明之前，仅仅依靠人自己的天然能力想要把一幅自己看到的场景很完整地表述给对方几乎是不可能的。

一个可行的办法是将已经分解了的抽象元间编辑成一段声音语言或者肢体语言，变成可以被对方的视觉、听觉、触觉器官感觉到的元间形式。当接受方收到这些符号之后，在自己的元间库中寻找大致相对应的元间形象，将这些元间形象重新组织、还原成一幅图像，一幅与传送方试图传送的元间实体相似的元间实体。

元间接受者自己编辑这个元间实体，还原这个元间实体的工作就是最初的元间综合或元间组合。

完整的图像已经被分解成了两类元间要素，重新编辑就是沿原先解构时的逆方向退回去，用原先的关系性元间将原先的一个个要素重新连接、组装起来。

比如"苹果挂在树枝上""苹果是红的""树叶开始发黄了"……这些句子都是用关系性元间要素把两个以上的单纯要素连接形成的一个个元间实体。

除非达到了分析的极限，每个被分解了的要素本身依然都还是有内容的元间实体，依然不便于直接用于表达和传递，也不便于元间综合操作，所以，实际的元间综合并不是对要素本身的综合，都是在符号、地址码、名称、慕状词等标识符号水平上进行的间接操作。

对苹果树的图像分解，得到的是苹果、树叶、枝条、色彩、形状等的图像，同时，也对这些元间实体的存储位置和名称进行了定义，赋予了这些元间实体各自不同的标识符号。标识符号本身也都是不同具体程度的元间实体。有的直接与所表示的对象相等；有的仅仅只有符号意义，这是两个极端，具体的标识符号在这两个极端之间取不同的具体位置。

仅仅用不同标识符号，也能实现元间的综合或组合，产生出经过了编码的、间接意义上的新的元间实体。元间发送方使用的标识符号还要最后被转换成语音、图形、文字符号或者肢体等具体形式的特征信号。

编辑好了的这个元间实体能否成功实现传递，能否成功地被对方所理解，主要取决于传送和接受双方事先对于这些标识符号的约定。显然，这种约定至少要有两个层次：首先是依赖于身体条件的声音语音、形体语言的特征信号，以及不依赖于身体条件的书写文字、图形的特征信号的约定，这些符号与双方记忆中的标识符号要分别对应；其次是标识符号与其所代表的元间库的分类方式、与元间库中的元间实体——对应关系。这就意味着，接受方也要有一个建立在类似分类方式基础上的元间库，也要有一套基本相同的、为每个元间实体赋予标识符号的体制，以及相应的元间分析和元间综合能力。否则，就根本听不懂、看不懂这些复杂的信息。也就是说，授受双方具有相似或相同的元间库，具有相似和相同的元间处理方式。

当接受方收到一个信息之后，首先要将这个元间实体与元间库中所有的现存元间实体进行比较。如果即使不对这个元间"解码"，也能直接找到与此相对应的元间，那么，就是接收到了一个自己十分熟悉的、已经认识了的元间实体，就直接听懂、看懂这个元间实体，直接知道了对方试图表达的意思。

如果没有找到这样的直接对应项，就要将这个元间实体分解，将名称和代码分辨出来，再找出代码、符号所指的标识符号，再根据标识符号在自己的记忆库中找出其所指的元间实体；这些元间实体中，有的是素材性要素，有的是关系性要素，将其中的素材性要素依照外来元间指定的关系性要素的形式组装在一起，就能大致复原出一个新的元间实体。

接受方根据对方的编码指令，自己组装、复原出了一个元间实体b，这个元间实体与发出方打算传递和表达的元间a如果完全相同，就是同一个元间实体，$a = b$。授受双方完美地实现了一次元间转移和传递。

如果不完全相同，这说明，接受方错误地理解了对方的意思，a与b之间的差值，就是错误的程度。当然，要发现a与b之间的差值，还需要将两者进行再次比较，这个比较就是双方校对的过程。

在两个元间库之间实际传递的内容并不是所要传递的元间实体本身，而是代表了这个元间实体的概念编码序列，是通过符号、代码实现的概念编码序列，是一个双方事先约定好了的指令序列。在通信行业里，这被称为"压缩通讯"方式，是一种用最少流量传递更多信息的通讯方式。

学习语言的过程，就是符号和编码系统的约定过程，依据约定俗成的习惯，什么样的声音、图像符号对应于某一个元间实体。妈妈会指着一张苹果的图片，反复对孩子说一个单词，直到他烂熟于心为止。只有心目中的元间实体和约定的符号一一对应，元间交流才可能是高效的。

不同地域使用不同语言的人群，元间库中元间要素的分割方式不同、内容不同，不同语言人群的元间库就不可能一一对应。因此，仅仅在语言层面上的翻译很难做到精准和彻底，元间库分类方式的一致才是最大限度相互理解的前提。

1.6.5 抽象元间的新来源

前面我们讨论了主体元间库中抽象元间的几种来源：

（1）通过对元间实体的解构、分析、归纳操作，得到了不同层次的单纯性要素和关系性要素这样两种抽象元间。

（2）为了存储、检索方便，生成了符号、地址码等抽象元间。

（3）通过遗传因素继承来的先天的不同程度的关系性要素、单纯性要素、符号等抽象元间实体。

现在又增加了一种新的抽象元间实体的来源，可作为第四项：

（4）通过主体间的交流，从其他主体直接接受得到的抽象元间。主体间的元间传递的一种重要方式是抽象水平上的元间传递，可以使接受方直接获得对方的抽象元间；另外，直接传递的抽象元间实体又是编码和指令，根据这些指令可以在自己的思维中组装、还原出对方所传达的另一层次的其他元间实体。其中，有的是具体的形象元间实体的抽象形式，有的是被分解为单纯性要素和关系性要素的更深层次的抽象元间实体。

除了通过声带振动引起空气振动，从而造成对方耳膜震动之类的天然传播方式之外，主体间的元间传递还可以经过更稳定、长久的外在的物质媒体进行。把需要传递的元间实体转移记录羊皮、纸张之上，刻在石头上，拷贝在磁盘上……元间实体从人脑转移到了外在物体上，脱离了元间输出方的主体，通过外在的媒体实现了抽象元间在不同主体之间的传递和传播。

虽然这只是抽象元间实体在不同主体之间的转移和传播，但是，这里隐含了一种新元间产生的机制：

对于接受方来说，抽象的元间来自这些媒体，间接地来自他人，这些媒体可能会对所传递的元间实体造成失真、遗忘、编辑，当这种改变达到不可忽视的程度，媒体就不再仅仅是媒体了，本身也成为一个新的元间发源地。元间转移和传递、理解过程中的畸变，实际上是对元间要素的重新组合，也就是说，这一类的新元间是通过重新组合产生的。

更多的、主动的、自觉的元间组合发生在人的大脑中，大脑成为新元间生成的主要源泉。

1.6.6 大脑中的元间组合

其实，元间分解和传递过程已经是元间组合过程的初始环节了。

（1）第二次遇到同一个元间实体之后，通过比较，将原先已经有的概念直接赋予了这个元间实体，这种赋值过程就是最初的、最简单的组合，就符合了"综合"的定义。

这种元间组合机制是在进化中产生并遗传的先天能力。

（2）语言是以符号编码方式实现传递的一种元间实体，至少要向对方传递两个素材性元间要素和一个关系性元间要素。送达接受者之后，接受者首先要在自己的元间库中寻找到与之相对应的这三类符号，将这三类符号连接成一个完整的标识符号实体，这个连接过程就是一个元间重组过程，元间组合的第一个目标是复原发送方传递来的符号编码信息。

接下来，还要根据已经还原了的标识符号实体，在元间库中找到对应的元间实体，将这些元间实体组织、还原成为具体的元间实体，成为与发送方元间库中的元间实体相接近、相对应、相一致的元间实体，最终还原发送方试图传达的意义本身。

这种元间组合的规则，主要基于主体间事先对于元间库分类方式和元间实体命名的约定，是双方约定了的指令和程序系统。

（3）对于外在的刺激，即使是初生的婴儿也会做出本能的反应，用特定的刺激信号调用特定的先天反应程序，这也是一种元间组合，是先天的元间组合能力。

（4）面对未知性质的外来刺激，如果先天能力库中没有对应的措施，反应环节就会随机生成一个较为接近的反应方案，之后付诸实施。所谓"随机生成反应方案"，就是挑选较为接近的元间要素，组成近似的元间实体，将这个元间实体作为付诸实施的试错方案。这个元间组合是否合理，是否可以导致符合目标的结果，要通过与外在环境的实际较量来决定取舍，能够改善作用主体处境的将会被保留，能被保留的就是合理的，被淘汰的就是无效的、错误的。通过反复实践和调整，"未知"性质的外来刺激就逐渐演变成了已知的外源性元间实体，被存入了经验库中。这个实验、淘汰、再选择的过程是元间组合的复杂过程。

最初产生这种元间组合的主体是先天能力中的应急机制，之后被逐渐形成的经验实体所取代。

（5）逐渐增多的经验积累形成了经验体系，构成经验体系的所有内容之间的相互关照就构成了自我意识。自我意识形成之后，站在一个经验实体的立场上，可以观察另一个经验实体。一个立场就是一个部分的"自我"，就是当下的自我，这个当下的自我可能成为观察所有其他元间实体、经验实体的当前立场，就会成为分析和"知道"那些被作为对象的经验实体的主体。

比如，如果"自我"把关于几年前去九寨沟游览的记忆库打开，回忆起当时的情景，就能重新观察和体验自己身临其境的感觉。如果准备重访九寨沟，此前关于九寨沟的记忆就成为一个模拟的平台和环境。如果没有去过那个美丽的地方，也要通过各种传媒收集信息，在大脑中构建这样的模拟环境。这个构建模拟环境的过程，就是元间组合的过程。

在这一模拟环境中，自己对于自己的行为和能力的了解，对于同行人行为模式的了解，对于将要开始的旅程的了解，都成了模拟参量。根据这些参量，可以产生出一系列方案，产生方案的过程是自我主动地选择元间素材、主动运用关系性素材的过程，是将要素性元间素材组合成为新的元间实体的过程。新组装出来的元间实体都要在这个模拟环境中进行演绎。

演绎过程是将新产生的元间实体作为一个要素纳入已经建立了的模拟环境，假想这个要素在模拟环境中运行、活动的情景，试验、演绎出这个要素与环境中所有要素可能的时空关系，推想出可能出现的局面以及应对的策略。如果这个新生成的要素是一个方案，那所谓的"模拟"就是对这个方案可行性的试验和演练，根据虚拟实验的结果，选择、验证方案。

调整方案就是替换不合适的元间素材，而更换元间素材是生成新的元间组合过程，每调整一次，就生成一个新的元间实体。这种在模拟环境中生成、试验、筛选、调整反应方案的过程是真正意义上的思维过程，元间组合是思维过程的关键环节。

这个层面上的元间组合操作者是经验主体，元间组合的过程是经验主体之间的相互作用过程。

（6）元间组合产生的新元间实体，首先经过了内在的模拟平台的模拟试验，经过了模拟环境的筛选和斟酌，形成了一个初步的行动方案。一旦此行动方案作为个体的反应方式和决策，被付诸实施，就成为与对象世界相互作用的具体行为。比如，我决定了前往九寨沟的行程计划，并开始实施。这个计划在实际中的可行性取决于模拟环境的逼真性，取决于方案本身的周全，取决于方案所指导的自我行为与外在势态的相容程度。由于上述三点都难以做到万无一失，所以大多的方案都需要在实施过程中随时调整，不断修改，直到行动结束。

修改方案的过程又是一个新的元间分析、组合过程，是由外在势态参与下的复杂的反馈过程。尽管自我意识是产生行动方案的主体，但是，外在环境势态的具体元间实体也是元间组合的一个决定性因素。

1.6.7　元间组合能力的冗余

外在的势态环境是物质与元间对立统一的具体事实，由于物质的唯一性原则，同一个时、空区间只有唯一的一种势态。但是，内在的元间环境建立在接近物质与元间对立统一极限的位置上，建立在接近纯粹元间成分的极限位置，仅仅依赖于极限意义上的物质载体和极少量的能量消耗，因此拥有极大的元间自由度。

内在的元间库中存有足够多数量的元间要素，要素之间可以形成几乎无限多种类的元间组合，模拟的内在环境的时间和空间可以远远大于外在势态可能的范围，可能产生的元间形式的种类也远远大于外在势态环境中实际实现了的元间形式的种类，对同一种外在势态环境可能产生出很多种应对方案。但是，真正能被付诸现实的方案只能是这所有方案中极少的一部分。也就是说，元间演绎的能力即元间组合生成新的元间实体的能力，远远大过了实际所需要的能力，元间组合的能力是冗余的。

　　元间组合能力的冗余使得自我的思维能力并不都是用来产生直接应对外在势态的反应行为方案。这意味着，只用较少的思考时间就可以完成应对眼下外在势态的方案准备任务，其余更多的思考时间可以被用来做与当前势态没有直接关系的其他工作，用来思索与当下直接生存无关的其他事情。或者说，这种冗余不仅可以使自我有机会思考更长远的生存问题，还有余力思考与生存无关的更多的问题。

　　通常，我们把这种与人的生物性生存无直接关系的思维过程称之为"精神生活"，与之相对应的是所谓"物质生活"，或者是为物质生活服务的思维活动。

1.6.8　普遍联系的第三个模型

　　自我意识是一种神奇的自然现象，需要有巨大的记忆能力、运算能力和管理能力，这一切都是通过什么方式实现的呢？现代神经生理学已经揭示了大脑的一小部分工作机制和原理。就目前所知，大脑由万亿个纤维状神经细胞构成，每个细胞通过轴突可以与数十万个其他细胞发生联系，形成或固定或暂时性的联结，通过电化学编码方式实现相互通信，构成一个巨大的网络。根据这个知识，我们可以建立关于普遍联系的第三个模型，通过这个模型也许有助于我们对思维能力这种神奇现象的理解。

　　假设：

　　（1）脑神经数量趋近于无穷多；

　　（2）每个脑神经细胞具有与所有其他脑神经细胞联系的可能。

　　如果：

　　把其中一个细胞与另一个细胞的联系称为一个维度，那么，任意一个细胞与所有其他细胞都可能处在"无限维"的联系之中。

　　如果：

　　每个细胞与所有细胞的联系是均等的，那么，所有细胞就相当于同一个细胞。这是该模型中普遍联系方式极限的上限。

如果：

一个细胞仅仅与另一个其他细胞发生联系，这是该模型中普遍联系和联系方式极限的下限。

所有的联系和联系方式以及联系程度应当处于这两个极限之间某个具体位置，取特定的"值"，具有特定的联系程度和联系方式。也就是说，联系是不均匀的，联系方式也是不均匀的。每一个细胞和其他细胞的联系都具有具体的联系程度和联系方式。

极度不均匀的联系构成了许多局部的凝聚，这里所说的"局部"不一定是通常空间意义上的分布，而是脑神经细胞之间联系方式、联系程度的不均匀分布。每个相对独立的不均匀分布的区域形成了相对独立和相对稳定联系群落，用这种相对独立、相对稳定的方式建立了一个个组织，用相对稳定的组织形式凝结、记忆了元间实体。

这些元间实体相互之间的作用、操作、运行、复制、存储、更新、变换、转移过程就是思维过程。每一个相对独立的元间实体都是一个极限意义上的自我，都可能成为或发展成为一个临时的立场，成为一个临时的操作主体，都可能站在这个立场上关照、操控所有其他元间实体，所有自我相互作用的总合就是我们可以通过内省方式所感知到的那种自我意识。

脑神经的数量以及相互之间的连接方式的数量极为巨大，不仅可以从外在世界中转移获得元间，将我们与外在世界发生的相互作用过程记录下来；还能对这些元间进行分解处理，从中产生出各种层次的概念以及名称、地址、代码性的元间实体，产生抽象的元间。根据外源性元间和自己先天的目的性进行比较，产生出对策，将对策本身积累成为后天的目的性，通过执行机构将后天目的付诸实践，与对象世界发生实际的物质作用，通过反馈，调整策略，导向更有利的处境。

不仅如此，经验的积累带来效率的提高，使上述能力出现了大量冗余，最终使得思维能力不仅仅作为应对外在势态的手段和工具，可以在自觉的内在环境中实现纯粹的元间演绎。这种演绎本身发展成为一种大脑自己的生活方式，生成一系列新的生活目标和需求。

这个脑神经普遍联系的模型中，至少可以容纳和形成这样几种以凝聚方式存在着的元间实体：

（1）从遗传途径得来的先天的元间实体。这些实体中包含了先天的需求和目标基准；先天的行为模式和反应机制；对外源性元间的分析和综合的处理模式和处理机制。

（2）通过感觉器官从外在势态环境中转移、复制得到的外源性元间。

（3）用先天能力和模式对所获得的外源性元间进行分析和归纳的处理产生的各种抽象元间和形象元间；通过在实践反馈环节产生的后天经验体系。

（4）经验体系自己生成的内在元间环境以及纯粹通过在内在环境的演绎、运行再次产生出的由新元间实体构成的元间环境和元间需求。

无限多神经元以无限多方式实现无限多的连接这个上限和只有两个神经元相互连接这个下限都只是一种假设，事实上，各种不同的动物大脑中的神经元处在这两个极限边界之内。

由于这也是三维空间里的具体物质实体，体积越大的大脑，如鲸鱼的大脑组织可以重达几十公斤，一个神经元与另一个神经元联系的距离就可能较远，需要更长的轴突。轴突所占据空间、所消耗的能量也会限制神经元的数量，互连所需的能耗会迅速增加，时间会加长，互连的数量和效率会下降。相反，如果体积越小，如蜜蜂的大脑，只有几毫克，虽然神经元的数量减少了，但神经元之间互联的效率提高了。看来，大脑的体积、神经元数量、互连数量和效率这些物理参数相互制约。在上述两个极端情形之间，所有具体物种都只能是有限数量的神经元、有限的互联数、有限的互联效率。因此，仅就物种的个体来说，元间处理和生成能力都是有限的。

如果说"需求"作为一种元间实体直接与神经系统的互联、凝结状态相关，那么，由于生成新元间实体的能力是有限的，个体能够生成的需求种类、需求形式的种类和样式终究也是有限的。换言之，生命体的元间需求是有限的。

再则，人作为一种生物物种，神经系统的规模和性能是长期进化发育的成果，非特殊条件下不大可能发生突飞猛进的变化。总之，没有理由认真地说"人的精神需求是无限的"。

随着量子科学技术的发展，在更小空间里集成更多运算、记忆单元的装置潜力很大，单元之间更直接的互联方式也可能出现，有可能创造出比人脑更接近普遍联系第三个模型的新计算装置。

最新的脑科学研究成果揭示，神经细胞在形成神经节的过程中，该细胞的 DNA 随之发生相应的改变。如果处于不同联系方式和局势中的神经细胞，其 DNA 发生的变化是不同的，就意味着，神经细胞的 DNA 也可能是一种神经活动的记忆载体。DNA 巨大的存储能力可以为我们这个模型提供足够的想象空间。

1.6.9　先天范畴的来源

如果我们试图将元间库中的内容大体分为外源性和内源性两种，如何确定先天性元间实体的来源就成为了突出的问题，就需要解释先天元间实体从何而来的问题。

谁都不怀疑一个人一出生，不需要经过学习，天生就会做一些事情，通常把这称为本能。康德揭示了更多、更深层次的本能，人不仅天生具有许多具体的行为能力，更重要的是天生具有一般性范畴，具有运用这些范畴对外源性元间实体施行分析、综合判断的能力。不过，康德并没有说明这些先天的范畴和能力从何而来，是怎样进入人的先天素质中去的。

先天范畴在过去是一个静止的概念，有了进化论之后才成为了一个时间概念。毫无疑问，站在进化论的立场上，就应当把先天范畴也视为是一个进化发育的过程，或者说，先天范畴也是进化产生的。

那么，不同时代、不同进化程度的"人"就应拥有不同内容和性质的先天范畴。这样，追溯来源的尺度就可能延伸到了这个物种的先天阶段，延伸到了人这个物种生成之前的先天阶段。按照这个逻辑，可以一直追溯到所有物质起源的先天阶段，直到世界本身的"先天"阶段为止。

在我们的论域里，已经假设了世界最基本的范畴是差别与差别者的对立统一。于是，所谓范畴就不再是绝对抽象的东西，其本身也是发育进化、积累、传承的。如果说，最初的、本源的、起点之处的东西是相对抽象的，那么，之后在此基础上发育、积累产生的东西就是具体的，后产生的东西相对之前的基础性东西就是具体的，那么，范畴就是一个从抽象到具体不断积累、不断滚动发展、具有丰富层次性的实体，而不会是单一、纯粹、扁平化的抽象实体。生命出现之前的历史阶段里，范畴都直接以具体物质实体的方式存在，直接以物质实体之间的具体势态的方式存在，存在于与实体之间的不均匀的相互联系和凝结之中。

任何物质或元间实体都是在上述这种关系中发生的，同时也是这些关系中的一个成员、一个关系者，也受到了所有其他关系者的制约和塑造，成为自己所处势态环境的互补者，以互补的方式记忆了势态环境的形式，因此也成为某种积累程度的凝集状态的实际存在着的范畴。

令人惊奇的是，生命物质是一种特殊的物质和物质形式，这种特殊性表现为它走到了物质与元间对立统一的极限边缘，用尽量少的物质凝聚、记忆了自己的元间。之后，再用这些元间去组织、操控物质素材，用具体的物质素材将接近纯粹元间的自我组装成一个物质的自我，以物质自我和元间自我对立统一的方式成为一种新的存在者、一种新的实体，通过这种方式转移、保存元间实体，从而实现元间自我的需求。

于是，原先以具体物质方式凝聚着的元间、凝集成具体物质形式的范畴就可以用编码的方式，用接近极限的最少量的物质素材，用接近纯粹元间的方式凝聚，凝聚成接近纯粹程度的元间实体，成为接近纯粹的范畴，实现了新意义上的抽象。

人作为生命物质的一个典型实例，也经历了这样的进化过程，理论上也应当用这种方式记忆、凝聚了从世界开端直到如今的所有势态，用互补的方式保存了所有不同抽象程度、不同一般性程度的元间，先天范畴就是用这样的方式进入人的先天能力中来的。

根据这个推导，可以说，对个别人来说，先天范畴是先天的、属于内源性元间实体。但是，对作为一个完整进化过程的所有人来说，对人的全部发展史来说，范畴是在与势态相互作用的过程中生成的，是某种程度上的外源性元间实体。

我们曾经假定：所有的势态都从同一个起点发端，之后发生了分化和扩展。人是所有存在者中的一员，世界的起点也是人自己的起点，随着时间、空间的扩张和分化，人走向了属于自己的那个分支，现在，只能处于普遍联系总体局势中一个小小的角落。因此，人所具有的范畴只能是人曾经经历过的所有势态的契合形式，不可能具有自己没有经历过的其他势态分支上的元间和范畴。人具有的最基础、最一般层面的范畴，也就是世界本身起点之处的势态，也就是最具普遍意义的范畴。随着进化的发展，一般性程度逐渐下降，逐渐成为这个分支内部的一般性元间，直至与自己具体生存状态相关的具体元间。

由于进化中的断裂、遗忘、分叉与变异，继承了许多，也失去了很多，由变异又生成了许多，作为互补者和契合者，已经不能达到和每一个阶段、情形都完美契合的理想状态了，因此，人是大自然的一个有差异的契合者。

这样，人的先天范畴除了最根本之处外，是一个一般性程度和范围分层、分支、有限、不完整的元间副本。我们的先天范畴仅仅是世界本身全部范畴和势态之一部分的互补性副本，是关于所有范畴中的一个分支的不完整副本，是仅仅与这个物种生存相关的局部范围的副本。

由此，我们实际上面对的是三个关于范畴的"版本"。

第一范畴版本：

大自然自己是以无限维联系以及这种联系的不均匀方式实际实现和表现的势态和存在。

第二范畴版本：

人作为无限维的、不均匀联系中的一种凝聚态，在自己所经历的、所被塑造的过程中，以互补方式获得的一部分元间，用康德的话说叫做先天综合判断能力、先天分析判断能力。

第三范畴版本：

站在先天判断能力的基础上，超出与自己直接生存相关的领域，摄取自己历史上没有直接生存过的领域中的元间，转移复制其他分支中的范畴和元间实体。也就是站在第二个范畴版本的基础上去开发第一范畴版本中的其他的内容，将获得对于第一范畴版本中大量的内容，由此建立起第三个范畴版本。

显然，第三版本不仅仅是第一版本的复制品，同时也是第一版本的新作者，因为第三版本也是第一版本中的新内容。第三版本的出现，改变了第一版本原有的内容，改变了无限维的不均匀联系的原有格局。

至少在这个星球上，人成为进化的新动力，成为新元间的一个新的创作者，改变着范畴、改变着自然规律。

不能排除还有另外的智慧创造者。

这其中最伟大的贡献应该是：

（1）大自然通过人实现了对于元间的抽象，元间实体被纯化，创造出了相对独立的元间实体；

（2）根据元间综合产生的新的元间实体，物化、制造出了新的物种，因此，人成为世界进化的新源泉、新动力，成为产生新物种的源泉；

（3）元间实体互相之间实现了相互意识，站在一个元间实体的立场上可以观察、理解、分析、组合另一个元间实体，使元间实体本身出现了自我意识，大自然通过人实现了自我意识（就我们目前的知识来说）。

正因为有了这三点革命性的进展，康德才可以信心满满地说人具有对于大自然的最高立法权。

这三个范畴体系之间发育、积累、变化的速率都是有差距的，这种差别正是三者各自发展的动力。

1.7 需求的定义域

至此，需求的发育经历了自在、自为、自觉这样发展的三个阶段，这不仅是一个连续的过程，而且是一种积累。每一个过程并不像时间那样流失和消失，而是被保存下来，被积累起来，前者成为后者的基础。我们实际上同时生存在这三种状态之中，同时具有这三种性质。

想要把人的性质定义在自在、自为、自觉这三种需求之下，就要为这三种需求各自设定一个定义域。这三个定义域的共集才是人的性质的定义域，才是完整的人的需求。

1.7.1 自在需求的定义域

从最一般的意义上讲，差别者之间的差别就是有待实现的需求，实现差别、实现差别形式是自然的倾向或自然的存在方式，自在需求就是差别本身，自在需求的实现就是差别及其差别形式的实现。

1.7.2 自为需求的定义域

所谓自为需求，就是生命在依据自身先天程序生长、发育、繁殖的过程中，在与自然环境相互作用中，主动维持自身特征的自然倾向，先天程序本身就是需求。这个需求的下限是最起码要保持这个元间特征的完整，这个需求的上限是最终彻底实现自己的特征。保持就是生存，实现就是繁殖。自己实现自己就是自己为了自己，因此是自为的需求。

1.7.3 自觉需求的定义域

知道了自己的需求，知道了自己实现需求的过程，知道了如何实现自己的需求，这就是自觉需求。因此，自我意识就是自觉需求的最低限度，是自觉需求的下限。

一个人、一个团体、一个民族、全人类作为一个个不同层次的整体，都有自己不同程度的自我意识，具有自己不同程度的自觉需求。

怎样探寻自觉需求的最大边界？

在地球这个范围的自然界中，从需求的发生开始，经历了从自在到自为，再到自觉的漫长过程，当具有自我意识的人产生之后，地球这个范围内的自然界通过人这种生物开始生成和部分实现着自己意识到了的需求。

人作为大自然本身自我意识的实现途径，能够在多大程度上真正实现对于自然的自我意识呢？这似乎是一个悖论，正如人的头脑只是人体的一部分一样，这一部分的人体能否对人体的全部实现意识？能否把人体全部的元间都转移到仅仅占人体一小部分的空间里？把头脑中的元间实体转移到头脑中？相比整个已知的大自然来说，人类是渺小的，微不足道的，我们还不知道我们能在多大程度上实现对于自然的了解。在三维空间和一维时间的时空框架里，人和人的意识都只是世界的子集，所有主体，所有记忆体的总合总是小于世界。除非在无限联系的无限维空间里，每一个元素直接就是整个世界，只有如此，世界实现完全的自我意识才是可以想象的。

自觉的极限也就是自觉需求的极限，所有自觉的需求都在上述的上限和下限的范围之内，这是自觉需求的定义域。

1.7.4　自在、自为、自觉的需求

由生命、感觉、思维、执行等体系组成的人——这种高度智慧的、具有意识和自我意识的能力主体，是伴随自然进化过程积累形成的，是世界演化史的一个成员，用互补、契合的方式记忆、保持了自己所经历的这个进化分支中的大量信息。而且，构成人的每一个要素、每个环节之间的相互作用和相互关系也都遵循接触—比较与判断—反应与改变这个相互作用的一般原则，是这个原则层层嵌套的复杂实体。

即便是一个高度分化了的发达的生命体，也还是整个生物圈的一个要素，它的感官、思维、反应体系要以整个生物圈为对象；与此同

时，其本身又是由另一层次的要素构成，这一层次中所具备的感觉、判断、反应协调等能力以自己本身的其他要素为对象。因此，就一个个体来说，它的感觉、思维、反应体系应当分成了两种部分，有两个工作方向：向外的系统和向内的系统。

已有的经验和科学知识告诉我们，人的内向系统主要以先天的程序为主，根据先天的目标值和基准，自动管理协调每个器官、每个细胞的关系，形成整体的生存需求体系，这是一个自动的、自为的需求系统。例如，我们不必操心食物的消化过程，不必安排乳牙脱落更换的时间，这些都依照先天程序自动运行。只有在必须采取额外措施才能调整偏差时，内向感官才会把问题提交，才会与外感官体系联系在一起，内感官收集的信息才开始作为元间实体被转移进入自觉的思维体系。例如怎样在冰面上行走、如何按住出血的伤口、怎样撕裂和吞咽被捕获的猎物。自为的、自动实现的需求才开始逐步演变成为自觉的需求，直到对实现需求的部分过程甚至整个过程的大部分环节都实现知觉和思考。

知道自己现在的状态，知道自己需要什么，还应知道需求对象处在怎样的状态，知道了这些状态与需求之间的差距，还需要知道自己应采取何种措施，还要预测这些措施实施之后可能出现的后果，直到这些评估后果与目标之间的新差距……就像不断调整姿势让自己更舒服些一样。这个过程就是自我意识过程，建立在自我意识基础上的需求就是自觉的需求，就是自觉实现需求的过程。

需求从自在向自为，再向自觉的进化过程，是世界进化、生物进化的重要途径和线索。

总之，人同时具有自在、自为、自觉这三种需求，同时生活在这三个境域里，三者的综合构成了人的实际需求，产生和实现这些需求就成了人的意义和性质。

1.7.5　需求的三维定义域

这三个定义域虽然发生的次序有先后，但是都是正在进行中的事实。静态地看，可以粗略地将三者想象为起点不同的三个坐标轴线。

无机的自然界是一个基础的坐标轴（X），或称之为"自在坐标轴"。在其发展到一定位置时，生长、分支出一个新的箭头和轴线，这个轴线就是有机界里生命体系的轴线（Y），或称之为"自为坐标轴"。Y轴当然不会像在理想坐标系里那样，精确垂直于X轴，这里的表述只是一种近似而已；从有机界里的生命体系中又生长出具有自觉能力的人类及其社会，这是Z轴，或称之为"自觉坐标轴"。Z轴也不一定垂直于Y轴，而且也不一定是线性发展的直线，这里的表述也是简化和近似的。于是，三坐标轴组成了一簇不大规整的象限，简略表述如图1-2所示。

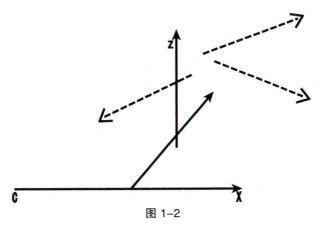

图 1-2

进化中的人的认识能力，开始具有了向后追溯和向前预测的能力，具有超越所有方向甚至象限的想象能力，具有了将这种想象和预测物化为现实的能力，生产了对于自己的认识能力，产生了无穷的创造力和想象空间，这就生成了自然界的X轴与Y轴新的发展动力和途径。所以，只有在Z轴产生之后，在人的自觉性充分发育之后，这个坐标系才开始逐渐发育成为三维的，三维"空间"的范围也在逐步扩张，并且开始将原先一维、两维的世界追溯、重建为三维的世界。由于自觉需求的出现，原有的三维世界发生了形态上的改变。图1-3中，试图用虚线表示这种多方向的发展与改变。这样的虚线的方向和数目都可能无穷多，可能达到任何位置，甚至可能淹没自己赖以生成的这几个坐标轴，将原有的整个坐标系都仅仅作为一个实现了的特例。

自为需求作为一种差别实现的形式，是自在需求的一个特例。

自觉需求是自为需求高度积累了的特殊形式，建立在前两者之上。

所谓"自觉"就是自己知道了自己，自己成为了"自我"，这个"自我"的神奇之处在于，能对前两者实现元间转移，能将前两者的甚至其本身的元间部分或全部映射在自身。

从此模型可见，实线部分表示的自在、自为、自觉这三个领域，后者都是前者的一部分，是其中发展了的、特殊的一部分。而虚线部分超越了这个限制，元间的发展不仅覆盖了前面的三者，而且远远超出了原来所有内容的总合。

高度进化的生命同时生活在这样三种状态里，就不可避免地同时受到这三种力量的影响，处在三种势态共同作用中，不仅每一种都受到其他两者的约束，这种作用还处在不断扩展和变化中。同时，处于这样势态中生命本身也是自己所处势态发生变化的动力和原因。三重势力共同作用的复杂局面造就了不同的进化阶段共处的绚丽多彩的生命体系。这三个方面、三个维度共同规定、限制、塑造了需求。

简化地看，每一项具体的需求都可以在这个三维坐标系中找到具体的位置，找到其生成的原因，在这个三维的框架内完成实现需求的全过程。

当自觉的主体将包括自身在内的所有内容都作为对象，将所有这些元间都成功地转移到自我意识的主体中，当自我意识的主体的元间组合能力充分冗余之时，这些新组合生成的元间实体就不再是原来坐标系中的镜像实体，而是具有了大量原来对象世界中所没有的新的元间实体。当这些实体足够丰富，这些新的元间实体远远超过原先对象世界中所有具体的、抽象的元间实体时，当不再仅仅依靠人身体所限的生物资源作为自我意识的元间载体，而是制造出很多智能设备，动用更多的、甚至是大多数的自然资源作为自我意识的载体之时，由于抽象元间的组合、演绎的效率和可能性远远大于依赖于某种具体载体的具体元间的组合、演绎效率和可能性，元间获得了充分的解放，就形成了一个不断加速扩展的新世界，一个新的对象世界，一个无限宽广、无限可能的元间世界。这时，不仅自我意识的主体本身成为这个世界的对象，成为这个新的对象世界中的一个成员和特例，那个原先的、我们生成、生活于其中的对象世界，这个由自在、自为、自觉三个维度构成的定义域，也都可以完整地被映射在这个元间世界中，反倒会使我们认为，相对于自我意识的主体来说，这个三维的现实世界仅仅是无限可能、无限宽广的元间世界中的一个特例和成员。

自觉需求及其实现的可能性将我们带入一个接近纯粹元间世界的边缘，当然，无论如何我们永远也不可能最终彻底生活在纯粹的元间世界中，这是自觉需求的极限，所有的需求终究还是要通过最起码的具体的差别者才能实现。也许在某个极端位置，这种差别者甚至可能超出了传统意义上的物质范畴，但是，现在意义上的人的需求依然还是要通过具体的差别者为载体，以具体的物质为载体，通过具体的差别者和差别形式的实现过程才能实现。

第二章　需求的对象

需求与需求对象是同步发育和进化的，相互作为对方进化的条件，但是，毕竟已经分化成为了两种不同的实体。所以，有必要、也有可能单独对其进行分析。这种分析也只能暂时局限在物质与元间对立统一这个有限的定义域里。

2.1　处于物质与元间这两个极端之间的需求对象

我们面临着物质和元间这样两种极端的需求对象，而且这两种需求对象相互依存、互为条件，紧密地纠缠在一起。为此，应该有一个一目了然的表述方法，以便我们更为直观地理解和分析问题。

面对同一个对象，不同的需求主体会有不同的需求和需求倾向。同样，同一个需求主体在不同的条件下也会有不同的需求和需求倾向。

有这样两种侧重：

（1）更倾向于将对象实体的物质属性作为主要需求对象；

（2）更倾向于将对象实体的元间属性作为主要需求对象。

沿着将这两种倾向追索到极致，可以分别得到两个极限点。

以物质属性为主要需求对象的极限应当是"纯粹物质"。纯粹物质的概念是没有任何结构和形式的绝对物质，但是，没有了任何结构，也就不再是物质，所以，这是一个不可实现的、不可达到的极限。事实上，我们的物质需求都指向具有特定性质和结构的具体物质，都是具有与需求者所欠缺的元间形式相契合的特定元间形式的具体物质。因此，追寻纯粹物质需求极限的进程受到了需求者自在、自为、自觉的性质和程度的限制，是个有限的定义域，都会在趋向纯粹物质的过程中的某一个具体位置上停下来，再进一步追溯下去就失去了意义，所以说，向物质极端的追溯，得到的是一个逐渐失去意义的区域，而不是一个绝对明晰的极限点。

同样，以元间属性为主要需求对象的极限应当是"纯粹元间"。表面上看，纯粹元间的概念是没有任何物质、不以任何差别者为依据的"纯粹元间"，但是没有了任何物质的依托也就不再是元间了，所以，这也是一个不可实现的、不可达到的极限。但是，与物质对象不同，元间是可以实现抽象和转移的实体，可以逼近对于物质载体依存的最小极限而不会影响元间实体本身的性质，所以，对于元间需求品极限的追溯和对于物质需求品极限的追溯，两者不是对称关系，各自具有不同的性质。

所有元间实体都要以物质实体作为载体，有两种极端的情形：

（1）元间实体与其物质载体不可分离；

（2）元间实体与所依托的物质载体的意义趋近于 0，趋向于无意义的程度。

展开来说，在接近这个极限的位置，用任意的形式的、极少量的物质载体就可以承载和实现任何形式的元间实体，物质载体的性质与元间内容基本无关，物质载体性质的变化并不必然造成所承载的元间实体性质的改变。事实上，到目前为止，在没有更新的技术出现之前，我们实际所能见到的元间实体对物质载体依存程度下限的最生动的实例是大脑，是人的大脑的元间组合、演绎能力对于大脑神经网络的依存性。换言之，同一个大脑，作为物质实体，没有发生显著地变化，但是，却能够在这个大脑中演绎出无数元间场景。仅仅从人自身内在精神感受的角度看，很多所出现的以纯粹元间实体为目标和需求，都能在这个范围里实际实现。不过即便是这种貌似纯粹的元间需求以及这种需求的实现，还是不能最终摆脱物质载体的限制。例如，仅仅属于个体自己的纯粹的想象和心理事实，这种元间实体存在和需求满足的可能性很大。尽管，元间组合是无限的，元间的组合可以产生我们这个物理环境中的自然法则、自然势态所不容许或者无法承受的任何元间实体，产生出所有物质资源都不可能承受的需求目标，但是，这个心理事实是一个有限对象，这个对象的规模和边界最终会受到承载这个元间实体的大脑的生物、生理性质的限制，最终还是会遭遇到这些势态的限制。例如，我们相信圆周率的值是一个无限不循环小数，已经得到的计算结果是小数点之后的十几亿位，更多计算结果的产生受到了计算条件和方法的限制，这个限制条件将永远存在，直到这个规则本身的终结。

元间实体对于物质载体的依存关系介于这两种极端情形之间的某个具体的位置上。

根据上面对于物质和元间两个方向极限的追溯和分析，可见，无论是对于人这样的同时具有自在、自为、自觉三种性质的需求主体来说，还是植物、动物、智能机器等所有的需求主体来说，所有的需求指向都同时具有物质和元间这样两种内容，这两种内容的侧重点在不断变化之中。变化的范围以纯粹物质和纯粹元间这两个不可超越的端点为边界；同样，所有的需求对象自身也具有这样的双重属性，也都处在纯粹物质和纯粹元间这两个不可超越的端点之间，需求以及需求实现的活动都被限制在这两个不可逾越的端点之间。如图 2-1 所示。

图 2-1

图中：

WZ ——纯粹物质的极限端点；

YJ ——纯粹元间的极限端点。

所有的需求指向和需求对象都处在 WZ 和 YJ 这两个端点之间的定义域中，每一个具体的需求、具体的需求对象都不同程度地具有这样两种性质。

另外，根据我们前面的定义，纯粹物质和纯粹元间这两个极限端点其实是无差别的同一种状态，所以，也可以把这个图形视为一个"圆"，如果再有一个用来描述"成分"（或"意义""强度"）的极坐标，用黑、白两种颜色表示两种需求所覆盖的区域，就会得出一个与传统的"阴阳太极图"相似的图形。

2.2　处于直接与间接这两个极端之间的需求对象

2.2.1　直接需求及其实现

如果把自在的实体互相之间实现契合的自然倾向称之为"一般需求"，而且是最广泛意义上的"需求"，那么这种意义上的需求就是最直接的需求，因为，对于自在的实体来说，其本身并不具备目的性，或者说目的性还没有产生出来。

需求就是一个有待实现的差别形式，所需求的对象是具备这个差别形式的另一个契合者，需求者和对象一旦发生接触，双方开始比较，如果契合，就可能发生结合，需求者的需求就会直接实现。否则，就会发生另一种反应，这种反应和结局会处在需求者的需求完全实现和完全不被实现这样两个极端状态之间的某个程度的具体位置上。通常，相互作用会造成作用双方的改变，改变了原先作为需求目标的元间实体本身，原先的需求目标就会发生变化，就已经不再是原先意义上的需求者了。所以，无论需求者的需求是否达到了完全的实现，都可以被看作是需求的直接实现，只不过实现的程度和结果不同罢了，而且，这种变化只有在相对第三者的"记忆"时才会被注意到。

2.2.2　间接需求的发育

对于自为阶段的实体来说，由于目的性的生成，使得需求和需求的实现不再直接等同，需求作为一种被记忆了的元间实体不再那么容易就被一次试探性的比较所改变，需求者即便再次脱离当前的相互作用对象，依然保持着自己原有的元间形式，依然具有再次与另一个对象寻求契合的能力。这就使得自为的需求者其接触、比较、判断、反应等各个环节开始发生分化，作为需求目标的元间实体和实现需求的手段与其实现需求的过程之间发生了分离，分化成了几个相对独立的部分。一旦需求的实现发展到了需要通过另一个需求和过程去实现的程度，那么，需求实现的手段和过程相对最初的需求来说就成了间接需求，间接需求由此而产生了。

例如，可以说一个细胞中的 DNA 之类的遗传物质中携带着的元间实体就是这个细胞的需求本身，细胞的全部生命过程只不过是要实现这段 DNA 的繁衍和生存。但是，展开分析，可以发现，这段 DNA 里存储着的内容却是实现这个需求的手段、工具、过程、方法……这些元间实体相对于实现生存和繁衍的最终需求来说都是另一层次的间接需求。不仅如此，当我们把诸如手段、工具、过程、方法这些间接对象作为当前急需完成的工作目标，作为间接需求，试图实现这些间接需求时，很快又会发现，实现这些需求同样也需要另一层次意义上的手段、工具、过程和方法，需要工具的工具、方法的方法、过程的过程、手段的手段，新层次的间接需求再次产生出来。这是一个不断向前发育、延伸、积累的趋势。DNA 的复杂性、生命的复杂性很大程度上都是由于这种间接需求对象的积累而形成的。

2.2.3 直接与间接的相对性

自为需求者是自在需求者的一种积累的形式，把自在的需求积累起来，作为自为的需求。因此，相对于自在需求者来说，自为需求者的需求本质上已经就是一种间接需求了，或者说，自为需求的起点本身并不是严格意义的直接需求，而是把另一层次的间接需求作为了这一层次的直接需求而已。这意味着由此造成了新层次的规则和现象，不同层面的需求者的需求可能自己也发育成为一个需求者。需求与需求者之间也成为了一种相对关系。

比如，太太梦寐以求的理想是买一台某名牌小汽车，这是她的直接需求，问她为什么要买这样的车，她会讲出一大堆理由，比如说接送孩子更安全，在娘家人面前更体面，等等。这样，仅就第一个理由来说，接送孩子就成了直接需求，买车只是一个手段和工具，买车的直接需求变成了间接需求。如果再追问为什么要接送孩子，就会从这个层次的直接需求背后找出更多、更深层次的需求根据，当前的直接需求又再次退居到了间接的地位。这个势态成为贯穿自为、自觉需求者及其需求全部发展过程的一般势态，成了一个基本的现象和规则。这个定义域中所有的需求对象都是间接性需求和直接性需求的对立统一体，仅仅相对需求者当前的需求才是直接的，其余的都是间接需求。

另一方面，这部小轿车作为工具和需求实现的途径，其自身也需要满足特定的条件才能运行，需要汽油、配件、保养、道路、交通规则……这个工具自己也都成为了一个需求者，成为一个自在的需求者。甚至有一大群人在为这个需求者服务，成为整个社会生活的重要内容。自在的需求者也成为联系人类社会的一种重要的途径和纽带。

2.2.4　自觉需求的直接性与间接性

自觉需求者的需求目标是一个从需求主体中产生或习得并以先天或后天、生理或心理、遗传或文化的方式贮存在需求主体意识体系之中的元间实体。这个元间实体的内容会有两个极端的指向：

（1）指向外在的物质实体；

（2）指向一个相对纯粹的元间实体。这个元间实体可以是内在的，由自己的思维过程产生的。比如正在心中构思一个故事，从这个故事中得到满足。也可以是外在的，试图从外在环境中获得的元间对象。比如，想看一部热播的电视剧。

这两种作为需求目标的元间实体所指向的需求对象都只是这个需求者当下的直接需求对象。

仅就思维主体本身内在的元间需求来说，之所以是自觉的需求主体，是因为主体可以意识到自己生成了一个作为需求目标的元间实体，不仅能够意识到这个元间实体，还能够意识到这个元间实体生成过程的每一个步骤和过程。要从外在对象世界中转移进来一些元间实体，构建自己的元间库；要对所有输入的元间实体进行分析、归纳和综合，产生经验实体，产生概念体系；要从概念体系中挑选合适的要素组合成为新的元间实体；要将这些内生的元间实体与从现实世界中转移进来的外源性元间进行比较 ……如果这个过程足够长，过程本身就是一个相对独立的元间实体，就是相对于需求主体某一个意识阶段的需求对象，一个作为对象的纯粹的元间实体。在这个层面上，这个元间实体是相对于自我意识主体的直接需求对象。只有相对于其所指向的其他需求对象时，才属于间接需求对象。

就一个直接的元间需求本身来说，思维过程中的每一个环节和要素，也都相互构成环境，相互构成支持条件，相互构成分工合作的关系，相互都是对方的需求对象和需求主体，同样存在着间接性和直接需求性的区别。因此，同在一个自我意识主体中的元间实体出现了直接的目标以及间接的、工具性的目标这样两种需求对象。

要实现目标，就要有实现目标的策略和行动规划，制定这些规划的过程是典型的元间组合过程，是新的元间实体生成的过程。

如果可以直接在经验库中找到足以连接条件、环境势态与需求目标之间差距的现成经验，也就直接将三者组合成了一个新的元间实体，直接调用了这个已有的经验实体，或者重新构建一个新的解决方案。但是这都是初步的方案，还需要进一步探明外在环境势态、对象世界场景的结构方式，需要更清晰地了解自己能力，需要在头脑中搭建一个模拟环境，把自己新生成的方案放到这个模拟场景中去推演，根据推演的结果决定对这个方案的取舍或修改，之后才能把方案付诸实施。再通过实践的反馈，形成最终的新的经验实体。在这个过程中，建造一个解决方案本身成为一个工具性的目标实体，一个阶段性的目标实体，一个相对独立的目标实体。如果这种相对性很突出，比如所用的时间很长，需要有一个专门机构去实现，这其中的每一个环节都可能发育成一个独立的过程，进而发育成独立的目标实体。事实上，我们现在许多需求目标都脱胎于这样间接的、工具性的目标。思考、创造、发现本身发展成为需求对象。

同种的生命体，互相把对方当作自己生存的环境，这样的联系构成了社会关系。所有生命体都是社会性的，都在把自然世界作为生存环境的同时也把其他生命体作为自己的生存环境。因此，感觉器官就不仅仅用来从自然环境里获得信息，还要从社会环境中获取信息，还要从自身的各个组成部分获取信息，同时，自己的一切行为也都是对于社会环境的一个元间源。

社会中的人向对方输出元间的方式有两种途径：

一是直接通过自身行为输出元间，如语言、面部表情、肢体语言，等等。

一是通过行为制造物品或营造局势，以这些物品和局势间接输出元间。如，用指定的自然物象征一定的意义，制造某种物体、建筑物代表某种意义，语言、音乐、绘画的书写符号，等等。

一个主体、一个人可以将自己的需求、自己内心深处的目标，将自己所理解的、自己作为比较基准的元间实体及自己关于需求的想法通过上述两种途径表达出来。一个元间接受者可以从这两种载体中分离出对方试图传达的元间实体，这个抽象的元间实体就从元间发送方的头脑转移到了接受者的头脑里。如果这个接受者理解了对方的意思，同意了元间输出者的意见，也就可能将这个元间实体也作为自己的基准和目标。需求和目标性元间实体作为一种抽象的元间实体可以通过这种元间转移的方式直接获得，或者说，需求和目标可以通过社会影响、通过文化和传播途径直接获得。

个体的目标性元间实体，个体的需求意向有几个来源：

（1）通过遗传机制传递的先天的、本能的经验。

（2）个体自己在后天的生活实践中直接体验、生成的具体经验，或者说，在所生活的环境势态强制作用下形成了一种与这个势态相契合的元间形式。

（3）主体通过元间转移的方式从社会环境中获得的抽象的或具体的现成元间实体，也就是通过社会影响、通过教育和学习直接获得的需求目标。

（4）主体自己用元间实体组合生成的新的元间实体。

个体的需求和目标的来源是这几种因素共同作用的结果。

2.2.5　直接与间接需求的极限

事实上，需求实现的层次不可能无限多，纯粹的间接性是一个不可能达到的极限；需求层次也不可能只有一层，因为在远离相互作用者单纯性极限的定义域里，任何相互作用都是一个过程，都要通过具体的步骤才能完成，纯粹的直接性也是一个不可能达到的极限。因此，相对任何需求者来说，任何一件需求品很难绝对地说是间接的或直接的需求品，而是都不同程度地具有直接性和间接性这样两种性质，在这两种极端的性质的极限之间取一定的具体位置。如图 2-2 所示。

图 2-2

图中：

ZJ ——直接性的极限端点；

JJ ——间接性的极限端点。

2.3　处于镜像与被镜像这两个极端之间的需求对象

所谓"镜像"，是元间转移过程产生的一个新实体，就像蜡模与铜印章之间发生的元间转移那样，可以把蜡模上的印迹称作是铜印章表面纹迹的镜像，是从铜印章表面复制生成的元间副本。由于这种转移和复制，作为一个实体的镜像元间实体，最突出的特点是镜像实体与被镜像实体之间在元间形式上的相似性。

物质实体可以将自己所具有的、所承载的元间实体转移复制到其他物质实体上，生成元间实体的副本，生成自己的镜像。同样，元间实体也可以生成自己的元间副本，生成自己的镜像。

镜像和被镜像的两个元间实体之间相似性、对称性的程度受到了元间转移过程和载体性质的限制。最大相似的极限就是镜像和被镜像的两个元间实体具有同一种形式，除了分别处于两个不同的物质载体之外没有更多的差别。相似性程度的下限当然是双方没有任何相同之处。对于已经实现了抽象化的元间实体来说，相互之间的元间转移和复制可以达到完全相同的极限，也可以达到完全不相同的极限，比如 0 与 1 就是绝对区别的。在没有实现元间抽象的条件下，这两个极限都无法最终达到。

元间转移和复制是一个相互作用的物理过程，通过元间转移能够将同一个元间实体复制在不同的物质实体之上，能够使得不同的物质实体具有相同或相似的元间形式，进而实现物质实体的复制。也正是由于这个机理才出现了生命物质，因此，镜像关系的出现是生命产生的基本原因。不仅如此，这也是生命由自为走向自觉的最主要动力。例如，DNA 的相互复制就是典型的镜像关系；细胞核中的 DNA 与细胞以及细胞组成的生物机体之间的关系，也是一种间接的镜像关系；感觉器官是更理想的元间转移装置，将外在环境的元间分离出来，复制在元间存储器官内，生成关于外在环境元间形式的元间副本。显然，这个副本与被观察对象是一种典型的镜像与被镜像的关系。

转移和生成关于对象的镜像元间实体的目的在于实现需求，这是一种实现需求的工具和方式，是一种间接需求。

镜像元间实体生成之后就会与被镜像的实体分离，成为相对独立的元间实体，一旦脱离了被镜像实体原有的环境，就不可能永久继续保持与对象的镜像关系，各自独立的发展就会使两者之间的差别越来越大。

比如，账本是一种镜像元间实体，我们总是力求账目和实物达到最大程度上的相符，但是，这很难做到。特别是当账本、账目本身由间接需求变成直接需求对象时，账目和实物就分裂成了两种不同的需求，就会沿着两个不同的方向发展，只有在特定的条件和场合才会停下来相互比对，调整、缩小双方的差距。例如，货币就是这样一种从"记账凭证"性质的镜像者发展出来的新的需求品，我们试图用它充当一般等价物，希望它能忠实地反映实物的数量、质量和价值，但往往事与愿违。

计划和方案也是一种镜像性的元间实体，是我们愿望的一种外在表达，只不过是超前于外在势态。我们试图将自己用纯粹元间演绎方式勾画的场景去同化外在势态，将元间实体物化为势态的、物质的实体。这样，计划和方案反而成了被镜像者。如此看来，镜像者和被镜像者的区别只是相对的，真正的区别仅仅在于哪个是主动的一方，是元间的源头；哪个是被动的，是元间的接受者。其实，这两者是相互作用、相互影响的。

镜像的元间实体和物质实体、被镜像的元间实体和物质实体都可以成为直接的或间接的需求主体，各种需求和需求实现的途径相互交织，构成了一个广泛联系的复杂系统。为分析方便，还可以将被镜像的实体称之为"实系统"，将由实系统复制转移生成的镜像系统称之为"虚系统"。

我们通常所讲的"实体经济""虚拟经济"，实际上就是这样的互为镜像的实系统和虚系统。其中更典型的是，实系统经常被作为被镜像者，虚系统经常被作为镜像者。其实，这种关系是对称的，是可以逆转的。不仅物质实体可以作为被镜像者，元间实体也可以作为被镜像者。所以，并不能仅仅根据需求对象的物质性和元间性来定义实体经济和虚拟经济，不能简单地用"软件"和"硬件"的方式区分这两个体系。这两者之间真正有意义的区别在于镜像性程度的差别。

任何一个实体都可能成为被镜像者，同样，任何一个实体都不同程度地带有其他实体的元间特征和分量，都是其他实体的镜像者。但是，除了已经实现了抽象的元间实体可能成为纯粹的镜像者和纯粹的被镜像者之外，在物质与元间对立统一的定义域里，这是两个无法达到的极限，所有实体都处于这两个极限之间的某个具体的位置上，不同程度地既作为镜像者同时也作为被镜像者。如图 2-3 所示。

图 2-3

图中

JX ——纯粹镜像者的极端点；

BJX ——纯粹被镜像者的极端点。

2.4　多维度中的需求对象

2.4.1 多维度的极限分析方法

我们生活在普遍联系的世界里，这世界里的每一个要素都可能是影响其他所有要素性质的原因。因此，任何一个要素的变动最终都会造成所有要素的变动，一个要素的变化都可从任何一个其他要素上找到造成这种变化的原因，单一的因果性都只是一种极端简化的特例罢了。当然，这是一种出于无限联系绝对性立场的极端表述。事实上，由于相互作用传播速度的有限性，所有要素的不均匀分布，出现了时间和空间上的差别，不均匀的要素分布格局形成了一个个物质和元间的实体，实体的不均匀分布是这世界具体存在形式。如果我们把每一个要素都看作是一个维度，那么，每一个实体和要素实际上都无一例外地处在无限维度的联系之中。尽管我们远离了无限联系的极限位置，但是依然没有能最终摆脱无限联系的影响。物质团粒之间、每一个实体之间依然以各种不均匀的方式相互影响着、联系着。面对这种局面，为了使问题变得简单明了，常常把许多相对次要的因素暂时忽略不计，仅仅考虑主要因素，得到一些直接、简明的因果关系，比如，苹果落在地上的原因被归结为地心引力，其他因素都被忽略了。显然，保留的影响因素越多，越能接近势态的真相。

如果只保留几个主要因素，或者，一个实体主要表现出的几种主要的性质，就可以用几维的模型近似地描述这个实体运行规则或者这个实体的具体性质。

例如，中医理论中就有这样一个多维的分析系统。中医诊病基础是"八纲辨证"，有"阴阳、表里、寒热、虚实"四组八个参量。其中，每一组都有两个极端状态，这是两个不能超越的极限端点，具体的生理、病理、症状都处在这两个极端之间的某个具体位置上。每组参量都是由两个不可超越的极限端点构成的定义域，这两个端点在极限条件下重合在一起。就是同一个点，只有在离开极限时才分开成两个端点。因此，一般条件下，参量处在两个极端之间的某个具体位置，或多或少地具有两种相反的性质，在极端条件下两种极端的性质可能发生相互转换或逆转，比如"半表半里""真热假寒""寒极似热"……

所谓"八纲辨证"，其实是用四组参量构成了一个四维的坐标系，每一个具体的病症都可以被表述成这个四维坐标系中的一个点位，相对于某一轴、某几个轴的变量图景。例如表寒症、表热症、表虚症、表实症、阳虚、阴虚、阴虚火旺……

数学中的偏微分算法也是一种多维度的极限分析方式，在多个因素中，先分别对每一个因素求取极限，之后将所有因素一并考虑，得出多种因素共同作用产生的作用势态和格局。

同样，需求只是普遍联系的世界中的一个参量，人的需求、人类社会的需求也只是一般需求中的一个特例。但是，和其他参量一样，从极限意义上说，这个参量也同这个世界中所有的其他要素关联着。所以，应当对这些参量深入了解、逐个分析、深入探究与此相连的每一个联系者、作用者，将所有这些作用者之间的关系复原成一个相对完整的概念和图景，通过这个还原了的模型，形成一个相对宏观的概念，以此为工具探究需求者本身的性质以及需求者与作为需求对象的世界势态之间的关系和趋势。沿着这个思路，我们可以将需求实现的途径和需求的表现形式分析为物质与元间、直接性和间接性、镜像和被镜像等一个个不同的参量，建立分析和描述的思维模型。这个模型某种程度上反映了对象本身的状态和性质。另一方面，由于我们自己也是对象世界中的一部分，这个模型中就不可避免地混杂着我们对于对象元间的抽象和整理，或多或少地掺杂了我们自己生成的新的概念性的元间实体。用这样近似的模型作为工具去研究对象，通过与对象的进一步相互作用，获得更多的对象的元间，不断地修正、调整我们的模型，使之逐步趋向于与对象更大程度上的一致或契合。所以，这个模型就具有对象性和工具性这样双重的意义，既是对象也是方法，是对象和方法的对立统一体。

2.4.2 用三个维度六个参量描述的需求对象

与中医理论的"八纲辨证"思想类似，我们获得了物质需求与元间需求；直接需求与间接需求、镜像需求与被镜像需求这样三组六个参量。当然，还可以有更多的维度和参量。大体可以用这个三维度、六个参量来系统描述一个需求对象的性质了。

例如，货币这样最常见的需求对象。最初，其本身也是一种直接需求品，比如一把青铜制成的小刀。当需要用一种商品作为两种以上商品的价值标志，甚至作为所有商品的价值标志时，这种直接需求品就变成了一种间接需求品。春秋战国时代的青铜小刀、远古时期的贵重装饰品的一串贝壳，过去都曾经是直接的物质或元间需求品，后来演变成为了结算、存储、交换直接需求品的一种工具和手段，演变成了刀币和贝币。由于这种间接需求品更主要的功能是表示其他商品的价值，所以它更重要的属性是元间属性。货币此时所表达的是其他商品的价值，因此，这是一种镜像性的实体。所以，货币更重要的意义是一个抽象的元间实体，可以用一个数字符号来代替。我们从这三个维度综合角度来定义货币的性质，因为货币本身是一种发展中的实体，不同时期和条件下在每个维度中的位置也有很大变化。

如果用一个具体物质需求品直接作为货币，这种货币的物质性最大；如果用纯粹的信息、符号作为货币，这种货币的元间性最大。具体的货币都处在这两个极端之间，不同程度地具有物质性和元间性两种性质。货币发展的总趋势是逐步减少物质属性，逐步增加元间属性。比如，一张大面值钞票，或一张银行卡所占用的物质属性已经微不足道，一次微信转账、一堆银行数据库里储存着的数据与它所占用的物质载体相比，已经趋近于无限大。

货币自从直接需求品中脱胎而出的那个时刻开始，就成为相对独立发育的新的需求品，因此是一个从直接需求品向间接需求品发展的过程。在这个过程中，它的直接性程度发生了很大变化。比如，黄金和纸币就是两种直接性程度相差很大的货币，最终还是要向更加间接性的方向发展。当然，对于不同的人来说，货币究竟是间接需求品还是直接需求品，差别很大。

春秋战国时期的刀币和布币从形式上看，就是对武器、农具这样的直接需求品外形的直接镜像。用一把小铜刀、小铜铲来模拟一把真正的战刀、铲子，其背后的用意不仅仅是镜像了铲子的形状，作为货币，还镜像了铲子和战刀的价值。作为铲子和战刀这种直接需求品的价值镜像，从真实的器物中分离了出来，成为独立的、镜像的实体。

不同的货币，其镜像性程度也有很大区别。布雷顿森林协议之后，纸币和黄金被规定了固定的比值，这种固定关系使得两者共同作为社会经济生活的镜像者。但是黄金毕竟是一种物质，受到物质唯一性的限制，在同一时间范围内，只能位于唯一确定的空间位置，只能拥有唯一的数量和性质。它的优点正好也是它的缺点，没有足够的灵活性再继续充当爆炸性成长着的经济生活的镜像体。特别是当用大笔黄金不断交换不需要许多物质为载体的元间需求品时，黄金就显得太吃亏了。一位歌手高歌一曲，就换得了一公斤黄金，可以用来交换一辆豪华轿车或者几百吨大米。这首歌在空气中消失了，变成人们的一种记忆和体验，黄金还会永久存在，轿车可以用十年，大米会在一年后消失，这些需求品的可保存性差距太大了。黄金不再适宜作为一些商品的镜像，更不再适宜作为整个经济体系的镜像，它已经承担不起这个重任了。

开始，纸币仅仅是黄金的一种镜像形式，一种印刷品。但是纸币的真正意义在于它是接近极端的元间实体，只有纯粹的元间实体才最适合作为镜像体，才能最完美地实现对所有对象的镜像。由于纸币的这种优点，超越黄金就成为不可避免的大趋势。不过事情并没有想象中的那么快，以物质性为主的需求品交易总不会最终消失，只要有这样的交易，黄金就总还是有机会继续作为镜像体存在。

纸币毕竟还是一种物质载体，在作为镜像体的同时，本身也会成为被镜像者。比如，现金账册就是货币的镜像。同样，现金账本也同样可以作为被镜像者。如此反复，逐渐生成了抽象化了的元间实体。人对账目的记忆也是一种镜像，现在更为理想的镜像体是 IC 卡或计算机硬盘中的数据，社会经济生活各个层次的镜像都被保存在了数据库里。

纸币的基础是国家信用与权威。纸币是这种信用与权威的镜像和载体。与货币的交换同时交换的是信用以及权威，不同的条件下这两种交换的侧重点不同，有时甚至会出现分离，所以，货币是多维的载体。

正是由于不同物质与元间属性的需求品、不同间接性程度的需求品、不同镜像性程度的需求品的同时存在，才会出现多种形式的货币的存在，货币才会具有多维的属性，才会出现不同一般性程度的"一般等价物"。

如果试图将"需求的强度"理解为"价值"，而需求对象本身至少可以用三个维度的六个参量来描述。受多种因素的影响和制约，"价值"的含义也只能是多元的，同样可在这个框架中得到解析和定位。不同镜像程度的需求对象，同时也是不同直接性程度的需求对象，也是不同程度的物质和元间的需求对象。每个层面的实体都可能成为当前的需求对象。每一个具体的需求对象至少都可以从三个角度展开分析。

问题在于通过怎样的方式和途径实现这些需求。

第三章　需求的实现

如果从我们的身体和精神是由一堆化学元素堆积、凝聚形成的实体和现象这个角度看，我们是自在的；如果从我们的身体和精神是由一堆具有生命活性的细胞构成的实体和现象的角度看，我们是自为的；如果从我们某种程度上可以理解、知道、甚至有能力主动调控我们的身体、行为、思想和社会活动的角度看，我们又是自觉的。人和人的需求都经历了自在、自为、自觉这样三个阶段的发展和积累，人和人类社会的所有需求都至少处在这三个维度中，并且，其本身也是构成这个三维度的一种重要因素。单独从其中任意一个角度解释和看待人以及人类社会的需求都是简化的、片面的。至少要在这三个维度构成的框架下才能对人的需求、人的性质，以及社会的需求、社会的性质有一个较为完整的认识。

我们试图将需求作为人的性质最重要标志，或者说，试图通过对人的需求的研究来发现、理解和把握人的性质。但是，人的需求本身是一个进化的过程，人的需求是在实现需求的过程中积累起来的，因此也只有在实现需求的过程中才能切实把握需求本身。这样，对于需求的探讨就必然具体化为对具体的需求实现过程的探讨。

3.1　作为需求实现途径的交换

需求的实现归根结底是差别的实现，而差别实现的过程是差别者之间相互作用的过程，这个过程的一个最显著特征是：作用者以及作用者之间作用的相互交换，交换是需求实现的一般途径。因此，讨论需求实现的过程可以从探究交换的过程入手。

3.1.1　广义"分工"及 "交换"

所有的实体都是不均匀普遍相互作用局势中的一个相对独立的凝聚状态，在这个状态得以续存的期间才作为一个实体存在。所以，实体都是相对于环境而言的相对存在者，这种相对关系的前提是实体与环境的相对契合和相对分离。实体是在与环境的相互作用中被环境势态所塑造、所影响而产生的成果，同时，也是对环境进行塑造、发生影响的因素。因此，实体对于环境的影响也会遭到环境的反作用，这种反作用也是塑造和影响实体性质的重要因素。所以，实体与环境的契合、分离关系也可以看作是一种广义的"分工"关系，或者说，分工起源于实体与环境的相对关系。

无论是自在的需求主体，还是自为的、自觉的需求主体，凡是处在众多其他需求主体构成的体系中的主体，因为所有需求主体成为了每一个需求主体生存的或者是有意的势态环境，每一个需求主体的需求只能通过分工合作的方式实现，通过依次而行的时间顺序来实现。

而通过分工实现需求的主要方式是交换，用自己的产品和服务交换他人的产品和服务。那么，自己拿出去用于交换的产品和服务都是自己暂时不需要的东西，换回来的都是自己当下必需的东西，换回来的就是自己的直接需求品，换出去的就是自己的间接需求品，通过间接需求品获得直接需求品。这是个普遍的现象。分工越是充分和发达，间接需求品与直接需求品之间的距离就越远，经历的中间环节和层次也就越多。假如这个层次无限多，那么间接性的程度就会无限大，无限远。反之，如果这个层次只有一层，自己既是同一产品的生产者又是消费者，在这个层面上，仅仅就当前这个需求目标本身来说，需求的间接性失去了意义，成了纯粹的直接性。

相互以对方作为自己存在的条件，实际上就将对方作为了自己的"服务和被服务"对象。自己所"需要"的，都取自于对方；自己所提供的，都被对方所接受。这是最一般意义的分工与服务关系，也正是这种分工与服务关系的不断凝结和积累，才形成了简单生物、多细胞生物、植物、动物、自然生态，直至形成人及其社会形态……

相互依存和相互服务就是相互交换，所以，交换是分工的现象，同时也是分工进一步积累的动力与原因，两者构成了闭环的反馈环节。

契合与分离这种双重关系，导致了分工和交换关系的产生，由此，进一步导致了作为交换主体的"交换者"、交换者相互之间交换的"交换品"、"交换过程"这样三个新实体的产生。这三个新的实体可以进一步展开、解释为"谁与谁之间的交换""交换什么""如何交换"三类问题。

在同一势态环境中具有至少两个相互区别着的交换者，这是通常意义下交换的最低条件。离开这个极限，可以假设这个势态环境中具有 N 个交换者，连同势态环境本身 H，共有 N+H 个交换者。如果这些交换者都是自在水平的自然物，这就是一个普通的多要素系统。

每一个系统相对于自己内部的所有要素和要素之间的关系实体来说，是一个整体性的势态环境，不仅是因为这些要素共同以这些要素之间的关系构成了一个实体，这个实体还是另一个更大层次势态中的一个要素，从属于另一个整体，与自己内部的所有要素处于相互作用和交换之中。不同层次之间相互干涉，成为造成双方改变的因素。

如，我们所生存着的这个星球，从其他星球获得能量和物质，获得规定性的势态，同时，也向太空环境释放能量、引力和物质……这种获取和释放显然也是一种交换，正是因为这种交换关系的相对平衡才使得我们的星球暂时出现了适合生命生存的环境。因此，生存环境的稳定首先来自于星空交换关系的稳定。其次，地球上所有活动，以及生命的活动产生的代谢物，对地球环境的影响最终都会叠加在一起，成为地球与星空的交换品。这种不断改变着的交换关系和交换能力，成为影响我们星球上生命生存环境的另一个重要因素。这种模式是生物圈各个层次间的普遍现象。

交换是交换主体之间的关系方式，必定涉及所交换的交换品，交换主体之间对于交换品的交换必定要通过某种具体的方式才能实现。当交换层次不断积累之后，交换品和交换方式也会被积累成为新层次的交换主体。同样，交换主体有时也会成为交换品。总之，这三个概念是密切纠缠、层层嵌套、互相影响的，需要逐层分解，才能看清楚其中的脉络。

3.1.2 交换主体的发育

大体可以将一般交换者的发育过程归纳为这样一个线索：

最初可以分辨的交换者应当是元子。元子是差别与差别者的直接统一体，正是这两种不能最终消除的差别才使得元子得以成为雏形的实体，元子与元子之间才是可分辨的。

当元子所具有的差别性和差别者性分别积累，初步出现分化时，出现了偏重差别者性的粒子"A"和偏重差别性的粒子"a"这样分别表现出不同性质的相对凝聚体。

这两种性质的实体分别充分积累，开始形成物质和元间这样两种性质的实体。如我们曾经反复讨论过的那样，物质实体和元间实体各自本身都是另一层次的物质与元间的对立统一体，每一方都包含了对方，只不过是偏重于一个方面的实体罢了。所以，没有纯粹的物质实体和纯粹的物质作用，也没有纯粹的元间实体和纯粹的元间作用，只有处于两个极端之间的具体作用。

从整体上讲，交换主体都由物质部分 A 和元间部分 a 以对立统一的方式组成。

其中：

物质是元间的物质，表述为"a 之 A"；

元间是物质的元间，表述为"A 之 a"。

也就有"b 之 B"和"B 之 b"……

同一交换主体具有的这两种性质，这样的交换主体之间发生相互作用时，将会可能出现至少四种极端的交换关系：

A 之 a 与 B 之 b；

a 之 A 与 b 之 B；

A 之 a 与 b 之 B；

a 之 A 与 B 之 b。

一个实体作为对立统一体，至少可作为四种意义上的作用者或交换者。

只有到了高等生命阶段，到了人的意识出现之后，才实现了物质与元间的相对分离，出现了一种物质载体可以承载任何元间实体，出现了一种元间实体可以被用任何物质载体实现的可能和条件，元间实现了对于物质载体的相对抽象。元间和物质可以被分别看作是两种相对独立的实体，这样，就出现了三种新的相互作用或相互交换形式：

A 与 B，例如用一张兽皮交换一块盐巴。

a 与 b，例如用一部影片换取另一部影片。

A 与 b 或者 a 与 B，例如用一只鸡去换一副春联。

这就意味着，物质和元间各自可以作为相对独立的交换者，作为交换主体，分别与物质对象、元间对象发生交换关系。

高度积累了的、我们通常意义上的交换主体经历了三个发展阶段：

（1）无机的物质世界中，相互作用主体相互之间所进行的自在的交换。

（2）生命物质出现之后，作为相互作用者，作为交换主体与无机界、与生命界中的内容相互进行的自在的和自为的交换。

（3）人类以及人类的智能出现之后，人在作为前两种交换者的同时，又是自觉的交换者。作为自觉的相互作用者，与无机界、有机界以及人互相之间进行的自在、自为、自觉的交换活动。

所有的实体不仅都是交换的产物，同时也都是交换者。

所有的交换主体，同时被三种势态不同程度地规定着，表现为由这些基本关系所规定的各种具体关系形式。

如，人与人之间的交换。随着家庭的产生，一个个、一层层相对独立的生产、消费单位的形成，开始出现社会学意义的分工和交换。所谓经济学，主要是以此后出现的社会层面的分工和交换关系为对象。尽管经济学可以将人与人之间的交换作为研究重点，但是，事实上的交换活动总是同时在无机界、有机界、人本身为对象的三个层次上以自在、自为、自觉这三种方式进行，我们把注意力主要集中到了人与人结成的各种社会关系中，集中到了这种社会关系背景下的商品交换中，并不意味着可以脱离前两种自然势态环境。我们不仅具有与自然势态环境发生相互作用的自在、自为的先天能力，还具有从自觉的、智能的角度出发的后天能力。这些势态和实体紧密地纠缠在一起，每一种都不可忽视，构成了一个极为复杂的局面。

利用 1.7.5 所提供的三维模型，可以看到，人类作为一个交换者，作为一个交换主体，当人类的活动能力相对于自然环境来说还微不足道的时候，地球资源对于社会经济的约束，常常是一个被忽略的因素。我们常常自豪地宣布海阔天空，地大物博，取之不尽用之不竭。当我们走出了摇篮，成长壮大，终于将足迹踏在了自然资源和环境的边境线上，我们的想象能力和工作能力已经远远超出当前自然界物质力量的约束，偶尔，还造出了自然界不曾有过的许多新奇玩意儿。此时才发现，其实我们活动的范围竟然如此狭小，只生活在一个已知的、极其有限的范围里，我们的活动不仅十分接近了自然资源的极限，许多地方实际上已经侵犯了对方的主权。

又如，过去我们坚信自然规律不可撼动，不可能被改变。但是，眼前的事实并非如此。不是地球一下子变小了，而是所有将"大自然容量无穷大"作为基本假设的理论体系统统都被撑爆了。我们对于自然的交换诉求超出了自然所能承受的限度，迫使自然改变自己在数十亿年里积累形成的势态，改变原有的运行方式，从而又导致了我们自己生存环境和生活方式的剧烈改变。

其实，人类还只是一种初步具备自觉能力的交换者，这种自觉性只在很小的范围里有效，对于更大、更长久范围的事情，还缺乏足够的理解和清醒。等到我们再长大一些，对于大自然的了解、对我们自己的了解、我们的自觉性会更丰富。

根据交换者、交换主体的发育线索，可以将交换关系也分析为三个发展阶段。

3.1.3　自在的交换主体与交换品

约定俗成的"交换品"概念是指：至少两个以上的交换主体互相之间所交换的至少两个标的。

与"转移"不同，转移是将一个物品从一处迁移到另一处；而交换特指交换主体将原来拥有的一部分实体输出、给予、让渡给对方，以此为条件，换取原来属于对方的一部分实体，并将其转移到自己之上，成为自己的一部分。所以，既是交换，就会有得有失，而所得到的和所失去的是两个不同的实体，我们将这两种不同的实体称为交换品。这样，"转移"就成了一种不对称的交换，一种特殊的、极端的交换，或者是一种交换实现的方式。

这也对交换主体提出一个限制性的规定。因为，交换主体既要参与交换，就必须放弃一部分原来属于自己的东西。这个实体在放弃了自己的一部分实体之后，获得对方的交换品之前这段时间里，必须仍然可以作为一个原来意义上的交换主体继续存在着。但这对于积累程度很低的初级的物质或元间实体来说，要在原先并不太多的要素中分离出一部分，就会使这个交换主体本身丧失原有的性质，已经不再能够作为原来意义上的存在者继续存在了。

同样，交换主体也会因获得了新的要素而被改变，也不再能够作为原来意义上的存在者继续存在了。所以，交换品影响和改变着交换者自身的性质。只有对于充分积累了的实体来说，两者才可以是相对分离的，交换者虽然通过交换发生了改变，但是，还不至于因为这种改变丧失自己原有的性质或基本存在形式。同理，对于不同积累程度的交换主体来说，因为参与交换而被改变的程度也是不一样的。

如，元子被设定为细分的极限，已经没有了进一步的层次，没有了内在的结构，达到了积累程度的下限。这样的交换者，相互发生的交换是什么？当然只能是它们自己，这时，交换主体和交换品之间还没有区别，交换主体就是交换品。反之亦然，相互作用就是相互作用者本身。

直到不均匀的积累发展到可以将相互作用过程变成间接作用过程的程度，作用甚至作用过程本身也都成为了实体，相互作用和相互作用者不再直接重叠，相互作用的主体与主体之间的作用才开始发生分离，成了相互作用者之间的作用，相互作用者之间的相互作用过程才实际上成为交换过程。于是，相互作用者就成为交换的主体，相互作用也成了交换者之间新的交换品。

我们知道，有两种可以作为相互作用主体的实体，一种是差别者及其积累形式；一种是差别形式及其积累形式。而相互作用也是由这两种实体构成的。起初，差别形式和差别者之间还没有本质的区别，后来，差别形式也凝结成差别者。比如，时间、空间、能量、状态……都是最初的差别形式以及形式的形式，都逐渐凝集成为相对独立的实体。这个层次的实体可以作为差别者、作用者、交换者，也可以作为差别形式、作用者之间的作用，交换者之间的交换品。

当最初的相互作用者从环境中，从相对均匀的环境背景中分离、区别出来，它的相对者是环境势态，它与环境势态的交换就是将一种差别形式变换成了另外一种差别形式，于是，差别形式成了双方的交换品。如，一个粒子在一次作用之后，释放了能量，状态发生了转变，转变成了另一种粒子。显然，对交换者发生作用的是差别形式，交换者自身的变化也是差别形式的变化。所以说，继作用者自身作为交换品之后，相互作用及其作用的形式成为交换者之间的又一种交换品。这也就是说，从此，作用者和作用者之间的作用形式都成为了交换品。

虽然，交换主体和交换品之间开始出现了区别，两者开始互为主体，互相是对方的交换者和交换品，但是，这些都还不是我们直观能力所熟悉的领域。

差别和差别者之间对立统一关系进一步积累、发育，直至形成了物质与元间的高度积累了的对立统一关系，这部分由于充分积累才形成了的实体都同时不同程度地具有物质和元间两种属性。

对于我们的直观能力来说，我们更方便、更直接认知的是那些与我们天然观察尺度相适应的物质实体，是那些物质性更强的实体。以至于直到现在，我们仍然没有足够的勇气和理由把更偏重于元间极端的实体严格地当作实体来看待，仍然对元间性实体的存在充满了疑虑。出于谨慎和迷茫，常将许多宏观的、天然直观视野之外的元间实体作为不可抗拒的、非物质的、形而上的对象，甚至是神仙、上天、造物主的安排，或者称之为自然规律、自然法则，将天然直观视野之内的一些元间实体视为物质的现象和结果，视为从属于物质的物质结构。前者是一种绝对的、无来由的、不可抗拒的作用者，后者则是从属于物质实体的附庸。这两种安排都没有给予元间实体可以与物质实体平等交换的地位。现在，我们知道了这些曾被我们视为绝对的自然规律和物质现象以及我们自己头脑中的思维这三种不同性质的东西其实是同一种实体，是与物质实体处于对立统一关系中的元间实体，只不过相对我们的观察能力的视野来说两者的差距很大罢了。

可以这样说，我们天然观察尺度上的具体的物质实体之间的相互作用和交换，都是在更大范围的宏观元间实体或势态背景中进行的。首先，是与元间实体背景的交换；之后，才是各自所拥有的物质要素、元间要素之间的相互作用和相互交换。由于每一种具体的物质实体在物质与元间对立统一关系中所取得的侧重点不同，所发生的交换性质也就有了很大区别。

正如我们在上一节中所讨论的那样，交换至少可以分解为这样几种典型情形：

A 之 a 与 B 之 b；

a 之 A 与 b 之 B；

A 之 a 与 b 之 B；

a 之 A 与 B 之 b。

其中，每一种交换品都是物质与元间的对立统一体，我们用大写字母表示物质性更突出的交换主体和交换品，用小写字母表示元间性更突出的交换主体和交换品。其实，这只是区别了交换主体和交换品的层次，突出了他们各自的性质。

之所以可以把交换品表述为"A 之 a"或"a 之 A"，是因为，这个阶段的交换主体都是充分积累了的实体，都已经具有了自己的结构核心，都已经具备了丰富的层次性，不仅每个实体作为物质与元间的对立统一体，构成这种对立统一实体的两个方面的要素各自也都是有层次的，每个层次的要素也都是物质与元间的对立统一体。这样，对于"A 之 a"或"a 之 A"就会产生多层次的理解和划分。例如，"A 之 a 与 B 之 b"的交换，可以解读为 A 作为一个交换载体，拥有元间性质 a，用 A 之中的元间 a 去与 B 之中的元间实体 b 进行交换。这时，A 作为交换载体，A 将自己所承载的 a 作为交换品，A 参与交换时，不是用 A 本身参与交换，而是用自己所承载的内容 a 参与交换。

所有实体都具有物质和元间两个方面，从另一个角度看，这个事实还说明，实体有了整体和局部的区别，在相互作用过程中，都不是整个实体同时与对象发生作用，而是自己的某个局部首先开始与对象发生作用，而后才逐渐过渡到更多的局部参与相互作用。这样，就相互作用全过程的各个时间段落来说，每个段落的作用性质有可能是不一样的。可能有的区段以元间内容为主，有的区段则以物质内容为主，或者说，有些作用过程里结构性的成分更多些，有的区段里物质的成分相对更多些，结构更单调些。

那么，对于一个积累程度足够高的交换主体来说，在某一个时段里，参与交换的往往不是自己的全体，而是自己的一部分，或是自己物质分量里的一部分，或是元间分量中的一部分，或是自己所有结构中的某一部分。这样，实际参与交换的不再是交换主体全体，交换主体只是用自己一部分成分作为交换品，交换主体与交换品发生了分离，成为两种相对独立的实体。

一般地说，交换主体拿出来用于交换的交换品只是自己所有内容之中的一部分，这部分内容相对交换主体的全部内容有两个极端的情形：

（1）上限，交换品所占的内容就是交换主体的全部内容，两者接近相等；

（2）下限，交换品在交换主体全部内容中仅仅占有极限意义上的极少成分。

实际中，两者的比重处在这两个极限之间的某个具体位置上。

对偏于下限的交换品来说，首先，尽管这些交换品实现了与交换主体的某种程度上的分离，但是从属于交换主体，是交换主体的一部分，或者属于交换主体的作用，否则，就不是交换主体之间的交换了。因此，交换品与交换主体之间的密切联系是一个基本事实和基本出发点。

交换品之中不可避免地带有交换主体的成分和特征，受到了交换主体特征的影响。在与对象的相互作用中，或多或少地将交换主体本身的物质和元间带给对方，也通过自身，将对方的物质和元间成分带回给交换主体；其次，交换品毕竟已经实现了与交换主体的某种程度上的分离，虽然属于交换主体，是交换主体的一部分，但是所占的分量较小，交换品的损益和改变不足以对交换主体本身的基本性质产生重大影响。这时，交换主体通过交换只是实现了其中的一小部分差别，并不是它的全部差别及其差别形式。这种交换只是全部相互作用形式中一类特殊形式。

自在阶段，一个交换品一旦彻底脱离了产生它的交换主体，就蜕变成为另一个独立的相互作用者，成为另一个交换者。然而，从整体上看，并没有新的交换形式产生出来。例如，从一块陨石上崩裂出一些碎片，这些碎片在分离还没有彻底完成之前，仍可以视为是作用主体的一部分；分离之初，还带有作用主体的势力，可视为是作用主体的作用；当其所携带的势力消耗殆尽，就成为一个与原来作用主体平等的另一个作用者。

自在的实体并不能主动维持自己，并"不在意"自己的得失，因为它还不是一个自我。实体的形成和消失，都取决于其在相互作用过程中的偶然遭遇，取决于在交换过程中与势态、与其他实体的契合程度。

由于普遍联系，任意一个主体的动作和行为都会牵连所有主体，将会朝着更高"混沌"性的方向发展。好在因为相互作用传播速度的有限性，才使差别得以继续存在，并且有可能形成不均匀局部的相对凝聚。但是，对于一个封闭系统来说，这样的运动最终将趋向于无差别的、熵无穷大的局面，所有凝聚体将被解散，整个系统趋向于进入差别无限小的极限状态，自在的体系无法主动摆脱这个趋势。

这种局面直到自为的生命实体出现之后才有了改观，在局部的层次上出现了熵减少的进程。

3.1.4 自为的交换主体与交换品

生命的交换主体首先是需求的主体，是具有自我的需求主体，是更具目的性的主体，这样的主体所需求的对象都是事先就被规划了的具有特定元间性质的对象，交换主体试图获得的只是已经规定好了的特定的对象，而不是随机、任意的对象。每遇到一个对象，都要先将这个对象与自己内部事先已经存储着的"标准"模板进行比较，只有当比较的结果表明对象与模板的元间形式契合或一致，才会开始实现需求的过程，才能实现需求。

自我要先实现与对象的比较；判断出对象与自己的目标值之间的差别；回避不符合自己目的的对象；对符合目的性的对象发生主动结合的行为。这期间所发生的遭遇、选择、比较、回避、融合等行为和动作，都是目的性的行为。

实现差别的过程同时也是能量过程，自我作为一个相互作用的主体，至少要完成这些能量过程，只有释放出这些能量，才能实现自己的需求。这些能量释放的对象是主体所处的环境，是交换的对方，也就是说，主体从环境中得到一个契合物、实现一个需求的同时，就同时释放出相应的能量，这些能量显然也是实体，是元间性的实体，这些实体也是主体与环境的交换品，用这些元间实体换回了那个契合物，显然，这依然还是自在意义上的交换。

对于自觉意义上的交换者来说，交换主体双方的关系有了明显不同。

如果一方是具有目的性的自为的生命的自我，另一方是自在的自然环境，那么，两种不同性质的交换者各自所能提供的交换品就不是一种性质的实体。其中，主动维持自身不变的生命体一方最终付出的只是相互作用本身，把相互作用的形式作为了交换品，作为了相互作用者，而不能直接将自己作为交换品，因为这样就会失去自我。除非作为交换主体的自我拥有可以由自己支配的另外的交换品。

如果作为交换主体的对象是一个自为的生命实体 B。假定，前一个自为的生命实体 A 所释放出的产物不仅具有能量实体，还有一个物质实体 Ax，正好就是交换者 B 所需要的；B 也释放出一个物质实体 Bx，也正是 A 所需要的，这样，Ax 和 Bx 就成为 A 和 B 之间的交换品。这就与我们通常意义上的交换概念很接近了。

这两个例子中都有一个显而易见且不可忽视的事实，那就是，A 和 B 在互相作为交换者的同时，都还是背景环境的交换者，与环境势态处在交换关系中。特别是当一个自为的交换主体与另一个自为的交换主体发生交换行为时，就具有自在和自为的双重性质，而且是在一个自在的自然环境势态的背景中实现的。

生命实体是一种可以用自己的自为能力从自在的环境中、从混沌中区别出自己、识别出自己的需求对象的特殊实体。自为的交换是基于契合性的高度积累而生成的事先就规定了的选择性交换，是为了实现自己、维持自己的目的性交换。因此，尽管自为阶段的生命物质也还不能完全理会、理解、掌控自己输出的东西及其影响，但是，却对自己需要的东西十分挑剔，只挑选与自己契合的对象作为自己试图获得的交换品。

这种倾向的积累造成了生命实体的一种独特的时空分布形式。一种生命实体更适合于在自己所需求的特定的资源相对丰富的地方生存。如果自己产生的代谢物正巧是另一些生命实体所需要的资源，对方所生成的代谢物又正巧是自己所需要的，这两种生命体就可能在相邻的时、空区域共同生存，互相把对方作为更有利的生存环境。自为的选择加强了这种凝聚趋势，偶然的聚集变成了自为的目的性的聚集，形成一个正反馈的势态，形成一个雏形的生态环境。否则，自己就会被自己的代谢物毒化，自己破坏自己的生存环境，最终导致这个物种的灭绝。

如果这种相互需求的对应关系不是直接的，要经过第三者作为中介，那么第三者就加入交换链。以此类推，就会形成一个复杂的相对完善的交换系统，通常称之为"生态系统"。

原先，生命主体产生怎样的代谢物可以是一个自在的行为，可以是非自觉、非目的行为。但是，当这个非自觉、非目的性的产物成为同一生态系统中另一种生命主体生存的必需品时，这种需求关系又通过一个链条反馈回自身，使原先的非目的产物成为自己换取生存必需品的交换品，成为自己生存的条件和手段。原先自在的行为发展成了间接的自为行为。这种现象的不断发展和积累，使得一个生态系统中的所有生命主体都成了交换主体，都将自己的代谢物提供出来，提供给其他生命主体；所有生命主体都从同一生态环境中，从其他主体获取自己所需的资源。交换关系成为维系整个生态系统的基本关系。

可以将这个生命进化的线索整理成这样一个故事：

开始，自己所有的需求都直接从环境中挑选、索取。

自己所出产的、自己不要的、被自己分离出去的东西有两部分：一是被实现了的差别即被耗散了的能量，一是某种凝结状态的代谢物。这两类代谢物成了需求主体与其他主体、与自己所处生态环境的交换品。生命的积累表现出许多不同交换主体逐渐聚拢的趋势，主体趋向于自己所需的交换品，也就逐渐将自己直接的交换对象集中在自己身边，这种聚拢的极端情形是最终形成一个更复杂的生命组织形式，一个生命的整体。将原先外在的分工合作关系统一成自己内部的分工合作关系，以高度集中的形式统一在一起，将这种分工合作的关系固定下来，形成一个完整的、相对独立的生命体——身体。

原先，自己所有的需求都要从其他交换主体那里间接获得，自己许多代谢物是自己不用的东西。现在，自己身体这一部分的具体需求对象就是自己身体另一部分的代谢产物，自己的这一部分为自己的那一部分提供产品，不同部分之间相互服务、相互交换，自己成为自己的交换主体和交换对象，形成相对独立的、自洽的交换体系。

如，组成我们身体的基本单位是细胞，每个细胞都是一个相对独立的生命体，身体的整体就是所有细胞共同的生存环境，细胞之间的关系是分工和交换的关系，互相作为对方的生存环境和条件。

交换的前提是分工，或者说有了分工才会有交换的必要，自己不能生产出自己全部的必需品，而自己的产品除去自己使用之外还有富余，于是，有必要用自己的富余产品去交换对方的富余产品，直到仅仅为了交换才生产产品的极限。因此，分工的基础也就是交换品本身。

自在阶段的分工只是一种偶然的契合关系，自为阶段就有了本质的不同，就会将这种偶然的契合关系凝结和记忆下来。我们所说的自为阶段的交换是一种自己规定了目标的交换，是规定了交换品的交换，事先就有一个规定性的前提存在着，这就是DNA之类的程序性的实体。自为的交换过程导致了生态系统的生成和执行，导致了生命个体和体系的进化。

一个生命个体中的所有细胞，尽管都具有相同或相似的指令系统，每个自为的交换者都具有这样一套程序性的实体，都具有这种生命体全部的需求，但是，由于生命整体必须通过分工来实现自己的需求，每一个细胞就只能实际发育成为实现某种特定的、局部功能的单位，只能直接实现全部功能和需求中的一小部分，其余的需求都要通过交换才能间接实现。

一个生命整体的所有需求品或交换品都是物质与元间的对立统一体，都是一系列处在物质与元间这两种极端之间的某种具体的实体，但是，分工的细化将这一系列具体的需求对象展开了，甚至可能展开到极限的位置。一部分细胞专门处理偏重于物质性的需求对象；另一些细胞专门处理偏重于元间性质的需求对象。所有细胞的分工都处在这两种极端状态之间的某个具体的位置上。也就是说，所产出和所消耗的所有的交换品都处在物质与元间这两个极端性质之间的某个具体的性质分布上。

每个细胞本质上都潜在地拥有整体所有需求品的生产能力和所有产品的消费能力，都有对所有交换品的交换能力，但是，其中绝大部分都被分工赋予的分化特质所压抑，只能表现出极少一部分需求和交换能力，而且在不同的生长阶段有不同的一簇需求和交换品。

在充分分化了的生物体的细胞中，它们的需求，一部分是维持这个个体生存的基本生活材料，另一部分是协调与周围其他细胞关系的信息要素。对于分化不明显的生物物种来说，这两种要素是重叠在一起的。高度分化了的物种，就将此分化成了物质要素和元间要素这样两种充分分离的交换品。例如，在解剖和生化视野之下，可以看到，血管系统、神经系统、神经体液系统……这些体系将所有器官都连接在一起，将每一个细胞连接在一起，不同性质的器官和系统将自己"产品"输送到每一个细胞。显然，这其中就有极其接近元间极端的、接近纯粹元间实体的交换品，也有更接近单纯的某种物质和能量因素的交换品，更多的是介于物质与元间这两个极端性质之间的、具有更多特点的"供给品"或交换品。

此外，并不是每一个细胞都对所有的交换物发生兴趣，细胞只是根据自己的身份和地位对特定的"产品"决定取舍，并提供自己特定的交换品。

生命的交换者，在完成自在的交换的同时，作为消费两种极端之间产品的消费者，生产者和消费者之间又发生了新层次的交换，又出现了元间生产者与元间生产者之间不同元间成分的交换、物质生产者与物质生产者之间不同物质的交换、元间生产者与物质生产者之间的交换，这样三种典型的极端情形。如，某神经细胞，首先要获得维持最低限度生存的物质需求品，成为自在的存在者，之后才是它的目的性的活动。这个层面上，它提供的交换品是元间产品，用元间产品换取自己所需的物质产品，同时它也还需要其他元间产品，同其他元间产品的生产者也处于不同程度不同层次的交换关系之中。

3.1.5　自觉的交换主体

交换过程是典型的相互作用过程，同样也沿着"接触—比较与判断—改变与反应"的过程进行。对于充分发达的自为交换者来说，这个过程被不同程度的展开，这三个环节也都分别被展开成为三个"接触—比较与判断—改变与反应"的子过程。

比如，在发生实质性的作用之前，首先要通过间接的作用对于对方的元间进行比较与判断，之后再决定下一步的反应和行为动作。也就是说，在直接的实质性的动作和行为发生之前，首先是间接的元间作用，所产生的判断和反应是元间性质为主的，交换者先要"知道"对方的元间性质。但是，这种"所知"中掺杂着自己本身作为比较基础的元间内容，问题是怎样将这些内容分离开来，这个分离的过程，就是新一层次比较和判断的子过程。

在只有两个交换者的极端情形里，每个交换者实际感受到的都只能是自己原有的作为比较基础的元间内容与从对方转移进来的元间成分相互作用的结果。这个结果中包含着自己的本底元间、对方的部分元间，还包含着两方元间相互作用产生的新的元间成分，这也是认识论问题中最令人厌倦和迷惑的部分。双方都不能将这三部分元间清晰地区别开来，这其中基本的困难在于仅就自己本身并不能清晰地界定自己。如果自己不能精确地知道自己的元间，也就无法区别其他元间。也就是说，自己虽然相信自己拥有自己的元间，但是这和自己精准地知道自己拥有什么样的元间还是两回事。

可以通过设立模型的方法来揣摩自觉的生命体是如何解决这个困难的。

设：作用者 A

（1）将 A 参与作用之前的初始状态记录下来，记为 a；

（2）A 参与了与其他对象的相互作用；

（3）将 A 发生的变化记录下来，记为 e；

（4）将 e 的内容与 a 的内容相比较，做 e－a 运算。

分析：

（1）这里，必须先建立一个相对独立的自己记录自己初始元间的工具与机制，因为，A 之 a 必须在另一个相对的实体里才可能被保存，否则，A 一旦参与新的相互作用就不可避免地遭到损害或改变，就不能保持参与一次作用之前已经具备的元间 a。这就意味着存储、记录初始元间的实体和参与实际作用的实体不能是同一个实体。自己不能用物质与元间统一的同一个实体记忆自己，而只能用另一个物质实体或部分来记忆自己，用并不参与该次相互作用的另一个实体记忆自己的元间。

（2）A 参与新的相互作用得到的结果 e 中包含了三种内容：A 本身原有的部分元间成分、作用对象的部分元间成分、A 与对象作用过程中新生成的新的元间成分。

（3）e－a 运算可以部分抵消上述三项内容中的第一项，即 A 本身原有的部分元间成分。之所以还把参与了新的相互作用之后的 A 还称为 A，是基于生命实体具有主动维持自己元间实体不发生本质变化能力的事实，基于 A 不会在这次相互作用中发生重大改变的假设。

（4）e－a 运算得出的差值里包含着两种成分，一是作用对象的部分元间成分；一是与 A 作用过程中生成的新的元间成分，是这两项内容的混合体。

在结果里，还无法将两者区别清楚。所得到的元间，并不是理想的元间转移，而是都发生了改变的两方面的元间混合体。

对于外在的对象，我们不能达到理想状态的元间转移，对于我们自身，同一个生命体系内部可以实现更理想的元间转移吗？也就是说我们能在多大程度上自己了解自己呢？

如果相互作用不是发生在外在的 A 和 B 之间，而是发生在内在的两个元间实体 a 和 b 之间，不是两个物质对象的以物质作用为主的作用过程，而是两个接近纯粹程度的元间实体之间的相互作用，情况就大为不同了。

只有在接近纯粹元间的极限位置，元间之间的相互作用可以保持作用双方不发生畸变。事实上，在人的大脑神经系统中，元间抽象的程度已经接近了这个极限。

这时如果 a = b，a 和 b 就是存储在不同位置的同一个元间实体，比较的结果 e 就会是 0，否则就会出现一个具体差值。

就像只有从镜子里才能看到自己的眼睛一样，a 和 b 只有将自己复制、分离到另一个作为第三方的实体上，相互比较，才能看到自己，只有反复在这两个立场上不断变化立场才能意识到自己，双方构成了闭环的反馈环。从对方的所知中得到了对方对于自己的"看法"，这种操作在大脑中只不过是从一个存储单元向另一个存储单元的数据转移，是一个存储单元中的数据与另一个单元中数据的比较，是纯粹元间的运算，所以就能够从一个存储单元与另个存储单元中的内容的比较结果中，从一个元间实体对另一个元间实体之间的看法中，得到对于对方的看法。如果两个元间实体是相同或相似的，这两个元间实体几乎就是自己，就是从自己的看法中"看到"自己的元间。这是构成最初"自我意识"的基础，也就是形成最初"自觉"能力的基础。

自我意识主体至少需要两个元间主体，因为没有对象的元间主体，仅就其自身并不能对自己有什么"意识"。当两个不同处境中的元间实体发生相互关照、相互比较时，才从对方意识到自己，才实现了自己对自己的意识。

这个为双方提供比较的新场合显然是个第三者，是一个比较器。

两个存储单元中的元间完全相等只是一个极限状态，事实上，具体的元间实体相互之间还会存在不同程度的差别，正是这些差别的存在才使得比较成为必要，成为自我意识的动力。

这样，最简单的自我意识装置至少需要有两个大体相同的存储器和属于双方共同拥有的一个比较器，比较的过程就是自我意识的过程，这些装置和过程的整体就是这个元间主体自我意识的主体，就是这个元间实体自觉性的主体。人的自觉性就是一系列这样的基本单元和过程的高度积累形式。

既然自觉能力是在自为能力的基础上发展、积累、变异形成的，发展的程度不同，自觉的程度就有所不同。

自觉程度的下限就是自为本身，已经具有了一定程度的目的性，但是还不能自觉到这个目的性自身。

自觉程度的上限应该分成三个层次来说。

（1）对于一个个体的人来说，无论是对内还是对外，对自己的每一个行为、每一个局部、每一个细节都有自觉，都能知道自己在做什么，都能调控自己所有的行为。

（2）对于一个由具有自觉能力的个体构成的群体来说，群体本身也能作为一个相对独立的自我，也可以具备自我意识，群体的自我也能对自己的每一个行为、每一个局部、每一个细节都有自觉，都能知道自己在做什么，能调控自己所有的行为。

（3）假如，所有的物理对象，作为全集的整个世界中所有的成员都被组织到具有意识能力的实体中，都实现了自我意识，作为全集的整个世界就实现了自觉。

显然，我们已知的所有系统都还远离这个上限，但是，可以看到向这个方向发展的趋势。比如，人自己通过科学手段正在更多地理解自己的行为，逐渐从自己的自在的、自为的性质中醒悟过来，正在逐渐更多地理解、意识、规划、控制自己的行为；更多的社会行为开始成为有目的的行为。人是一种初步具有自觉能力的物种，站在地球或生物圈的立场上来说，地球通过人开始部分地出现了自我意识，开始了局部的自觉。计算机、自动控制系统可以被看作是电子、机械之类无机物系统的一种可能的、雏形的自为和自觉，处在从自在、自为向自觉的发育、过渡过程的中间产物，不能排除更多更大规模具有自觉能力的需求主体的生成。

对于人的自觉交换过程的研究大体可分为两个方向：向内的，构成人体的各个系统、构成人体的所有细胞之间的交换，这主要属于生物学、生理学的对象；向外的，人与自然、人与人自己形成的社会环境之间的交换，这主要属于社会学和经济学的对象。其实这两个领域只在我们的学科分类里才有区别，其本身是相互密切关联的同一个系统。关于"自觉的交换主体与交换品"的命题可以在这两类研究视野的结合中展开，在整个自然发育的历史线索中展开，在差别与差别者、物质与元间的发展线索中展开。

对于自为阶段之后的需求主体而言，劳动成为实现需求的一般途径。例如，可以把自为阶段之后的需求主体所从事的"交换"也视为是一种劳动。

3.2　作为需求实现途径的劳动

3.2.1　一般劳动

达到了自为水平的生命实体，其首要特征是具有了目的性，最基本的目的性具体表现为以 DNA 等物质形式为载体的元间实体，这种目的性就是这个生命实体本身。

生命实体实现自己目的的过程是一个与环境势态相互作用的过程，这个过程的端部含有两个同时进行着的部分：一是从周围环境中寻找、挑选可直接利用的物质素材或元间因素；一是从周围环境中寻找挑选"差不多"合适的物质素材或元间因素，再以自己的元间实体为蓝本，将获取到的物质素材或元间因素改造成更合适的形式，将它们重新组装起来，组织、同化成为可直接利用的资源。

我们可以把生命体实现自己目的的这两个过程看作是广义的"劳动"，或是最为一般意义上的劳动，或者说是劳动的起源点。

"劳动"的概念和行为可以分析为这样一些基本因素：

（1）劳动主体。既然劳动是一种行为，就先要有一个行为主体。

（2）劳动目标。既然劳动是一种目的性的行为，就要有一个目的性的元间实体作为行为依据和指向。

（3）劳动对象。之所以必须通过劳动才能实现目的，是因为主体的目的性与周围环境还不是那么契合，还有一定的差距。劳动的意义在于寻找更加契合的环境和素材，或者对不甚契合的环境或环境要素进行改造和重组，消除其中的差别。这样，环境中那些还没有被实现的准契合者以及那些还不太契合的物质与元间势态、要素就成为劳动对象。

（4）劳动方式。最初的劳动方式就是目的性本身，是事先已经存储在遗传信息链中的元间实体，规定了寻找什么样的素材和环境，将这些素材改造成什么样式，将这些素材如何组装，组装成什么样式的新的实体，如何实现这样的组装或分解 ……随着进化和积累，这些环节被不断展开，不断被具体化，使得劳动方式逐渐发展成为相对独立的新的元间实体，直到成为工具、工装、工艺，进而科学、技术、社会分工……以至公司、银行、海关、计划委员会、税警……一系列复杂、庞大的元间体系。

（5）劳动过程。即便是劳动的主体、对象、目标、方法都已经确定，从开始劳动到劳动目标实现也还是一个过程。同样，对于最初的劳动来说，一开始，上述的各个环节与劳动实现的过程都重叠在一起，劳动过程随着进化的积累逐步发生、展开、分化、壮大，逐渐成为相对独立的实体。

劳动过程是相互作用过程，就是与环境势态的交换过程，是相互作用者之间的相互作用和相互交换过程。所不同的在于，起先，参与作用的一方是具有目标性的行为主体，对作用的结果具有期望和规定，通过目的性的努力，以一部分环境的元间势态为代价，将其转变为自己所希望的另一种新的形式，将势态导向自己目标所规定的方向。

初始时，所有这些因素都还是重叠在一起的同一个实体，随着进化的步伐，逐渐分离、分化成不同的阶段和实体。

最初的劳动主要以无意识、无自觉、无目的性的自然界为对象；后来，劳动的成果积累成了新的势态环境，特别是在逐渐发达的社会环境中，具有不同程度自觉性的主体也成为了新的劳动对象，人与人互相成为了劳动对象，将来，具有自主目的性的智能机器互相之间也将成为劳动对象。

目的性的主体互相在针对对方的劳动过程中实现自己的目的。

总之，构成劳动的这几个因素互相都成为对方发展、进化的原因和条件，逐渐演变成相互依赖又相对独立的实体。具体的劳动都是处在这个演变的过程中的某种具体的、暂时的、变化中的实体和状态。

劳动是具有目的性的行为，所以应当先对"劳动目标"作进一步分析。

3.2.2 劳动目标的两重性

最一般的需求是追求与一个契合者的契合，是消除双方的差别，是实现特定差别形式的倾向、期望、动机，本身就是一个目的性的元间实体。需求者为实现这个特定差别形式的差别所做的一切努力和过程都可以被看作是最为一般意义上的"劳动"。

所谓劳动目标的两重性，从最基本层面看，是需求对象相对于需求者的两重性。

需求者所期望的正是他所欠缺的，就像拼图游戏中短缺的那一块，需要从外在环境中找寻或者制造出来，只有得到了这块短缺的拼图碎片，需求才能实现。这块短缺的拼图碎片就是所谓的劳动目标。显然，所追寻或者所试图制造的"拼图碎片"，首先应当是整个拼图中已经被指定了材料质地的物质实体；其次，这片"物质碎片"的形状应当正好是与整个拼图所欠缺的那部分图形相契合。只有这两个条件同时被满足，才能达到实现需求的目的。也就是说，劳动目标只能是一个物质与元间对立统一的实体，具有物质要素和元间要素这样双重的意义。

物质与元间对立统一的原则是一个普遍势态和规则，但是当生物进化的步伐跨越了元间转移的门槛之后，出现革命性的变化。特别是，通过生命实体的感觉器官和记忆器官，对象的元间内容被从其原先所直接依附的具体物质中分离了出来，转移到了以大脑神经系统为载体的另一种媒体之中，元间实体达到了物质与元间对立统一关系的极限位置，元间实现了抽象。在这场伟大革命导致的无数辉煌成果之中，最耀眼的恐怕就是抽象的元间实体了，这个最伟大的成果本身也逐渐被发展成为了需求的目标。

如果把一般需求从自在到自为再到自觉的线索作为一个连续、完整的过程来看待，会发现作为需求目标的内容，在经历了从纯粹物质和纯粹元间的直接统一发展到了物质与元间的对立统一阶段之后，又出现了以相对纯粹的元间实体为目标的纯粹元间需求。

我们世界中的所有成员都不同程度地处于自在、自为、自觉这三个存在状态之中，因此而各自不同程度地具有这样三个层面的需求。就目前的人类知识而言，还只有我们人类才真正实现了同时处于这样三维的生存状态中，只有人类才真正同时拥有这三种需求目标。

所有的物质需求对象和目标都必须是具有特定元间形式的具体物质。劳动行为产生的后果，只不过是把一种物质形式变换成另一种物质形式，任何物质需求总是与特定的物质形式联系在一起，总是物质与元间的对立统一实体。物质作为需求目标是不可抽象的，所以，并不存在纯粹的、抽象的、绝对的物质需求。通常所谓的"物质需求"，不过是对作为物质与元间对立统一体的需求对象的简称，是对更倾向于物质方面的需求对象的一种简述。

由于元间需求作为目标实体起源于对某些具体的物质与元间对立统一的需求目标的实现，所以，一开始就依附于某个具体的物质与元间对立统一的实体，只能以这个具体的物质实体作为载体，也就是说，这个物质实体除了原有的元间形式或元间实体之外，又被附加了新的元间实体，成了双重的元间实体。例如，酋长脖子上的那串用猛兽牙齿制成的项链，就这种物质实体本身的元间形式来说是一回事，就这个物质与元间对立统一实体的象征意义和历史意义来说又是另一回事，也就是说，这个物质与元间的对立统一体又被添加了新一层次的元间实体。

随着自觉需求的扩展，越来越多的物质实体被赋予了新的元间性质，由于新的元间实体与原来的物质实体本身具有的元间形式交织在了一起，所以，我们面临着的需求对象越来越多地具有了这种两重性。

更极端接近纯粹差别和纯粹差别者的需求，远离我们的直观体验，通常，这是一个被忽略的领域。目前，我们更多地关注的是远离上述极限的生存状态，更经常地面临物质和元间这样双重的需求目标。也许，将来有一天，随着科学技术的不断进步，比如量子世界成为我们日常生活的一个不可忽略的因素时，这个状态才会引起人们的重视，纯粹元间需求将成为我们最主要的生活内容。直到那时，劳动目标的两重性才开始淡化。

总之，我们的劳动目标具有物质与元间对立统一的对象和相对纯粹元间的对象这样的两重性。有时，这两种劳动对象是相对分离；有时，这两种劳动对象重叠在一起，成为具有双重性质的需求或劳动目标。

劳动目标在其付诸实现之前，都可看作是一个目标性的元间实体。

3.2.3 目标性元间实体的生成和发育

1. 初始的元间需求形式

生命实体存在的基本意义是作为元间自我的实体本身。例如，以DNA 之类的物质为依托而实际生存着的元间实体，是这个实体自为的元间自我，它的物质自我本质上是实现其元间自我的工具和手段，因此，延续 DNA 的存在是它的基本需求。由于生命实体大多选择了用尽可能保持自己的现状、不断变换、更新自己的物质载体、尽可能多地复制元间自我的方式实现自己元间需求，所以，生存、繁殖和复制成为实现生命延续的最重要途径，生存和繁殖成为生命实体的基本需求。

DNA 本身就是作为比较标准的模板，从这个标准出发，寻找、收集、改造、制造相应的物质素材，将其同化成为与自己相同的元间形式，生产出与自身完全相同的物质和元间的实体，实现标准模板自身的续存和繁殖。

从这个角度看，作为比较标准的元间实体，作为最基本的需求，其内容就是这个元间实体自身，也是生命的需求形式来源和生成过程的起点。

正是通过自我的复制，自我开始有能力自己制造自己，自在的"自我"也因此成了自为的自我，自在的物质才实现了向自为的自我过渡。在从自在向自为过渡的转折点上，自我努力从自然的环境中分离出来，努力划出自我与自然的界限，用自身作为与自然势态区别的标志。最初的需求就是与自然的区别本身以及这种区别的具体形式，进而，就是努力实现、保持和扩大这种区别。

2. 对于需求形式的自我意识

生命从自在向自为、自觉的发育，实际上是需求的主要内容从生存本身向生存手段和生存方式的过渡和积累，生存的手段和方式逐渐反过来成为生存本身。这样，需求就必须通过实现需求的设施和工具来间接完成，无数的中间过程和状态，以及实现这些中间需求的组织和器官就不可避免地产生了。

由于对象本身、自然界本身的物质与元间的对立统一性，执行生存任务的中间环节也相应地分化成了物质与元间两种类型，分成了专门或主要处理物质要素的器官和专门处理元间要素的器官。通常，专门处理元间因素的主要生物器官被称为"神经系统"。

生命经历了这样一个过程：从 DNA 之类的物质与元间直接对立统一的实体的基础上发展、积累生成了 DNA 和 DNA 指导之下的物质实体的对立统一体，也就是我们曾经讨论过的物质自我和元间自我的对立统一体。在此基础上，又积累、分化、生成了专门处理物质因素的器官的体系和专门处理元间因素的体系，发达的生命体是这两种体系的对立统一体。

专门处理元间因素的器官和体系可简称为"元间体系"，相应地，也可将所有的专门主要处理物质因素的器官和体系称之为"物质体系"。当然，这只是一种极端简化的表述，事实上，这两种体系是相互渗透、相互交叉的。

处于自为阶段的元间体系有两个工作方向：

一是向外的，通过各种感觉器官与外在世界发生间接作用，尽量在物质实体与外在世界发生实质性的、物质的直接作用之前就提前获得对方的元间。根据这些提前获取到的信息，与自己的需求标准进行比较，做出决策，驱动物质体系的执行机构，提前产生实际的反应行为，具体实现需求和目标。

二是向内的，利用内感官系统获取物质体系各部分的工作状态，与先天设定的目标值进行比较，调节、管理和控制自身的整个物质体系协调工作。

后者的不断积累使得处于自在自为阶段的生命体又逐渐发育出一个更重要的、新的工作方向，这就是指向这个生命体的元间体系自身，以元间体系本身作为工作对象。可以把这种工作能力称为"自觉能力"。也就是说，进化到自觉阶段的生命体除了上述两个工作方向之外，还具有自我意识的能力，还具有生成新的目标元间和调整、实现这个元间目标的能力。

维持内在稳定的需要本身成为了基础性、标准性的元间实体。同样，实现对外在环境中各种对象的行为，通过自己的行为实现自己的需求也成为这样一个基础性、标准性的目标。这些都要首先基于元间体系自己，不管来源如何，总是要表现为一个被存储在元间体系中的元间实体。元间体系对于自己的认识和自觉就包括了对于这种作为基础比较标准的元间实体的认识、选择和调整。

这种认识，是站在一个元间实体的立场上观察、分析、理解、修饰另一个元间实体，自己把自己的一个元间实体作为认识的主体，把另一个元间实体作为对象。更重要的是，还要在这些经验实体中不断转换立场，通过转换观察的立场和角度实现元间实体之间的比较，发现、凸显差别和差别形式，从而实现自己对自己的认识，进而对这个元间实体进行操作。

一旦我们把自己已有的比较标准当成了对象，就是对于自己需求及其具体形式的反思和自觉。就是说，我们知道了自己需要什么，知道了自己所需要的对象的具体形式和内容。

3. 目标性元间实体的解构

自我意识的产生是一个过程，对于需求的认识，对于自己需求形式的自我意识也是一个发育进化的过程。

自为的需求产生于对生存经验的直接记忆，有通过遗传途径获得的先天经验实体，还有后天从对外在势态的成功或失败的契合中积累起来的经验实体这样两种类型。

开始，这两种元间实体还不一定就是自我意识的对象，自我也许还"不知道"这些经验实体。当再次或反复与相同的外在对象遭遇时，感觉器官获得的关于对象的元间直接与这些先天的、后天的经验发生关系，不再仅仅凭借先天的本能做出反应，还要用后天积累起来的经验实体中的具体元间形式作为标准，对外在势态的对象做出反应。

经验库中的元间实体积累较多时，面临究竟选用哪一个元间实体作为标准时，会犹豫不决，犹豫的过程就是思考和选择的过程。思考，就是将两个、多个可以作为基础性、标准性的经验实体相互比较和评估的过程。对多个可能的结果的预测进行比较。首先，将这些元间实体相互比较、判断、选择，分别推演出可能产生的结局；之后，再将推演出的结果与作为最终目标的比较标准以及与外在对象进行比较，根据比较的结果再次调整和更换作为标准的元间实体。这样反复多次，最终才能形成实际的反应行为。

无论是先天的还是后天的，经验实体都是具体的元间实体，在这些具体的经验实体相互比较的过程中，按照我们前面假设的冯·诺依曼模型，可以对这些具体的元间实体进行分析、解构的操作，可以产生出抽象的、被分解了的元间实体。由于被分解的对象是对于作为比较标准的元间实体的分析和归纳，所以，获得的抽象元间实体中就含有一般性的、作为比较标准的、作为需求的元间实体，或者说是抽象的需求。通过自我意识的思考，我们能够产生一般的、抽象的需求概念，产生关于需求的抽象的元间实体。

实际上，通过思维对作为比较标准的经验实体所进行的解构和抽象，某种程度上类似于对这些经验实体本身形成过程的追溯和反演，可能回溯到了生命进化、积累、生成这些经验实体过程中各个阶段的元间实体。自觉的生命体所具有的作为比较标准的元间实体以及所具有的需求指向，都是在进化过程中积累形成的，是一个个具体元间实体的积累过程，只不过由于进化过程是一个发散的、分叉的树形结构，靠近根部的具体元间相对于更接近梢部的元间来说，更具一般性。一直可以追溯到它们都还直接重叠着，都还处于尚未分化开来的抽象状态。

自然的发育本身是一个从具体到具体的过程，只有相对我们这个阶段的不同层次的势态来说才是一个从抽象到具体的过程，而自我意识对这些元间实体分析、解构的过程正好相反，是一个从具体到抽象的反演，又将其追溯、还原为一系列抽象元间实体的过程。

这个追溯过程贯穿着整个人类的意识发展史，直到如今，这个任务还在进行。而且，不同时期、不同主体的回溯都不一定能精确地与实际进化过程重叠、符合，只能达到具有某种程度的重叠和符合。

4. 作为比较基准的元间实体

生命实体的每一个环节都是处在"接触—比较和判断—反应与改变"过程中的相互作用者，都处在从自在到自为再到自觉的进化过程中。仅就"比较和判断"环节来看，尽管不同进化水平的生命实体有不同的特点，但是有一个共同之处，就是都必定要有比较的对象，还要有一个作为基础参照者的另一个元间实体作为比较者。

所谓比较，是两个元间实体之间进行的"减法操作"，将其中一个作为减数，另一个作为被减数，这其中被当作减数的元间实体就是所谓的"比较基准"。

如果一个生命实体对自己作为比较基准的元间实体本身有自觉能力，自己知道用什么元间实体作为比较基准，这种思考就是目的性的，就是自觉的。这个被作为比较基准的元间实体就是这个思维主体当前的目的所在，就是这个生命主体当前的直接需求。

既然元间需求有两重性，实现的过程也就有两种极端的途径：

一是需要用外在的物质实体具体实现的元间实体。比如，我想吃一块童年记忆中的芝麻饼。关于芝麻饼的元间实体事先作为需求对象出现在脑海里，支配身体各个反应、执行机构为之工作，直到从各种感官系统得来的信息中出现了与作为比较基准的元间实体相同的外在元间实体，证实自己已经实际吃到了理想中的芝麻饼，两个元间实体相减的结果为0，自己的需求可以算是彻底实现。

二是不需要用外在的物质实体实际实现的元间实体。比如，我在回味、比较自己曾经吃过的几家小店的芝麻饼，哪家的更好吃一些。这时，作为比较基准的元间实体和作为比较对象的一系列元间实体，就是经验体系中所有关于芝麻饼的记忆。这些元间实体都来自于原先已经存贮的元间实体，来自于自我的经验体系，是经验体系中的元间实体相互之间的回忆、检索和比较，每一个记忆中的"滋味"都在轮流充当减数或被减数。

这两种过程的差别在于：一种是把从外在对象、从具体的物质实体下载、分离、转移获得的元间实体作为"被减数"，需求的实现，有赖于对象物质实体和元间实体的实际获得；另一种被作为被减数的比较对象则是从已经被记忆了的、内在化了的经验体系中的元间实体进行检索获得或组合生成的，这种比较仅仅通过内感官的内在体验就可以实现。

其实，这是两种极端的情形，实际生活中，各种具体的需求实现都处在这两个极端之间，或多或少地具有这两个极端的特征。

5. 需求实现的信号变成了需求目标

元间实体之间的比较可能产生出形形色色的复杂结果，若两者相减后得到的结果不为 0，就说明需求还没有被彻底实现，还要通过实际的反应和执行继续寻找、制造、修改对象世界中物质的"芝麻饼"，或者在元间库中继续搜索、分解、组合、调整产生新的关于理想"芝麻饼"的元间实体，直到经由感官体系所得到的关于"芝麻饼"的元间形式与经由元间分析、组合过程得到的作为比较基准的"芝麻饼"的元间实体两者无差别，两个元间实体最终无差别才算是需求彻底实现。

无论是通过外在物质实体方式还是仅仅通过内在的纯粹元间方式实现的需求，最终都会产生一个"符合"的信号或标志以及这个标志的否定形式，用这个信号作为结束或者继续这次比较的标志和操作指令。可以说，所有需求的实现所得到的标志性信号和操作指令信号，可以是相似或相同的元间实体，是产生同样结果的指令信号，是对所有"成功""满足"及其否定形式的抽象。

显然，这个为了报道成功的信号或标志，其本身仅仅是一种工具和手段，仅仅是为了结束当前操作，转入下一个程序的标识符和指令。但是，正如我们曾经讨论过的那样，经验的积累是一个手段和工具不断被升华为目的本身的过程，每一个具体的关于成功的信号对生命整体目标的实现都有着不同程度的积极意义，追求成功就是追求生命本身最终目标的实现。于是，追求成功、实现需求的过程演变成了追求需求实现的信号出现，避免失败信号出现的过程，关于需求实现的纯粹信号以及这个信号直接产生的感受本身成为了一种新的需求对象。

6. 作为需求目标的快感

当所获得的元间实体与作为比较基准的元间实体达成了完全一致，两个元间实体比较的结果为 0，就实现了主体预期的目标，实现了自己的需求。并且，因此而产生了一个标识性的信号，由于这个信号往往表现为一种独特的心理兴奋和愉悦，通常把这个纯粹信号产生的直接心理感受称为"快感"。

快感本身是抽象的，没有自己的是非、善恶、得失可言，这些都属于产生快感的具体元间实体。不同进化阶段、不同势态环境之下的生命对不同的元间实体产生不同程度、不同样式的快感。一个作为对象的元间实体与作为比较基准的内源性元间实体进行比较，能够达到一定程度的契合，这个契合的程度就可以产生相应程度的快感。

产生快感的对象元间实体有两种极端的来源，一是由感觉器官从外在对象中转移、下载、实现的外源性元间实体；一是主体自己生成的内源性元间实体。实际上，所有对象性元间实体都不同程度地同时来源于这两个方面。

外源性的、已经处于记忆中的、由自己新组合而成的元间实体千变万化，丰富多彩，但是，能够实际上造成显著快感的仅仅是其中的一小部分，是那些被筛选出来用作基准的元间实体。

快感的否定形式是失望和沮丧，是一种惩罚性的心理感受。

那么，被用来作为比较基准的元间实体都有哪些内容？这些元间实体又是如何生成的呢？实际上，这两个问题经常是同一个问题，因为元间实体的内容本身是新内容进一步积累的基础和条件，互相是对方发展的条件。

7. 演变和积累形成的元间需求形式

生命的自我从自在向自为的进化过程，是将实现、保持、扩大自我与自然势态区别的努力不断具体化、不断展开、衍伸、积累的过程。每一环节都朝向逐渐成长为一个不断扩张、相对独立的实体的方向发展，逐渐拥有自己独特的内容。这些内容作为相对独立的元间实体，本身也趋向于作为比较的标准，本身成为了一种需求。手段和过程开始发展成了相对独立的需求对象，从而导致出现了实现这些新需求的过程。这种层层嵌套的积累，造就了复杂的生命体系，从总体上看，生命体开始变成了实现生命自身的工具和手段。或者说，实现生命的工具和手段成为了生命体本身。

譬如，DNA链上的许多单元和环节都是对特定物质形式的选择标准，不是针对一般的、所有的物质要素，而是仅仅挑选特定形式的物质要素，挑选具有特定元间性质的物质要素。既然是挑选，就要有一个对于对象的识别过程。识别过程是两个元间实体比较的过程，如果两个元间实体是一致的、契合的，就会产生"符合"信号，或者说"真"的信号，所有的诸如 RNA、DNA 之类环节上的每一次的比较都有是否为"真"的问题，"真"的越多，生命复制就越顺利、越成功。"符合"或"真"作为信号不过是一个阶段性的标志，是一种工具，但是，这是可以产生"快感"的信号，得到这个信号就意味着成功，就意味着生存，就意味着需求的实现。进而，追求这种标志本身、追求"符合"、追求"真"、追求快感的积累，发展成为一种中间环节，最终发展成为一种目的，发展成为一种需求，成为一种新的比较标准。

譬如，用同一个比较标准对许多对象进行筛选，当然是更接近比较标准的那些对象被选中的机会更多些，主体"偏爱"那些更接近比较标准的对象，这种偏爱也许就是"美"感的起源。美感也是一种快感，美的对象就是更接近比较标准的对象，作为比较标准的元间实体就是"美"的标准。这个层次的元间实体得到了成分的发育，具有了各种各样的具体的元间形式，比如平衡、对称、黄金分割比例、健壮、圆润、苗条、丰满、漂亮等。

譬如，生物不仅以外在的势态环境作为自己的生存环境，同时也把与自己同种的生命体以及其他种类的生命体都当作自己的生存环境和途径。对于这三种环境就应当有三种不同的态度和对策。石片可用来做器物，叶子、果实可以作为食物，其他动物的肉体也可以作为食物，但是，对与自己同一种族的对象，就会是另一种完全不同的态度和方式。除了有些物种的幼体自相残杀，可以淘汰弱者，挑选出更强壮基因之外，大部分物种的成体相互的争斗被限制在一定的程度之内，相互关系的基调是和平、友好的。这种"善"表现为配偶、亲子、宗族成员之间的仁爱、呵护、互助、合作甚至付出和牺牲。开始，"善"是一类自为的行为规范和模式，个体通过善意的行为可以得到更有效的生存和繁育，采取相反行为就会被淘汰。之后，"善"本身从一种生存和繁育的手段，演变成为需求，从生存的需求逐渐演变成了自觉的心理需求。不仅愿意善待别人，更期望从对方获得善意的对待，善良成为人际关系的一种选择标准。"善"成为了一种基准性的元间实体。

诸如真、善、美之类的元间实体，起源于从自在向自为的生命形式的过渡过程中，成熟于自觉的生命阶段，从生命体生存和繁育本身发展出了实现生存和繁育的手段和方法，又沉积成为抽象的、基础性的比较标准。

这些作为需求基准的元间实体，从自在的角度，仅仅通过先天的遗传的途径被继承和传递；从自为和自觉的角度，除了先天途径之外，个体之间的关系也制约着每个个体的行为，势态强制个体形成一定的具体的行为规范，这些规范成为个体行为的基础性的比较标准，成为个体的需求。这些规范中的一部分内容还可以通过后天的适应与学习获得，从而得到继承和传递。这两种来源的元间实体都是具体的，都直接指向具体的需求对象，不仅是需求本身，同时又是新层次的工具和手段。

这些需求目标都有先天和后天两个来源。特别是随着后天成分的逐渐扩张，人更多地通过后天途径获得生存技术，也就意味着通过后天的适应和学习获得更多的"需求"目标。生存的目的与基准有了新的来源，就不再只是通过先天的、遗传的途径，而是可以通过后天的、社会的、群体间传播和学习途径获得。显然，这也是一个革命性的进展。

8. 组合生成的目标性元间实体

对于经验实体中的作为比较标准的元间进行分析解构，所获得的抽象元间或者元间要素，都会被保存在元间库中。这些元间要素与那些通过先天、后天途径进入元间库中的元间实体具有同等的地位和作用。也可以被作为单纯性的元间素材或关系性的要素，也都可以被作为选择的对象，都被用作元间的组合或元间要素的选择与替换。

主体在自己的元间库中，挑选出一些素材性元间和关系性元间，用这些元间素材组合、生成一个作为比较标准的元间实体，用组合的方式制造出一个新的元间实体，制造出自己的需求，想象、设计、勾画、生成一个自己的需求及其具体的需求形式，自己决定自己需要什么。

自觉的主体可以自己通过已经掌握的各种元间要素和经验实体，筛选、组合、生成一个新的元间实体，将这个元间实体作为自己下一步的需求，作为自己行为的目标和行为基准。

3.2.4　具体需求对象的两重性

我们不可能将纯粹的物质作为需求对象，所以，通常所说的物质需求也都只能是物质与元间的对立统一体，即便是物质需求，也同样还是面临另一层次的两重性问题。

来看这样一个例子。

由于著名的恩格尔系数至今仍然被用来作为衡量生活水平的尺度，不妨可以再次引用曾经被英国新古典经济学家马歇尔（Alfred Marshall）引用过的恩格尔在 1857 年对萨克森的中等阶级、下层阶级和工人阶级的消费所做的一张调查表。●

支出项目	三类家庭支出的比例（%）		
	年收入为 45 ～ 60 英镑的工人	年收入为 90 ～ 120 英镑的工人	年收入为 150 ～ 200 英镑的中等阶级的人
食物	62.0	55.0	50.0
衣服	16.0	18.0	18.0
居住	12.0	12.0	12.0
灯火或燃料	5.0	5.0	5.0
教育	2.0	3.5	5.5
法律保护	1.0	2.0	3.0
保健	1.0	2.0	3.0
舒适和娱乐	1.0	2.0	3.5
合计	100	100	100

● ［英］阿尔弗雷德·马歇尔：《经济学原理》，陈瑞华译，西安：陕西人民出版社，2006 年，第 140 页。

从表中可见：

（1）这些需求以及这些需求的重要性顺序是那个时期、那个地方大多数人们的一般需求或一般劳动目标。

（2）三类家庭用于食物的支出金额分别是 27.9 ~ 37.2 英镑、49.5 ~ 66 英镑、75 ~ 110 英镑。差距大体 2 ~ 4 倍，在自己收入中所占比例的差距却只有 1% ~ 12%，这表明，生活水平的差距除了吃多少食物之外，还在于吃的是什么样的食物。

我们知道一个常识：一个人一天所能摄入的营养量是一个有限值，超过这个限度之后的食物花费就只能用在食物样式和品质差别之上。所以，食物消费的差距不能仅用食物的数量表示，达到基本尺度之后，食物开销的差距实际上已经转换为食物类别和品质的差别了。

食物的营养性与食物的舒适性、文化性之间的区别，已经是物质的元间与元间的物质之间的区别了。

事实上，任何需求品都具有物质和元间这样的两重性，都是物质与元间的对立统一体，都是具有特定结构方式的物质对象或者是以特定物质载体实现的元间实体。恩格尔的这张表里，所有需求项目都存在这样的双重意义。所有需求、所有具体的劳动目标都处于这两个极限端点之间的某个具体位置。但是这种差别当时被货币的数量所掩盖了。

3.2.5 两种必要劳动

由于人是同时具有自在、自为、自觉三种性质需求的主体，对每个人、每种条件来说，这三种需求并不均衡，每个个体不同条件下所希望实现的需求存在很大的差别，实现需求的能力和效果存在更大的差别。但是，自在、自为、自觉这三种性质的需求，后者总是建立在前者的基础之上，不能脱离前者独立存在。这样，前者的性质就制约、影响甚至决定着后者的发展，后者被限定在一个有限的方向和范围之内。比如，人虽然可以享用许多高尚的精神产品，想穿漂亮衣服，向往精美的食品，但首先要实现最低限度的生存，先要活着。一个人可以尝试吃下任何稀奇古怪的食物，比如黄金、钻石之类的贵重物品，但前提是，这必须能被肠胃所接受。因此，至少可以把人的需求分析为两部分：生物学生存意义上的需求，以及作为一个与时代相适应的人的标准所规定了的社会学、心理学意义上的需求。后者从前者中分化、发育形成，成为两种不同进化尺度的需求，两者虽然相互交叉，不同的历史阶段有不同的比值和意义，但无法最终相互通约和替代，始终无法用同一种尺度进行度量。

譬如，"社会必要劳动时间"概念是马克思政治经济学的一个基础理论支点和分析方法。"社会必要劳动时间是在现有的社会正常的生产条件下，在社会平均的劳动熟练程度和劳动强度下制造某种使用价值所需要的劳动时间。"❶ 在马克思看来，劳动力也是社会产品，也是商品，上述原则也适用于劳动力，也可以用社会必要劳动时间来标定劳动力的价值。所以，"劳动力的价值，像任何一种商品的价值一样，是由生产这种特殊商品所必要的劳动时间所决定，……一个活着的人要维持他自己，就需要一定量生活资料。所以，生产劳动力所必要的劳动时间，实际上就是生产这种生活资料所必要的劳动时间"❷。

一个人只有生活着才可能成为劳动力。但是，这其中"生活"的含义是一个多元的、动态的复杂概念。

社会必要劳动时间是一个变化很快的参量，在不同的历史阶段、社会阶层之间，变化的幅度极大。对于一个人来说，用怎样的方式劳动多长时间才能满足自己最低限度的生活所需，才能够实现自己的劳动力再生产，主要取决于需求内容和劳动生产效率这两个因素，不同的社会环

---

❶ 马克思：《资本论》，郭大力、王亚南译，北京：人民出版社，1953年，第10页。

❷ 马克思：《资本论》，郭大力、王亚南译，北京：人民出版社，1953年，第161页。

境下，这两个因素各自都有很大不同。

既然前面已经粗略地把需求的内容分成了生物学意义的和社会学、心理学意义的这样两个相互不能替代的种类。那么，就可以沿着这条缝隙深入下去。

先来看从生物学角度维持个体基本生存和延续所必须付出的劳动时间。

3.2.6　生物学、生理学意义上的社会必要劳动时间

两个极端的情形：

（1）假定，在采集、狩猎为主要生产方式的社会里，用于食物的平均必要劳动时间最多是整个白天，约 10 小时。

（2）在现代化社会里，某发达国家曾以 3% 的劳动人口生产了全国人口所需 120% 的粮食。当然，这种说法省略了分工因素，实际上，其他行业也都不同程度地为粮食生产做出贡献。加上这部分劳动，可以粗略地将用于粮食生产的社会劳动估算为全部社会劳动的 10%。相当于每一个劳动者全部工作时间的 10% 直接用于自己和家人的粮食生产。按每日 8 小时工作制计算，平均每个工作日只有 48 分钟用于最低限度粮食需求的生产。再减去每年 125 天假日和退休后的越来越长的养老时间，实际每天所需的用于最低限度食品需求的必要劳动时间也不会超过 30 分钟。也就是说，全社会每个人在劳动年龄阶段里，每天最多直接劳动 30 分钟就可以生产出当天全家人生理学意义的"劳动力再生产"所需的粮食。这个推论并不精准，因为间接劳动还在不断缩短，随着技术进步，这个数字在不断减少。例如，许多国家都减少了法定工作时间。

可以把曾经发生过的所有社会形态都放在上述这两种极端情形之间，看成是从前者向后者过渡的某个阶段性的状态，看成是最低限度必要劳动时间逐步减少的过程，比如说，从 10 小时向 8 小时、6 小时、0.5 小时等的过渡。

这个推论还可以进一步解读如下：

（1）由于所谓"劳动力再生产"的含义在逐步扩展，除了劳动者自身当前劳动能力的恢复，还包含了子女、配偶的教育、生活，还应包含诸如看病、养老、意外事件等所需。

（2）虽然生物、生理性需求本身也随着社会的发展不断变化，但是，其发展速度缓慢，远远落后于社会其他内容的发展水平。

（3）相对来说，生物、生理学意义上的需求是有限需求。

（4）长远看，这种意义上的社会必要劳动时间相对于全部劳动时间，可能缩短到微不足道的程度。

（5）因此，在这种条件下，对于食品和其他基本生活资料的"按需分配"不仅可能，而且可行。

3.2.7　社会学、心理学意义上的社会必要劳动时间

既然所有劳动力每日只需劳动 0.5 小时就可以满足所有社会成员的生存，为什么还要工作 8 个小时呢？

在这个例子里，0.5 小时的劳动所生产的产品只能满足最低限度的、基本的生存所需，仅仅可以实现生物学意义上的生存，或者说只能解决温饱问题，仅仅可以实现动物性的需求，实现自在和自为的需求。在其余的时间里，我们还要生产出这个时代生活方式所需要的其他必需品，生产出这个时代的社会条件下平均生活水平的生存所需，还要实现我们的自觉需求中新生成的另一些需求，特别是要创造和维持只劳动 0.5 小时就可以满足所有社会成员生存的社会生产能力。这段工作时间的任务是实现社会学、心理学意义上需求的社会必要劳动时间以及剩余劳动时间。

《红楼梦》里的妙玉请人喝茶，说，这第一杯是品尝，第二杯是解渴，第三杯便是饮驴了。如果对于一个沙漠中的行者来说，就要倒过来说了。同样的茶会有不同的价值，可以满足不同的需求。这意味着同一物质载体除了它的物质属性之外还具有不同的元间属性，对于

元间属性的价值，常常取决于我们的理解。不同的社会条件下有不同的元间需求。我们很多的时间被用来设计、制造、交换、理解、消费这些元间产品，实现我们的元间需求，实现这些常常以微量物质产品作为载体的元间需求。

显然，应当从全部劳动时间里区别出哪些是生物学、生理学意义上的必要劳动时间，哪些是社会学、心理学意义上的必要劳动时间，之后才是剩余劳动时间。同样，剩余劳动的目标和产品也应区别为这两种性质。

社会学、心理学意义上的必要需求主要是通过物质要素体现的元间需求。对于元间需求，我们的研究还有待展开，这里可先大致做出如下两点推论：

（1）人的直接物质需求是有限需求，在现代化生产方式条件下有达到充分供给的可能性。

（2）元间需求主要对应于人的社会需求和心理需求，由于人的元间组合能力非常强大，几乎可能产生无限多的元间实体，每个元间实体都可能成为一种新的需求，所以，人所能够生成的元间需求目标就会具有无限多的样式和种类。因此，元间需求的种类和样式的数量将远远超过天然的物质资源中所拥有的种类和数量，也远远超过人类社会通过劳动所能够创造出的物质产品的种类和数量。元间需求相对于有限的物质需求来说，相对于以物质要素作为实现形式的物质需求来说，内容无限大、无限多。

同一种族、区域、历史时期的人处于相似的环境势态中，有共同的生存条件，可能产生共同的元间需求。但是，由于每个个体的人、每个作为主体的人都能产生几乎无限多种形式的异样的元间实体，个体之间拥有的共同元间实体只是全部可能的元间需求目标中的一小部分，还有许多元间实体仅仅属于每个个体自己。如果试图通过社会劳动生产出这所有的、无限种类的元间实体，满足所有的元间需求，实现真正意义上的按需分配不切实际。这是"按需分配"理想的一个不可逾越的极限。

　　既然元间需求的极限是无穷大、无穷远，那么，用有限的方式就不可能实现这无限的需求，因此，元间需求的实现是一个独特的论题。

第四章　元间需求的实现

4.1　元间需求的发生与积累

4.1.1　作为生命本性的需求

在我们这个星球的这段天文周期里，生命以 DNA 为典型形式，以 DNA 作为生命体的最基本存在形式。除了靠自身的相对牢度维持自己的相对存在之外，复制和繁衍是维持生命存在的主要途径。就是获取物质对象，以自己的元间形式作为模板，同化环境中的其他物质，改造这些物质对象，输出自己的元间，将其组织成为自己的模样，将自己的元间形式不断地从原有的某个物质载体上转移出去，转移到另外的、更多的其他物质载体之上，从而克服了物质载体本身牢度和境遇的限制。与此同时，不断刷新自己、改造自己，使自己从自在的存在者进化成为自为的生存者，获得更多更长久的生存机会。

其中，获取物质要素是一个选择性的行为，不是获取任意的物质对象，而是需要得到具有特定结构、特定元间形式的物质对象，这样，DNA 的需求就具有了两重性，物质素材以及这个物质素材所具有的元间形式和性质。

因此，从生命作为生命的第一时刻开始，就将元间对象作为追求目标，对于元间需求品的追求是生命的基本性质之一。

4.1.2 蕴含在物质需求品中的元间需求品

地球上的物质是由 100 多种基础元素相对简单组合而成，物质的种类较少，相对来说，物质的量绝对大于物质种类的数量，或者说，物质的量绝对大于元间的量。生命的出现，成为了更多新的物质种类生成的机制和动力。

在物质的元间种类相对固定、相对较少的条件下，元间的变化程度也较低，相对于显著的物质需求来说，自为阶段的生命其元间需求并不突出，更显著的是以对于物质素材需求为主的局面。元间需求被掩盖，元间需求被蕴含在了更为突出的物质载体中。例如，可以将猪、马、牛、羊……归类于食草动物，尽管"草"也是物质与元间的对立统一体，我们更习惯把它当作一种物质来对待，更关心的是草的数量，较少注意草的种类差别和特点，撇开了草与草之间更多的元间差别。事实上，所有具体的物质需求，都是针对具有特定元间形式的物质对象的需求，而不是对纯粹物质的需求，需求品必须具备需求者所要求的特定的元间形式，这样，需求就具有物质和元间这样两个取向和内容，由于两者的不可分离性，元间需求必须通过物质载体才能实现，元间需求品只能寓于物质需求品之中，元间需求很容易被物质需求所掩盖。

4.1.3 开始分离的元间需求

生命进化出了感觉器官，通过感觉器官和记忆器官实现了对于处在物质与元间对立统一之中元间对象的抽象、分离和保存，原先蕴含在物质实体中的对象元间开始有条件成为了相对独立的元间实体。

但这时，摄入元间的行为也还是一种生存的手段，还只是维持生命的过程和工具，只有通过元间的指引，才能更有效地实现以物质资源为主要特征的需求，元间需求依然处于仆从的地位。虽然此刻元间需求本身还不是直接的目的，但是已经具备了相对独立发展进化的条件，出现了发展成为纯粹元间需求的开端和起点。

4.1.4　元间需求对象的生成

生物的元间处理能力是从生存的竞争中产生和发展起来的。开始，元间抽象能力仅仅作为生命生存的手段，是实现其他需求特别是物质需求和环境需求的工具。

由于每一个具体的生命个体，每一个作为具体需求主体的个体都是一个有限的实体，其对于外在物质数量和物质的元间样式种类的需求，其所能实际消费掉的物质数量和与之相伴随的元间实体的种类或量都是一个有限值，至少是一个与周围环境所能够提供的数量、品种相适应的具体的量值。因此，相对来说，实现元间抽象处理所直接面对的物质素材的量也是一个有限值，而且是一个很小的值。

用于当前维持生命生存的物质需求和环境需求的对策是两个有限值，由于外在环境变化的可能性较大，仅仅这些是远远不够的，必须储备更多的应变措施和能力，才有更多的生存机会。所以，生命体的适应能力通常是冗余的，并且，这些冗余的能力和机构经常处在闲置状态，思维的能力往往超过某事某处所需要的处理能力。我们准备的诸多预案和对策中只有一小部分被采用，绝大多数都被放弃了。也正是由于这种闲置，使得相对过剩的元间能力自己产生出更多的元间需求和实现这些需求成为可能。

元间组合能力的冗余可以形成新的需求对象。比如，一个异想天开的冲动和幻想。这些需求对象的实现也需要通过一定程度的物质素材作为载体和途径，要实现这个新的需求，就要将原先的物质需求对象中的一部分物质赋予新的内涵。

因此，物质载体具有的两重性开始发生分离，需求两重性也开始分离，需求主体的注意力也相应地出现了外在和内在两个方向的分化。

（1）外在方向上，出现了更倾向于实现物质需求的物质载体和更倾向于实现元间需求的物质载体这样两个方向的需求指向；

（2）内在方向上，出现了更倾向于实现物质需求的目的及其对策和更倾向于实现元间需求的目的及其对策的分化。

内在的和外在的两个方面都表现出物质需求与元间需求的相对分离，需求和需求对象之间的间接性越来越大，最终被分离成两种性质的元间实体。

人们可以产生和提出无数种新的物质样式的需求，每一层次的物质需求对象中蕴含着的每一个元间实体都可能被发展成为相对独立的元间需求对象。

而随着思维能力的生成、发育、壮大，元间需求发生了本质的改变，获得了充分的解放。

如，为协调相互之间关系所形成的风俗、伦理、道德、风尚这些最初还作为种群生存方式的元间实体，其本身也被发展成为相对独立的元间需求对象；脑神经系统强大的元间组合能力可以产生出无数新的元间形式，其中有许多形式成为人们新的追求目标；人们为实现各种需求创造了各种各样的器具和方法，这些器具和方法本身也发展成为独立的元间需求对象；人们掌握了生成新物种的原理和技术，创造出了新的物种，这些物种中完全可能出现比人类更具元间处理能力的新物种，这些物种可能会生成他们自己的元间需求对象。总之，几乎所有的元间实体都有可能成为相对独立的元间需求主体或者成为元间需求的对象，所有的元间需求主体和元间需求对象都可能成为更多元间实体和物质实体产生的原因。

元间实体之所以能够爆炸性地产生出来，关键在于抽象元间某种程度上脱离了物质唯一性的限制，将其对于物质资源的依赖减少到了极限。

不过，由于我们人类是同时生活在自在、自为、自觉这三个维度中的生物，抽象元间需求的革命不可能立即改变我们的这种处境。生物性生存、动物性生存、社会性生存的三重压力始终笼罩着我们。这三种生存状态的时间、空间的尺度存在着巨大的差异，人们不可能很快适应突如其来的变化。例如，对于美食的追求和对于苗条形体的追求常常会发生冲突，对这两种需求对象的追求又会与对健康的追求发生冲突；人的生物性进化速度远远小于心理需求发育的速度；虽然许多人都在孜孜不倦地追求远远超出自己实际可能消耗的物质数量之外的物质财富，企图通过占有大量物质产品的途径占有更多的元间需求品，可惜，往往事与愿违，在他们所实际占有的过剩物质产品中，所携带的元间成分反而越来越少，物质对象本身所具有的意义也越来越小，有时甚至是灾难性的。随着人们对于这种状态的自觉程度的提高，试图通过占有更多物质载体实现元间需求的意义已经失去了往日的荣耀，逐渐变得索然无味了。

4.1.5　萌芽中的纯粹元间需求

如果一种需求只有通过唯一的一种需求品才能满足，那么，需求主体对于需求对象的元间形式就没有选择的余地。如果有两种以上的需求品都可以满足同一种需求，那么，需求主体就必须在这些需求品中进行挑选。所谓挑选，就是比较这些需求对象的元间形式，发现它们之间的形式差或元间差，根据元间差的形式再决定选择具有哪一个元间形式的对象来实现自己的需求。

被选择的元间形式将成为需求主体经验的一部分，通过先天或后天的方式被需求主体所记忆，被用遗传机制或脑神经方式或文化体系所记忆，成为需求主体性质、性格、偏好的组成部分。

这些关于需求对象的元间以及元间差，作为一种相对稳定的元间形式，成为需求主体选择需求对象的标准模板。例如关于美和丑的判断标准，关于成功和失败的判断标准，这些都积累形成一种条件反射式的内在模式，当感觉器官采集到的元间形式与这些被事先记忆了的内在模式发生契合时产生的快感信号。

作为比较标准的元间形式以及类似的元间实体，产生于对于多样化物质需求品元间形式的选择。最初这些作为比较标准模板的元间形式也是实现主要需求对象的手段和工具。但是，如果用于完成比较需求对象的元间形式的时间足够长，这个比较过程本身开始成为相对独立的一个新层次的过程性实体，比较的结果就成为这个相对独立实体本身所要追求的目标。也就是说，元间目标、纯粹的元间目标也开始成为了相对独立的需求对象，接近纯粹的元间需求开始萌芽。

一位主妇很耐心地在一堆番茄里挑三拣四，剔除掉那些残缺霉变者之外，还希望找出更漂亮、更"顺眼"的来，而身旁的小贩就竭力为番茄的相貌进行辩护，坚称番茄的形象瑕疵绝不影响食用。显然，番茄是否"漂亮、顺眼"并不属于从食用角度出发的判断，而是需求主体内在的关于形象判断的偏好和习惯对于行为的影响，从这个判断出发所决定的需求对象就已经是纯粹元间需求对象了。

每一个需求对象都是物质与元间的对立统一体，作为物质对象，其意义在于它是具有特定元间性质的物质。如果这个元间性质无可选择，它的物质意义就大于元间意义。如果有两种以上可供选择的余地，元间意义就开始凸显，元间特性之间的差异成为新的选择对象，随着可供选择对象元间形式种类的增加，这些对象的物质意义开始逐渐让位于元间意义。

这也意味着元间需求产生的条件是：能够满足需求的物质对象的数量、种类已经相对充裕，至少已经实现了最低限度的满足。只有如此，才可能凸显元间差，才可能凸显元间差的相对稳定形式。否则，元间差将是一个不被重视的因素。

这样，原先仅仅用来满足较为单纯物质需求的对象，越来越多地开始显现出自己的双重性质，而且，这两种性质之间的差别开始变得越来越明显，越来越大。

4.1.6　目标与手段互换中的元间需求

关于对象形式的记忆主要有三种：一是关于物质需求对象形式的镜像；二是这个需求实现的过程；三是物质需求实现之后生成的快感，是标志需求实现的一个成功的信号。开始，这三者都是实现物质需求的工具和手段。但是，这些元间实体逐渐发育，逐渐成为新的需求对象。原先仅仅作为实现需求的手段和工具的元间实体逐渐发育成了需求目标本身。与此相应，原先作为需求目标的那些物质实体，反而逐渐承担起了实现元间需求的载体和工具的任务，除了物质对象本身所具有的物质与元间对立统一的双重性质之外，又叠加了新一层次的意义。

当一件原先作为需求对象的物质实体相对于一个需求者来说，已经蜕化为仅仅作为元间需求的载体之时，这件物质实体显然仅仅只是实现元间需求的一个手段和工具，与最初元间实体仅仅作为实现物质需求的手段和工具的局面相比，目标与手段发生了逆转和互换。

列出一张人类所有物质需求的清单也许并不十分困难，至少是可能的。到超市走一圈就能看到当前人们的绝大多数物质需求品，到统计局的网站上还能得到更详细的清单，无非衣食住行之类、柴米油盐之属。但是，要罗列出一张元间需求的清单就不容易了，比如，可以举出真、善、美、生存、繁衍、征服、求知、创造、爱心、同情、光荣、复仇、贪婪、嫉妒等一系列抽象的概念。

还可以列举出一系列为实现这些需求所创造出的工具性的具体物质产品，如广告牌、航空母舰、游艇、口红、生日卡、古筝……更多的元间需求是不同抽象程度的具体需求，具有更为具体和复杂的元间形式，必须通过具体方式才能实现。具体物质产品可以穷举，但是这些物质产品中许多都是为了实现元间需求的工具和途径，更多的元间需求隐含、搭载在这些物质需求品之中，不仅这些物质产品本身就是为实现元间需求特意生产的，甚至所有物质产品，都不可避免地必须针对具体的元间需求而设计、生产。

即使是同一个设计，同一种元间形式，相对于不同的需求主体来说也具有不同的意义。同一件产品中的元间成分对于不同元间需求主体来说，满足和契合的程度存在着很大的差异。这就意味着，元间产品的性质和内容仅就其本身来说有一种本征形式，就像康德所说的"物自体"一样，物质实体所拥有的本征意义的元间属性只能在不与对象发生相互作用的状态下"存在"，在不与对象发生相互作用的条件下"保持"这种自在状态。不过，这没有意义，不与对象发生作用，没有对象，就不算是真正的存在。如同客厅里摆放的一架钢琴，没有客人来访时，钢琴所代表的那种微妙的炫耀就不存在。元间产品的性质与元间需求者的性质密切相连，相互影响，相互改变，互相决定着对方的性质。如同一张油画对不同的消费者来说具有不同的价值和意义那样，同一个元间消费者，不同心境时，对同一件元间产品也会产生不同的看法。演员与舞台下的观众相互影响，共同塑造着同一个氛围和作品。元间产品会改变元间消费者的观点，反之，许多场合，元间消费者也影响和决定着元间产品的形式和价值。从极限意义上讲，每一个具体的元间产品相对每一个具体的元间需求者，都具有独一无二的特殊性质和样式，而且是不断变化中的性质。毕竟，元间需求品的样式和种类是无限多样化的。

　　起先，人的生物学、生理学意义上的需求，主要以物质产品或者说产品中的物质成分为对象，这种意义上的需求主体受到了生物进化进程的限制，受到了这个生命体本身性质的限制，是自在和自为的需求。生命体的变化相对缓慢、相对稳定，在一个历史时期内所能消耗的物质需求品的量，物质需求品的种类都是有限的、相对固定的。而当人这种自为性和自觉性的需求主体出现之后，强大的需求能力就从原有生物进化的轨道中脱颖而出，成为最具革命性的力量。由于运行在接近纯粹元间的极限附近，拥有无可比拟的自由度，也就拥有了巨大的、无可比拟的元间需求和元间产品的消费能力。

　　具体的元间需求和元间产品都是无限可能的状态中一些片刻处于相对凝结的暂态，物质需求和物质产品也是无限可能的物质关系形式中的一种暂时凝聚的状态。元间实体和物质实体都具有相当大的不确定性，同时也都具有相对稳定凝聚的存在性。表面上看，似乎物质的东西更牢靠、更实在，其实，元间实体脱离了物质唯一性的限制，拥有了更大的自由度，可以在不同物质实体之间不断转移，不断变化自己的物质载体，复制出更多的副本。因此，反倒是元间实体具有更长久、更稳定存在的可能，从这种意义上说，元间实体的自由度和稳定性可以超过具体的物质实体。

东晋时期的伟大哲学家僧肇在他的《物不迁论》里讲"昔物自在昔，不从今以至昔；今物自在今，不从昔以至今"，阐明了物质性质的流变性。我们所面临的所有事物都没有永恒确定的性质，都处在不断的演化中。我们所说的物质性质都是仅就某个时段、某种条件下的近似概念。但是当元间实现转移和抽象之后，元间实体从物质中分离了出来，元间实体不再面临与其物质载体相同的环境，不再直接与其同步变化。于是，虽然"物不迁"，但是元间可迁，元间可以某种程度上超越时间和空间的限制，相对确定地保持自己的性质。物质与元间对立统一原理的一个要点正在于此。

4.1.7　作为需求对象的元间实体

实现目的性需求大致要经历如下的顺序：

（1）有关于需求对象的目标。

（2）对需求对象现状的了解。

（3）对自己状态和能力的了解。

（4）实现需求的方法和途径。这些方法是关于自己与对象关系的元间实体，是先天或后天生成的经验体系。

在将经验体系实际用于对象势态之前，最好还是先进行一些模拟试验，在脑海里构建起一个仿真的模拟环境，在这个环境中对将要采取的预案进行模拟和演绎，由此来修改、完善预案，决定对预案的修改和取舍。

（5）将方案付诸实践。

（6）对于现实中的势态和对象产生改变和影响。

（7）通过感觉系统，重新获得变化后的势态的元间。

以上是一个实现目的性需求的一般过程。除了个别环节之外，大多的环节都是在思维主体内进行，都通过意识和自我意识的过程实现。这其中的每一个环节都可能单独发展成或者被看成是一个相对独立的思考过程，是相对独立的元间实体，这个元间实体可能被发展成一个相对独立于其他环节的元间需求品。

可将上述的每一个思考阶段都看作是一个相对独立的元间实体，一个独立经验体系的单元，一个元间消费主体。显然，这些单元之间，相互构成了需求关系，一个经验体系的某个结果相对另一个经验实体来说，就是他的元间需求品，相互构成了元间产品的供给和消费关系。每一个单元都能从自己的元间需求得以实现的过程中获得"快感"，获得标志程序执行完毕后的成功信号。

不难发现，这些"元间消费主体"与其所实际消费的需求对象都是接近纯粹的元间实体。

上述的过程是我们对于发生在人脑内部思考过程的猜想和描述，但是如果把这个模型中的所有"经验体系""元间消费主体"都替换成社会中的具体的个人或组织，这个模型就有了直观的、现实的意义。就成为可以用我们的直观能力直接观察的元间生产、交流、交换、消费的过程。我们讨论的焦点也就因此从内在思维活动跃迁到由作为思维主体的个体所组成的社会环境中来了。显然，这两种情境中的元间活动有较为相似之处。

在社会的分工体系中，专门用来处理元间问题的职能部门占据着越来越多的份额。教育、规划、行政、科研、理论、娱乐等部门所生产的已经都是纯粹的元间产品，这些部门相互之间交换的、各自消费的也都是元间产品，元间产品的生产、流通、交换已经形成了相对独立的体系，形成与物质产品的生产、流通、消费体系相互交叉又相对独立的体系。元间需求正在逐渐从实现物质需求手段的地位成长为主导的、独立的需求体系，很多场合，物质需求反而沦为了元间需求的工具和仆从。

即便是在纯粹元间模拟的情境中同样也有成功和失败，也有真、善、美的评价问题，也会产生快感。也就是说，快感不仅可以通过外在的物质对象的实现而间接实现，也可以通过内在元间对象的实现而直接实现。

虽然我们的快感最初是从物质需求对象的实现中产生，是一种实现自在和自为需求的手段和工具。但是，当这个工具充分发育之后，当元间演绎能力充分冗余之后，快感本身开始逐步形成了相对独立的元间环境和实体，形成了一个相对独立的势态环境。各种原先作为物质或元间需求对象的镜像元间实体，本身成为了相对独立的元间实体。这些元间实体不再仅仅作为外在需求对象的元间形式，其本身逐步开始具备了作为目标、作为需求对象的资格，也能够在自己为自己创造的元间世界中得到满足和实现。显然，这是一种纯粹的、抽象的元间需求产生和实现的过程。

这个推论没有丝毫令人意外之处。例如，受人宠爱的电子游戏就是这样一种产生和实现纯粹元间需求的需求品。计算机作为一种物质需求品，这里仅仅是一个实现元间需求的工具。一个游戏的作用在于建造一个对象性的元间实体，将人的思维局限在一个设计好了的思维规则里，每一种变局都对玩家提出挑战，战胜了这个挑战就会获得心理奖赏。计算机所提供的仅仅是关于这种挑战和奖励形式的元间实体，玩家消费的元间需求品仅仅是这个作为挑战形式的元间实体，真正的奖赏来自消费者自己的大脑。

伴随着物质需求的不断实现和不断复杂化，元间需求从工具的角色脱颖而出，逐步走向成熟，走向了主导地位，元间需求品的纯粹程度也越来越高。

人至少同时生存在自在、自为、自觉这三个维度里，而且，在每个维度里都是群体生存。这三个复杂体系交错在一起，相互结成了千丝万缕的联系。这种联系最大可能的极限在于：系统中，无论哪个维度中的实体，无论性质和大小，互相都联系在一起，任何一个单元看似局部的行为和动作、变化，通过这种广泛的联系，都会造成所联系着的所有实体发生相应的改变，最终造成整体局势的改变。只是由于相互联系的不均匀性以及作用传播速度的有限性，各个局部才能暂时维持自己相对独特的元间形式，才能作为相对独立的个体继续存在。不同的需求主体、不同的需求对象、不同的实现需求的过程相互之间必然存在着的密切联系以及相互影响和干涉。它们是既有各自特点又相互关联着的实体。

需求实现的过程同时也是一个产生新的需求对象的过程，全尺度看，需求是需求产生的原因。需求主体和需求主体的需求相伴而生、共同成长，是一个从自在、自为向自觉的生长过程。由于元间实体对于物质实体的超越性，在这个生长过程中，并不是所有后生成的性状都能彻底取代先期生成的性状，不同时期生成的性状可能叠加、共存、积累，共同构成为一个复杂的实体。

生物学、生理学意义的需求向社会学、心理学意义的需求的过渡，是人的性质发生巨大改变的过程，与此过程相伴的是社会进化的过程。一个较为突出的现象是，从以直接物质需求为主向以间接需求为主的过渡和积累，随着物质需求的充分满足，最终导致元间实体成为更重要的需求对象。人们的需求开始趋向于另一个极端——纯粹元间，元间实体逐步发育、成长，最终成为人们主要的需求对象。

我们有两种极端的需求对象：一是以物质实体为主要特点的需求对象；二是以更接近纯粹元间实体的需求对象。所有具体的需求对象都处于两种极端情形之间，不同程度地具有物质和元间这两种属性。那么，实现这两种需求的途径也应会有两种极端的情形，也处于这两种极端的情形之间。这就是说，只在极限附近才可能会出现分离着的两种需求对象。唯有如此，元间实体才有资格成为相对独立的需求对象。

就每一个单独的层次来说，所有的实体都是严格意义上的物质与元间的对立统一体。但是，相对于另一个实体，或者说，将两个实体相互进行比较，就会凸显出两个实体各自的特点，凸显两个实体各自所具有的元间和物质关系之间的不同和差异，凸显两者物质与元间各自所占比重的差异。一块河田玉石的子料与一块普通的石头或者从矿山中采到的同样的石料，将两者都用来充作混凝土的填料，物质意义和元间意义是一样的。即使将相同的两块河田玉石的子料经过雕琢，也会发现，同等物质实体所含的元间意义存在着差别，两件形式和质料均相同的玉器，如果一块是手工制品，一块是计算机控制的自动雕刻机加工出的机制品，尽管工艺更精湛、更完美，人们还是更喜欢手工制品。同一件物品里蕴藏着两种不同的需求对象。

这表明，一个层次中的物质意义在另一层次中看是元间意义，反之亦然；物质意义与元间意义的差别是在不同对象、不同层次的对象的比较中凸显出来的；同一件物质对象中所蕴藏着的元间意义，只能在相对于比较者、相对于另一个层次的对象、相对于与其他对象的比较之中才能凸显，才会有意义。

记忆在人脑中的、记忆在文化体系中的元间实体，经常成为与对象中所蕴含的元间实体相比较的依据，物质实体中的元间实体只有相对于这些比较者才有意义，才会被发现，才会成为人的需求对象。例如，无论您花了多少钱，一件衬衫上的商标，只有对于知道这个品牌的人群才有意义，才可能成为仅仅对这些人才有意义的需求品。

4.2　元间需求品

4.2.1　对于元间需求品的分析方法

尽管整个社会距离普遍实现基本的生物学、生理学意义上的物质需求的目标相差还很远，元间的需求就已经咄咄逼人地出现在面前。我们已经生活在这两股洪流交错形成的漩涡之中。

例如，一部分人某些元间需求的实现建立在牺牲更多人的物质需求、基本生存需求的基础上，这已经是个古老话题了。例如，太多的元间需求建立在消耗更多物质资源的基础之上，资源的浪费已经远远超出了其再生的速度，人类生存环境面临毁灭。例如，数以万计的核弹头使得人类随时面临整个种群毁灭的可能。问题是，在全球化的背景下，在现代科学技术手段的背景下，这种倾向愈演愈烈，已经表现出极端不平衡和极端惨烈的景象，局部看似正当的需求，积累起来看、从整体角度看居然如此恐怖。

严酷的现实迫使我们不得不重新检讨我们的需求，特别是要将元间需求作为主要的研究方向，看看我们究竟需要什么，哪些元间需求可能通过传统的物质媒介就可以实现，哪些元间需求是仅仅通过物质方式所无法实现的。

由于物质与元间的对立统一性质，我们不可能实际面对纯粹的物质需求，或者绝对的元间需求，不可能实际地、绝对地分割这两种需求，至多可以用抽象分析的方法，分别站在某个极限的立场上，主要把其中一种需求作为更突出的对象。

马克思的政治经济学将立足点主要放在了物质需求的极限位置，因为那个时代所面临的突出社会问题是处于绝对贫困中的广大无产者的基本生存问题，是无数童工每天连续劳作 16 小时还要忍饥受冻、惨遭蹂躏的严酷现实，每一个铜板都浸透着工人的血汗，而创造出的财富却被极少数人无偿占有。马克思主义的理论和实践对于遏制和扭转这种人吃人的社会趋势发生了决定性的抗衡作用，具有伟大的历史意义和现实意义。

180 多年之后，我们享受先辈的奋斗成果之余，却面对着另一种新的经济、政治环境。温饱问题正在逐步解决，在有些范围里已经不再是主要社会问题，至少我们在一定范围内已经找到了或曾经找到过解决温饱问题的途径。与此同时，全球化经济体系正在逐渐形成，发达国家和发展中国家之间在主要需求和实现需求的方式上出现了巨大的差距并因此出现了更为深刻的矛盾。马克思所揭示的"生产的社会化和生产资料的私人占有"这个基本矛盾不仅依然存在，而且扩展到全球范围，成为造成一次次颠覆性经济危机的主要原因。特别是当新的需求逐渐成长壮大之后，这种冲突变得越发敏感，破坏性日趋强大。

现代科学知识产生的巨大生产能力以及由此产生的生产关系变革，正在大量地产生出实现需求的新途径，同时也意味着产生出大量的新的需求。元间需求在局部区域急剧膨胀，我们不仅需要继续面对基本的生存和温饱问题，同时还要应对这些新需求对全球政治、经济产生的冲击，需要协调这两种极端需求之间日趋尖锐的冲突，协调这两种产品的交换和分配关系。比如，经常要面对是否总是要用几百万件衬衫去换回一张光碟，用3.8亿元人民币赎回一个只有四个字母的商标权的问题。

元间需求的急剧膨胀正在迅速改变着我们的生活，有些场合，元间需求已经发展成为主流的需求。譬如一些发达国家的服务业已经占到了GDP的80%。元间需求已经开始成为一个时代的象征和这个社会的性质。

这不仅超出了马克思的想象，也远远超出了所有现有经济学体系的理论框架，经济学走入了一个新理论爆发的时代。诸如"知识经济学""虚拟经济学""广义虚拟经济学""信息经济学"……如雨后春笋般地涌现。尽管如此，我们对于这种新的经济现象和本质的理解都还是很初步的。

马克思是辩证法大师，但首先是革命者，他之所以选择以物质产品为极端的立场，在于他理论的实践性和阶级性，他首先关心的是劳苦大众的基本生存问题。这并不意味着他不认为还可以选择其他立场。例如，在马克思的著作里经常会看到"撇开"这个词，显然，撇开并不是否认被撇开对象的存在性，只是一种凸显研究重点的抽象方法，被撇开的对象并不会因为这种撇开而消失，只是在当时历史条件下它们还不是主要问题罢了。

马克思提出了站在物质需求极限立场上分析经济社会的一种方案，许多经典理论家也都不同程度地从这个极限出发，站在离开这个极限的某个具体的位置上对物质需求做出了分析，这些方案汇成了一座座辉煌的理论大厦。但是，今天的现实告诉我们，过去那些曾被暂时撇开了的对象，那些不被视为"第一性"的东西已经悄然崛起，成长为社会生活的重要内容，甚至成为决定性的势态，已经再也无法被"撇开"了。对此，我们别无选择，只得重新回到分叉点，把原先被撇开了的问题重新作为重点的研究对象，作为研究的起点，沿着这个分支向另一个方向走下去，直至在更接近纯粹元间需求的极限位置上，对元间需求及其实现的方法、途径、发育过程进行分析。如果这个思路有一线希望，就有可能得到从元间进化、发育的立场和角度反观物质需求进化过程的一个新视野。之后，再次回到分叉点，把两条研究线索整合为一个统一的体系，最终将这两种极端的研究整合成一部完整、全面的观点和学说，从而获得对真实对象的更为完整和全面的看法。

站在 A 立场上对 B 进行观察，再反过来，站在 B 立场上对 A 进行观察，这就是"反思"。如果这两个元间实体都是自己的元间内容和思考过程，都是自我的一部分，这个反思过程就是自我意识。我们已经有了从物质需求角度观察元间需求的大量理论和丰富经验，如果再有从元间需求的角度观察物质需求的尝试，就可能为需求的自我意识创造条件，就能使我们更接近理解对象世界，更多地理解这个包括我们自己在内的对象世界。

通过对这条分支的探讨，至少可以探摸出需求的另一条极限的边界。这样，我们就有了关于需求极限的两条边界：一是物质需求的极限；二是元间需求的极限。所有的具体的需求和实现需求的方法和途径，实际上都应当处在这两条边界之内，都是这两种极限状态不同程度共同作用的具体现象，这也可能为分析经济体系和行为提供更有效的工具和方法，或者成为更有参考意义的思路。从趋向于元间极限立场出发的思路所导致的经济学课题，可称之为"元间经济学"问题。

"商品"是马克思主义经济学的"细胞"，不过马克思本人没有直接对这个范畴进行严格定义。1988 年版《中国大百科全书·经济学 II 卷》（第 779 页）将"商品"（commodities）定义为："用来交换，能满足人们某种需要的劳动产品"。这其中有"交换""满足需要""劳动""产品"四个关键词。到了 2009 年的《中国大百科全书》第二版（第 19 卷，第 289 页），则将"商品"定义为："在社会分工的体系中，经济上相互独立的生产者所生产的、以自己的属性满足人的某种需要、为他人（即为社会）消费、通过交换进入把它当作使用价值的人的手里的劳动产品和服务。"这里，其他的补充都不是实质性的，最重要的变化是增加了"服务"这个新的关键词，也就是说，有一部分商品可以是无形的、非物质的，服务也是商品。显然，这是根据事实对于理论的修正和调整，是一个很大的进步和转向。然而，要从原有的体系上论证、融合这点儿调整绝非易事，最终将会遭遇哲学上的二元论的责难，会遭遇来自唯物主义和唯心主义两个方向的诘难。这也绝不仅仅只是马克思主义经济学独自面临的问题，事实上，如今整个西方世界的主流意识也都主要建立在唯一的物质主义基础之上，之前的所有经济学都以此为基本出发点。

二元论被认为是一个万丈深渊，而神学以及纯粹的精神主义现在已经不过是"一节退化了的盲肠"，真正被实际相信和崇拜的依然是真金白银般的物质，其余的通常都被归结为"反映的""镜像的""理想的""精神的""虚拟的""第二性的"……通常，非物质的东西不被作为真实的实体看待。例如"精神"就普遍被认为仅仅是一种物质的现象，不属于平等的实体，是二等"公民"。来看《中国大百科全书·哲学卷》（1987 年版）的"精神"条目的表述："任何形式的精神都是由物质派生的，是第二性的。这是一般唯物主义的观点。"此外，精神又常常被特指是高度组织起来的物质即大脑的产物，具有极大的能动性，可以转化为物质的东西。精神从属于物质的地位并没有多大改善。

又如"虚拟经济"，顾名思义，似乎并不是以实体为对象的，仅仅将实体的"影子"作为需求对象。尽管人们每天都在用一种物质交换另一种物质的同时也在用一个事件交换另一个事件，但是，我们只有关于实物交换的规则和理论，缺乏以纯粹元间为交换对象的完整的理论体系，最终还是都希望用实物来结算。人们还没有严格区别"事物"这个词汇里"事件"和"物体"各自的含义，只将造成事件的物体视为真的、视为实际存在着的实体，而物体的"事件"并没有被严格地看作是一种与实物具有同等地位的实体，仅仅将其看作是一种现象，是无法把握的、虚幻的过眼烟云。

当然，这也不是谁的过失，社会在这个阶段所面临的主要任务是生产出足够多的、具体的物质产品，突出的困难是解决日益进入自觉状态的人群的温饱问题以及起码的尊严问题，只是在这些产品出现冗余之后，更多的、另外的、新生的、原先被遮蔽的需求才可能被更多地注意。

相比之下，东方哲学，特别是中国古典哲学里有一种更全面、客观、富有远见的传统思想，既不是唯一物质的，也不是唯一"精神"的，更不是两元分立的，而是以"一阴一阳之谓道"作为基本原则，是对立统一的。可以偏重于某一个极端，但是，不能最终超越这两个极端，所有的具体事物都只能处在这两个极端之间的某个具体的位置，只有处于这两个极端之间的事件和物体才是实体，才是存在者，只不过性质和层次有所不同罢了。因此，也就无所谓纯粹意义上的虚拟存在者，也没有纯粹意义上的物质实体。所有对象都是实体，都首先作为存在者，"虚拟"只有相对意义，一旦作为对象，就决不能是一种虚幻的、不实际存在的东西，而是真实存在着的存在者，是某一角度或层次的对象和实体。

在东方，在中国，这并不是一个革命性的、新颖的哲学工具，而是一件有待发展和完善，有待不断脱离自在的直觉和天然的契合，逐渐走向自觉化、科学化、理论化的利器。也只有站在东方古典哲学特别是中国传统的对立统一思想基础上，才可能顺理成章地把元间作为实体，作为实际存在的对象，作为与物质具有相同地位的实体来看待。

对于元间经济学的讨论不仅仅只有思辨意义，我们总是期望从理论的探讨中找到有助于理解和处理实际问题的一线曙光，找出一些具有启发性的有用的思路和方法。比如，是不是可以把许多经济动荡看作是由元间产品和物质产品在积累程度上的差异而产生的现象？

元间需求品是从手段性的需求品发展而来的，最终成为了一种相对独立的、主导性的、目的性的需求品或需求对象。如果将来出现了专门的"元间经济学"，这个学科或许将是站在元间需求的视角，反观物质需求，仅将物质需求视为实现元间需求的手段和媒体，是专门针对元间需求产生和实现过程的讨论。

有必要研究这样一些问题：

（1）我们究竟有哪些元间需求？

（2）元间需求是如何发育与积累起来的？

（3）元间实体作为一种需求品，有怎样的生产、交换、分配、积累、消费的方式与过程？

（4）元间需求与物质需求两者的实现过程之间有什么样的关系，两者之间会发生怎样的相互关联和影响？

（5）两种需求及其实现过程共同构成的人类需求可能会有怎样的发展趋势和绚丽图景，人类需求乃至一般需求及其实现程度所能到达的极限在哪里？

（6）元间需求的积累将会对人本身的性质和结构发生怎样的影响？

（7）人们为实现元间需求所创造出的种种生物的、物理的、化学的、智能机器，会不会从工具演变为主体，演变成具有自身需求的主体，演化为一种新的自在的、自为的、自觉的需求者？这种新的需求者将如何与人相处？这时的"社会"形态又将是怎样的？

在"一般需求"的框架下，人的需求是一个伴随人本身进化、发育过程而发育、进化、积累的过程，是一个从生成到转化为其他可能生存形式的过程，或者说人的进化就是人的需求和需求能力的进化，同时也是大自然本身的进化和演变。讨论人以及人类社会的元间需求，就是将这个过程作为话题，特别是将这其中的元间部分作为重点对象，展开、整理、发现、揭示、推测其中特征的工作。显然这是一个庞大的工程，这里，我们只能管窥这座巨大冰山表面微不足道的一角。

4.2.2　元间需求品的发育

把人作为沿着自在、自为、自觉的线索发育形成的一个生物体。

既然是站在现有认识能力的角度来看待、观察、分析人的进化，就应该坚持把此前不同进化时期的人的性质看作是一个连续的全过程，沿着从 DNA 人到身体人再到意识人的发育线索，把现有的人看作是各个阶段人的不同性质的积累形式。从这个思路出发，人的元间需求可以分析为不同阶段、不同性质的内容，分析为 DNA、身体、意识这三个层次的性质，看作是由这三种性质组合形成的需求主体。讨论人先天具有的和后天生成的元间需求品也应当从这三种性质入手。

元间需求本质上是一种有待实现契合的元间形式，而元间产品就是与之契合的对象，是元间需求所指向的对象性的另一个元间实体。

1. 对于 DNA 人

DNA 本身所具有的特定的元间形式本身就是元间需求的目标，自己将自己的元间形式作为需求对象，将复制和传承这种特定的元间实体作为自己的需求。为了实现这个需求，在维持自身的稳定的同时，还要同化外在的对象，将环境中其他的物质素材重新排列、同化、改造成为自己本身元间目标所规定的样式。

仅就后一个任务来说，获得可以被直接使用的素材，获得更容易被同化的素材，更有利于复制工作的完成。因此，DNA 人对于对象的元间形式有一种"期望"，在所有可能遇到的各种素材中，更"偏爱"和"乐于"获得具有特定元间形式的素材。撇开这些素材的物质分量不说，这种对于特定的素材样式、素材元间形式的期盼和要求就是 DNA 人的元间需求。能够与之契合的另一个实体，一个具有这种元间形式的实体就是一种 DNA 人所需求的元间品，或说元间需求品。

细胞是 DNA 人发展了的、更加完善的个体形式，细胞成为实现DNA 元间需求的工具和手段。细胞生成了一定的"捕猎"能力，直接从环境中寻找、挑选、吞噬与之契合的对象。这些可以直接猎得的对象还不能完全保障需求，直到细胞自身出现了分化，一部分细胞器具有了将不大合适的外来素材进行加工和改造，将其制造、变化成为可以契合的对象时，这些对象才真正成为"产品"，其中的元间成分就是作为实体的元间产品，这是自己为自己生产的产品。

如果，一个细胞的某些需求大于自己的生产能力，生产能力不能满足自己的需要，自己为自己生产的需求品某些成分是短缺的，某些成分又是冗余的。这种盈亏不仅相对于这个细胞自己，也会相对于周围的其他细胞表现出来，因此会出现与其他细胞的互通有无，细胞之间会因此而生成生态体系，生成了分工和交换关系，相互为对方提供产品，就生成了新的联系方式，个体的DNA人就组织成了群体的"DNA人"，DNA人的群体就开始走上了一条生成身体人的进化道路。

2. 对于身体人

身体人作为一种自为的生命形式，是DNA人相互联系的一种具体形式和结果，是一种为了实现DNA人更有利生存的工具和载体。开始，身体人所要求的需求品，都是DNA人所需求的需求品，都是为了实现DNA人需求的需求，身体人只是一个移动的加工厂，是一个交换需求品的市场。但是，到了后来，层次的差别和差别的积累导致了DNA人和身体人两个需求者的两类需求品之间出现了差别，这些差别的积累，最终成为两种需求品。身体人直接面临的环境和对象与DNA人面临的环境和对象发生了分离，导致了身体人具备了相对独立的性质和需求。

既然身体人是从作为DNA人之工具和手段的地位中成长起来的，身体人的需求就首先来自DNA人，按照DNA中事先规定的、已经存储着的先天指令而行事。DNA不仅是生命主体，同时这个生命主体本身就是一部指令和程序。

这些规定和程序中至少有两种内容：

一是作为需求主体的DNA人必须的需求品以及获取这些需求品的方法；

二是作为需求主体的DNA人的内在关系形式和外在关系形式。

其中，由于DNA人的需求必须通过身体人的途径才能实现，所以，所谓内在的关系指令就是决定身体人内在结构、细胞之间的关系以及发育成长的程序和蓝图；外在的关系形式规定了与环境中其他实体的关系方式和行为模式。比如，怎样应对季节变化，怎样应对天敌，如何追寻配偶，怎样养育子女……而对于身体人来说，又面临双重的外在环境，除了通常意义上的自然环境之外，他人也是自然，是另一种性质的自然环境。

我们知道，DNA 人的这些性质以及通过身体人表现出来的这些性质都是在与大自然长期共存中生成的一种契合关系，是自然势态的互补形式。这种互补形式作为元间实体被以 DNA 的方式记忆了下来，这种抽象文本被以身体人的形式具体表现了出来，是相对于抽象文本的一个具体的"形象文本"。

处在大自然环境中的身体人，一出生，就携带着对于这个世界中特定环境、特定物质素材形式的追求目标与标准。比如，可以分辨、选择奶水和食物，可以选择不同温度的居住环境……

人先天具有逻辑思维和判断能力，具有时间和空间的观念，开始逐步发育出对真、善、美的喜好和向往，积累形成从自我表现和竞争中获得快感的冲动。

处在人群中的身体人，先天就具有了在一定程度上处理与他人关系的准则和能力，先天具有与不同于他人的处理人际关系的风格与个性。心目中已经有一个不自觉的对于人际关系的期望和标准。比如，对于异性体型与相貌特征的挑剔和喜好，对子女的爱，对友情的渴望，对酋长的臣服，对敌人的恐惧和仇恨，对于领土的敏感……

这三类作为先天标准和倾向的元间实体就是这个身体人的元间需求指向，能够与之相契合的元间实体，就是这个身体人的元间需求品。

3. 对于自觉人

高度发展了的身体人所拥有的先天能力是一个越来越复杂的系统，他这种需求日趋广泛，很难再像过去那样仅仅靠先天的指令直接实现和驾驭了。后天的、现场的观察、判断、决策成为不可缺少的环节，或者说，采用后天的、现场的闭环处置系统比仅靠先天的相对开环系统更具生存的可能，更能获得竞争优势。

后天通过感知器官获得的信息与先天就存储在 DNA 中并表现为大脑先天结构等形式的初始原则进行比较；不同时间间隔取得的元间信息

先要储存下来，之后再进行比较；比较的中间结果也要存储，作为另一次比较的元间实体。这样，不同来源、不同层次的元间实体就成为比较者、成为元间关系者、成为作为元间实体相互的、比较的要素，要素之间的比较实际上就被用这种比较关系联结在了一起。比较的方式就是要素之间的关系。这些作为要素的元间实体不断积累，达到一定程度后就会形成经验实体，成为体系化的元间实体；这种比较成果高度积累，到一定程度之后，又会形成经验实体之间的相互比较的条件。当经验实体的规模足够大，达到可以作为一个相对独立的立场的程度时，就能站在这个经验实体的立场上去观察、比较另一个元间实体，观察和比较另一个经验实体。还可以反过来，将刚才曾被作为对象的那个元间实体作为立足点，再去反观另一个曾被作为立足点的那个元间实体。甚至可以在这两个元间实体上不断地跳来跳去，不断地改变立场，不断地对比、权衡，直到做出决策。常看到一个人正走着就突然转回头，走了几步又转回来，反复多次。显然，他心中正在比较着的两个都有可取之处但都有些不妥的方案，一时难以委决。

这种概念、经验实体之间的比较，这种情景推演、效价评估过程就是意识过程，是自觉的过程。

依靠后天意识的决策，将意识的内容、经验实体、后天的元间实体作为主要意识对象，自己知道自己意识过程的人就是意识人。

身体人作为 DNA 人的工具，创造、生成了意识能力，用意识能力作为自己的工具。不幸的是，这个被身体人作为工具而营造出来的意识，逐渐发育成了"意识人"，意识人自己成为了自己的主体，不仅如此，还逐步篡夺了身体人的主导权，反过头来逐渐将身体人沦为意识人的奴仆和工具。身体人沦为了 DNA 人和意识人的双重工具。

在初始的意识人的意识过程里，作为比较对象、作为行为目标的元间实体主要还都是 DNA 赋予的先天的、本能的指令和程序，后天的、即时的、直接经验性的元间对象只占少数。之后，身体人不断将后天的经验实体充实到先天的元间实体中去，扩展 DNA 的内容，修改和充实了比较的原则和习惯，这个正反馈过程加速了意识人的生成和发育，加速了身体人向意识人的进化，直到意识人最终夺得统治地位。

对于身体人来说，当外在的元间对象与内在的元间标准达到最大程度的契合时，会产生快感，反之，会产生厌恶、失败、沮丧等快感的否定形式。快感及其否定形式都是生存的工具。在作为 DNA 人工具的阶段，身体人自己也必须保持这最后的、最低程度的"思维和意识"能力，这些最后的一点控制权相对于意识人的意识来说是一种下意识或无意识的"意识"。

对于意识人来说，实现繁衍和生存的过程越来越长，环节越来越多，越来越趋向间接化，无数成功信号的累积才可能导致有利于生存的结果。那么，就需要更多快感信号的出现。每一个环节的终结，每一个具体步骤的实现都会产生属于这个步骤的阶段性的成功信号，于是，追求快感信号本身也成为了意识人的目标。当前获得的个别快感信号已经不一定都必然直接导致生存和繁衍的效果了，许多快感信号与生存、繁衍的最终目标显得并无直接关系，甚至可能是相悖的。意识人的需求逐渐多元化。

对于这些过程性快感信号的体验常常被称为"快乐"或"幸福"。快乐与幸福以及追求快乐与幸福的过程成为意识人最重要的元间需求品。

意识人常常用快感信号奖励身体人，鼓舞和激励她为自己工作；驱使身体人透支、滥用 DNA 人的先天快感感受能力，以致这种奴役和驱使的行为深刻到 DNA 层面，从根本上改造了人的基础性质。

意识人之间的相互关系又形成了社会文化层面上的元间存在，这意味着，意识人的意识有两个基本方向，一是向外的，一是向内的。而向内的意识对象是意识人自己的意识过程、意识过程中的元间实体，也就是指向意识人自己，甚至指向身体人、DNA 人自己。

其实，这个意识的过程并不是很长，仅就有文字记载的思想史看，印度教和佛学开始反思思维过程不过 2500 多年，《黄帝内经》是系统研究身体人和意识人的专著，到现在也不过 2500 多年。从克拉克、沃森等人揭示 DNA 双螺旋结构，到如今也只有 60 年。我们离真正了解 DNA 人还相当遥远，更不要说彻底理解三者相互作用的复杂局面了，探索人的需求特别是人的元间需求的工作才刚开始。

4.2.3　自觉与不自觉的元间需求

仅从现有知识出发，意识人的元间需求至少可以分为不自觉的和自觉的这样两大类。

意识人先要被动地执行 DNA 人和身体人赋予的先天任务，是实现这些任务的工具。DNA 人和身体人的元间需求首先是意识人的不自觉的元间需求。

作为实现先天需求的工具，意识人总想做得更好，也就不得不经常问自己，我为什么要这样做？我为什么需要这些东西？怎样才能做得更好？这是意识人对不自觉元间需求的反思，这种反思和追问本身也发展成为一种元间需求品。

当然，初始的追问一开始也是不自觉的，只有追问的追问才是自觉的。追问所得到的结果是一个元间成果，通过这种元间成果，意识人开始实现了自觉，这种元间成果就是一种自觉的元间需求对象。自觉的元间需求由此而产生、积累、发育成了一类独立的需求品。

人的元间形式，人的不自觉元间需求，都是对于自然势态的契合形式，对不自觉元间需求的追问和自觉，就是对自然本身元间形式的追究。由于人本身也是自然物，从这个角度出发的自觉，就是自然自己对于自己的自觉，自然通过人这种自然物实现了部分的自觉。探索自然、认识自然、获取自然世界的元间实体也是意识人的元间需求。

生成对策的过程是一个元间组合、演绎、筛选的过程，元间组合就是重新调整现有的元间素材或实体之间的关系，将其重新组织成新的另一种元间实体。组合生成的新的元间实体又再次成为应对势态的对策，成为应对势态的行为，最终可能产生成功或失败两种极端的结果，由此可能导致快感和沮丧，于是，元间组合产生新的元间实体就与快感及其否定形式相联系，也就成为快感及其否定形式生成的另一种途径。

元间组合生成新的元间实体成为一种新的元间需求品。这种元间需求品可以具体地物化为新的物质产品；还可以外化为一种行为和动作样式，比如一首歌曲、一段舞蹈、一篇演讲、一次推广活动、一本书、一个创意、一个主意……

新的方案、新的元间实体在付之行动之前，在演绎阶段就要接受内在模拟环境的考验。能通过这种演绎过程的检验也是一种成功，也能获得快感。这就是说，不一定要将新组合形成的元间实体物化、行为化、外在化，不是只有通过外在的、物化了的对象才能获得快感。仅仅在主体内部，仅仅通过自我意识的演绎过程中，从对象化了的元间实体中也能获得快感。这样的元间演绎过程作为元间实体也是一种元间需求品。

元间需求品可以以不同程度的纯粹元间实体的形式存在和表达。

4.2.4　元间需求品的依存形式

由自我意识的元间组合能力所形成的新的元间实体可以有两种极端的表达形式，一种是通过行为化、物化为外在的对象；一种是依然作为自我意识中对象化了的元间实体。具体的元间组合生成的元间实体或多或少地同时具有这样两种表达方式，处在这两种极端方式之间。这个原则也适用于所有元间实体的表达与实现。

DNA之类生命实体中的元间成分，与其所依据的物质形式是高度重合的。甚至，它的元间需求很接近它的物质需求，还没有很大的区别。身体人就不同了，身体人的元间需求与物质需求出现了相互分离的情形。比如，用甜味剂取代蔗糖，只想体验甜味，回避蔗糖所包含着的更多其他物质成分；意识人越来越多地倾向于更纯粹的元间创造和体验。

由于物质与元间的对立统一性，本质上，所有元间都只能附着在具体的物质载体上，但是，物质载体本身却有各种不同的性质。可以根据元间需求品所附着的物质载体形式对元间需求品进行分类。

1.直接附着在物质载体中的元间需求品

DNA 人的元间需求品，更多的是它所指向的物质实体本身。

身体人的元间需求品逐渐更多地指向物质实体中的元间成分。元间需求品对于物质实体的依赖有两种极端的情形：一是直接等同于物质实体，这时元间需求就是物质需求；二是仅仅只有象征意义，最低限度地依存于物质实体。例如，玉米碴子粥和牛奶是两种早餐，满足不同的物质需求和元间需求，元间需求品直接附着在物质实体上。但是，如果要用这两种早餐来比较两个消费者的身份差别，那么，早餐里就附着了感官和文化层面上的元间需求，开始，可能用牛奶作早餐的人显得更阔绰，后来又正好相反，口味饱和了、变化了，文化环境改变了。这种感观层面、文化层面的元间需求与特定物质载体本身性质的直接对应程度已经逐层弱化了。

身体人元间需求的实现要通过自然环境和社会环境这样两种途径。

2.附着在人际关系和行为中的元间需求品

借助媒体，元间实体可以在主体间、在社会中、在所有大脑之间方便地记忆、转移、交流和传播，所有的这些物质媒体就成为元间需求品的镜像和依托。

生活在社会环境中的人具有物质性和关系性这样两种性质，是人际关系的主体。但是，人际关系本身不是物质实体，人的行为本身不是物质，仅仅是依存于物质载体之上的元间形式。

人际关系的特定形式是人际关系的不均匀凝聚，是离开物质载体更远的另一层次的一种元间实体。

对于人际关系的需求是一种非常重要的元间需求。

例如，"引起他人注意""在气势上胜于他人"是大多数人天然的、本能的愿望，甚至是一种基本需求。但是，这种元间需求只能以人际关系本身作为载体，是把一种元间实体作为了另一种元间实体的载体。因此，对于一种特定人际关系形式的需求只能在特定的人际关系环境中获得与实现。

同样，行为本身依存于物质载体，但是行为在作为元间实体的同时还可以作为另一层次元间实体的载体。例如，秦王为赵王击缶这个行为，第一个层次是各种物质的一个集合及其演变的过程，第二个层次是一种行为，第三个层次是这种行为之中携带着的人际关系的需求与实现。这个动作只能由秦昭襄王亲手所为，才能使蔺相如满意，才能实现赵王的元间需求，除此之外没有意义。一个人所获得的荣誉和尊重也只有在这个人所生活的人群和场景中才有现实意义，是依存在这群人相互之间的关系局势中的一种特定形式，离开了这个环境就失去了意义。

3. 附着在脑神经联系方式中的元间需求品

与其他心理体验一样，心理需求作为一种元间实体也依附于大脑神经细胞这样的物质实体相互间的联系方式之中，这种联系形式本身不是物质，而是元间实体。

除了以实现生存为目标并直接指向物质需求品的欲望之外，还具备诸如希望在群体中获得尊重和名望的需求、克服困难的意志和发起挑战雄心、创造新产品、新结构的冲动等无数的元间需求。这些物质和元间的需求目标来自先天和后天这样两个源头：首先是来自DNA之类遗传信息中的先天指令，根据这些指令，大脑神经系统形成了相应的结构，以这种结构方式表现先天元间需求，指挥身体人具体实施这些指令，成为这个人的先天行为方式；其余的是后天经验积累形成的元间实体，是一种被记忆了的目标性元间实体，也作为指令系统中的一部分，成为决定这个人行为指向的重要因素，获得了某种需求品就能产生相应的快感。

大脑中所记忆的先天和后天需求品，并不都是直接的具体需求品本身的形式，许多是具体需求品的契合形式或抽象形式，或者是这些需求品所能导致的快感的形式。

4. 附着在传播媒体和"智能机器"之上的元间需求品

所谓智能机器，是被元间化了的物质，是人创造的新的物种。例如电脑游戏软件。脑神经系统是一种被元间化了的物质，不过这仅仅是可以被元间化的众多的物质中的一种。就如同可以用火柴棒、继电器、晶体管门电路、射流技术、DNA分子、齿轮组、量子尺度的微利等无数种不同的物质实现同一个逻辑运算一样，许多物质都可以被元间化、被智能化。可以用我们的元间能力去同化这些对象，用来帮助我们实现海量的记忆和高速、复杂的运算。

我们的元间需求可以附着在这些被不同程度智能化了的物质载体之上，这没什么稀奇，就像把一个想法记录在纸上一样，对象只是被元间化、被智能化了。事实上，要不是出现了纸和笔，仅靠人天然的记忆和检索能力，现代科学是不可想象的。因为要实现复杂的自我意识，将自己的某个想法作为稳定的思考对象是一件相当困难的事情，只有把它们转移出来，记录于外在的媒体上，才能获得更稳定的记忆和更方便的检索，才能更稳定地实现自我意识的对象化。

真正的奇迹出现在这些原先被元间化了的外在物质可能发展成为具有自己生成新元间能力的主体，甚至可能具有自己意识自己的潜质。当一个系统拥有的单元数目足够多，互联数目足够多，所有单元都能实现充分的自由互联，这时，这个系统和我们的大脑就是一个相似模式的体系了。或者可以说，我们的大脑只不过是普遍联系模式的一个特例罢了。这些新兴的智能主体和我们的关系就会像另一个人一样。果真如此，我们就不得不以平等的身份对待它了。既是智能的主体，就可能具备自己的元间需求，我们甚至可以像人与人之间那样与其交换元间需求品。

4.2.5 稀缺的元间需求品

每一件物质需求品都是唯一的，如果很多需求者同时将自己的需求目标指向同一个物质需求品，这个需求品就是一种稀缺的需求品。与此不同，元间实体具有无限复制的可能，所以，对于纯粹的元间需求品来说，同一件元间需求品有可能同时满足无数名需求者的需求。但是，由于在宏观尺度上，元间实体都不同程度地依附于物质实体，物质的唯一性就制约了元间的可无限复制性，元间实体的可复制性就处在可无限复制性和唯一性这两个极限之间，只能表现为某种程度的可复制性。通常，偏重于可无限复制极限的元间实体并不稀缺，只有依附于难以复制的物质品之上的元间实体才是稀缺的。物质品的稀缺性造成了元间需求品的稀缺。

当元间实体相对独立于物质实体，或者说在物质载体对承载于其中的元间实体不构成实质性约束的条件下，元间实体的供给最终会到达极限。如从网上免费下载的一首歌曲，可以无限复制，无须争抢。这样的元间需求品，其稀缺程度仅仅是获得这个元间品所需的时间差，是"先睹为快"的体验差别。

由于元间实体的可复制性，满足元间需求的过程常常是一次性的，只要获得过，就不再需要，就不再是稀缺的。这也就是"喜新厌旧"的由来。

在纯粹元间实体的层面里，元间实体都是依托于其他元间实体而存在的。这时，一个大的元间实体由一系列作为要素的元间实体以一定的关系形式所组成，所有要素密不可分，缺少了任何一个要素都会造成整体的缺憾，缺憾的程度就是某个纯粹元间需求品的稀缺程度。比如一位老年人关于自己初恋的记忆以及与此相关的纪念物，就是相对于这个需求者最珍贵的无可替代的元间需求品。

元间需求品除了通过复制、转移的途径获得之外，更重要和根本的来源是用组合、创造的方法生成新的元间实体，使这些元间实体成为新的元间需求品。由于元间实体的可无限复制性，真正稀缺的是新生成的元间品。最先组合形成的新的元间形式、新的创意和设计成为本质的稀缺元间需求品。

只有先期生成新的元间实体，才可能有后来的元间扩散和分配，按照新元间实体的新颖、适用的程度，不同需求者对于不同元间需求品才会产生不同的需求强度，形成不同的稀缺程度。

有些元间需求品依附在另一种元间实体之上，最终可追溯为是一种间接依附在物质实体之上的元间实体。例如，依附在人际关系中的元间需求品。就像"贝贝"必须同邻家小狗争宠一样，受宠者的名额有限，绝对排他，绝不愿与别个分享情感；每年的世界小姐冠军只有一人，这顶桂冠将会给获得者带来无上的荣耀，这种元间需求也是绝对排他、绝对稀缺的。

实际上，绝大多数的元间需求品都既不是无限多也不是独一无二，而是介于这两个极限之间。人对于元间需求品的竞争及竞争结果的平等性被限制在一个与实际社会生活相适应的具体范围里，竞争的结果造就了每个人具体的元间生存状态。

意识人把人际关系作为最重要的元间需求品，对于这种需求品的追求有两个极端的倾向：一方面，趋向于扩大人与人之间的差别，追求差别的最大化以及这种差别的持久性和稳定性；另一方面，追求平等，希望实现所有社会成员平均拥有相同尺度、相同内容的元间资源。两种相反的追求导致了元间需求品分配的复杂性。

4.3　作为元间需求品的人际关系

4.3.1　关系性元间需求的生成

依照普遍联系的第一个模型，所有元子之间因无限维联系结成了统一的整体。由于这种联系的不均匀，其中出现了差别和差别者的不均匀分布，出现了不对称的凝结，形成了物质与元间这样两种实体。我们日常生活着的这个世界，我们天然感受能力所及的这个世界，是无限维世界中微不足道的一簇不均匀展开了的维度中的一个微小局部，在这簇维度充分积累形成的局部里，一个突出的特征是物质与元间这两种实体的对立统一。因此，这个定义域中的物质都是结构的，结构都是物质的，所有实体都处在不断凝聚和消散的过程中。

生命从这个凝聚过程中生成，是这种凝聚态持续演变和积累的一种特殊形式，这种特殊在于出现了"目的性"，生命物质是按照已经事先确定了的元间实体自己复制自己的特殊物质。一个事先就已经存在了的物质与元间对立统一实体（如 DNA）本身又成为另一层次的蓝图和程序，这个程序事先就规定了将要形成的新物质实体其物质要素的元间性质以及这些要素之间的关系形式。

生命的高级形式以细胞为特征，细胞之间的联系本身以及这种联系的具体形式都是这种关系性实体的具体表现。

人是生命物质发育积累的一种更为特殊的形式。通过人的生成，大自然出现了革命性的变化，不仅实现了元间的抽象，还生成了抽象的元间。原先物质与元间直接统一的局面出现了相对分离，生成了相对独立的物质实体和元间实体。除此之外，另一个重要进步在于，被分离出的元间实体能够被作为对象，能够被认识，而认识主体和被认识的对象共同处在同一个人的大脑中，一个人自己可以认识自己记忆中的元间实体，能知道自己在想什么，知道自己的一部分元间实体正在认识自己的另一部分元间实体，生成了自觉能力。

就像人体中的一个细胞首先生活在其他细胞组成的环境中一样，一个人首先生活在人群中，之后才生存在大自然中，人正在逐渐脱离以个体形式直接面对自然环境的阶段，开始更多地以群体方式与大自然相处。不再直接以天然的大自然环境作为生存环境，而是生活在人自己生产、创造出的人造环境中，随着这个人造环境的不断积累和完善，人趋向于通过人造环境间接地与原来意义上的自然发生关联，趋向于生活在一个间接的自然环境中。每个人都以其他人为最重要的生存环境，人与人之间的关系就成为最重要的生存条件。也就是说，人际关系成为每个人最重要的生存条件和手段。

正如在进化史中，许多原先用来实现需求的手段都发育成了需求对象那样，许多作为生存手段的人际关系形式也都不同程度地发育积累形成了一类相对独立的需求对象。例如爱情和亲情，最初都不过是生物生存繁衍的方式和手段，如今却已经成为最重要的生活目标，人际关系成为了重要的元间需求品。

综合上述关于元间需求生成历史的回顾，可以发现，元间需求的生成是一个漫长的过程，每一个阶段都有自己特定的积累和存储、记忆形式。

自在阶段里，是用与势态直接契合的具体形式来实现记忆，用物质本身的形式直接实现这种记忆。元间需求就是物质需求本身，需求对象本身就是关于需求的记忆媒体。

在自为阶段里，用 DNA 之类的间接方式存储和记忆，不仅元间需求与物质需求发生了分离，而且，元间需求的内在目标和外在对象都是与物质需求不同性质的另一种新的需求。DNA 本身是自己的记忆媒体。

自为的生命，除了实现对于物质的环境的需求之外，原先作为生存和繁衍手段的元间需求开始发育成为一种新的目的性需求。例如对母爱、互助、愉悦等情感的需求开始萌发，许多情感的、非物质的需求开始成为元间需求品。这些专门用来指导如何协调、处理要素之间关系的关系性元间实体，这类元间实体大部分储存在先天的 DNA 之类的记忆机制里，使得生命物种天生就具有许多元间需求，这种相互关系的元间实体实际存在于、依附于相互关系本身，或者说相互关系本身就是相互关系的媒介和载体。

自觉能力的出现，使得自觉的主体对原先作为本能的相互关系产生了认识，相互关系本身成为了意识的对象，将相互关系作为元间实体从实际的相互关系中转移、下载出来，转移到大脑中，大脑成为对于这种元间实体的一种新的记忆载体。

人并不是简单的记忆、体会这些元间实体，还会对其做分析、综合处理，将其与自己的许许多多的目标相比较，与自己的各种经验相比较，不仅如此，还会对其进行组合与演绎，生成新的元间实体，其中就有我们这里更感兴趣的关于人际关系的想象和理解，也许还会生成自己对于特定人际关系形式的愿望和梦想，生成许多新的元间需求品。比如暗恋上了某个意中人，比如《镜花缘》《伊加利亚旅行记》中的理想世界。

当人把自己头脑中存储着的关于人际关系的元间实体转变成行动，这个元间实体就重新回到了所有需求主体之间，还原成了实际存在着的相互关系者，成了实际存在着的人际关系，社会又成为人际关系这种元间实体的记忆、实现的媒介和载体。

由于人同时生存在三种生活状态中，上述三种记忆媒体中存储着的需求指令共同发挥着作用。三者共同构成了我们的文化。

文化的发展本质上是世界自己的自我意识能力的发展，世界通过人这样的主体实现了自我意识，对自己的了解也越来越多，对于作为自我意识主体的"了解者"自身的了解也越来越深入。我们发现，我们这样的了解者，是一种情感色彩非常浓厚的生物，社会成员之间的关系形式成为影响这个社会性质和发展趋势的最重要因素，而社会成员之间的关系形式又是被每个社会成员基本的元间需求所决定的。

从自在自为的角度、从生物学角度看，人与人之间的关系、人的行为模式是被动的，是被先天的遗传因素所决定了的。从社会学的角度、自觉的角度看，人与人之间的关系、人的行为模式又是主动的。实际上，这两种力量共同决定着人的行为，不仅决定着人和社会的物质需求，也决定和影响着人和社会的元间需求，这两种需求及其实现过程又是相互关联和相互影响着的。

既然人际关系是重要的元间必需品，是影响人类生活的主要因素，因此也是一个重要的研究课题。

4.3.2　人际关系的两个极限

有必要回顾一下要素结成实体的一般原理：

要素之间是区别的，如果无限趋向于接近，最终将会融合，要素将不再作为要素，整体也不是原来意义上的整体了；如果要素之间趋向于无限分离，一旦分离到了相互之间的作用没有意义的程度，要素也就不再是一个整体中的要素了，整体也同时不存在了。这样，就有了两条极端的边界，一是相互绝对同一的边界，一是相互绝对分离的边界。所有实体，所有由要素构成的实体以及要素之间的关系都只能处于这两个极限状态之间的某个具体位置，都是这两种极端性质的对立统一者。

人作为一种物体，与所有的其他物体一样，也处于这样的对立统一关系之中；作为一种生物，与其他所有生物处于这样的对立统一之中；作为人这样特殊的生物体，与所有的人也处在对立统一之中，在与所有人保持独立和区别的同时还保持不同程度的联系。因此，对立统一是"人际关系"的最基本性质，是最基本的元间需求形式，也是最基本的人性。

一方面，为了实现自己的独立，争取到自己的生存权，保持和凸显与他人的区别，与他人的关系就只能是独立、竞争、冲突的，极端情形下是敌对的，这种极端的人际关系原则被称为"利己性"，利己性的极端或被称之为"恶"；另一方面，要同他人保持联系，相互作为生存条件，对于他人就必须是友好的、吸引的、合作的、和睦的，这个极端的人际关系原则常被称为"利他性"，利他性的极端也就是通常我们所说的"善"。关于人性的善、恶之争由来已久，其实，人同时具有这样两种极端的天性，都先天具有这两种抽象形式的范畴。

社会中，所有的人类行为都是这两种元间实体的具体表现形式，都可从先天、后天的元间分析和处理过程中不同程度地形成和获得这两种极端形式的范畴。因此，每个人都不同程度地作为这两种相反性质的对立统一者，每个人都不同程度地具有魔鬼和天使的双重性质。具体的人、具体的行为都处于这两个极端之间的某个具体位置，相对于不同的对象、站在不同的角度有不同的表现。人在不同的条件下，对不同的对象采取某个极端的或者处于极端之间某种具体尺度的关系形式。

人际关系的所有模式都发端于生存的手段，而这些手段中的许多内容被逐渐发展成了一种相对独立的需求对象。比如，渴望被人宠爱和尊重、追逐对他人慈爱与呵护的机会和权利；试图从影响、操控他人思想和意志的效果中获得快感；温良与谦让、贪婪与占有、嫉妒和复仇……

这些元间需求逐渐成为人基本生存需求之外的另一类重要的生活目标。

善与恶既然是人际关系的极限，就具有不可逾越的边界性。试图通过极善或极恶的初衷和努力来消除一切差别，达到所有个体成为无差别的绝对平等的同一种境遇，这是不可能的。假如真的接近了这个位置，极善与极恶所能实现的将是同一种结果。

2000多年前孔子就提出了"君子和而不同"的理论，始终被作为中华民族生存与发展的基本原则和信条。事实证明，唯此才是一条和平、安宁、发展、幸福之道。

4.3.3 普遍联系的第四个模型

人生活在由人组织而成的群体中，人与人就处在相互联系之中。如果每个人都具有自觉能力，都具有与任何人发生联系的潜能，如果每个人都能把自己所具有的所有与他人发生联系的所有手段和方式，无论善与恶，无论物质与元间，在所有时间、空间的维度里都平等地、无差别地实现到每一个人，从总体上看，就达到了人与人之间联系的最大极限。在这种极限状态下，每个人都知道这世界上所有的知识或信息，都平等地占有世界上所有的财富和资源，每个人都对世界上发生的一切事件，对世界上的每一个人都有均等的影响能力。这就是人际关系所能实现的最大极限。这是本书涉及的第四个关于普遍联系方面的模型。

事实上，我们生活着的这个社会是远离最大联系极限的、变化中的、某种具体联系程度或具体不均匀程度的凝结状态。尽管离实现的人与人之间普遍联系的极限还相当遥远，但是，回顾人类社会发展史，很容易发现，人际关系的发育趋势是朝向这个方向的，我们对于这种趋势的理解本身也是人际关系的一部分，也朝向这个方向。这就是说，人对于人本身以及对于人际关系的自觉程度也是一个发展过程。例如，互联网技术的发展已经可以实现让每一个人与任意一个人发展的趋势指向人际关系的最大极限。

中国古代很早就出现了"天下"的观念，但是，对于这个"天下"

究竟有多大，天下的边界在哪里，并没有系统和认真的探究。几百年前，几乎每个民族对于更遥远的其他地域、国家、民族的情况都知之甚少，联系程度非常低，彼此相对隔离和封闭，有些甚至全然无知。这种局面直到郑和远征、哥伦布环球航行之后才开始有了改观。伴随工业革命和信息技术革命的全球化浪潮，人们对于"天下"的整体局势才开始形成了一个大体全面的视野，人类对于自身的整体自我意识才取得了实质性的进步。

可以把家庭、族群、团体、民族、国家、国家集团等这些以人为基本要素组成的群体都看作是人与人之间无限可能联系方式中的一部分实际实现了的凝聚状态，看作是普遍联系全部可能性中被实现了的一组组极度不均匀分布的团粒。

人与人之间发生元间联系的可能性和现实性明显大于直接物质联系的可能，因为，元间传播的效率远远高于物质的传播与分配，物质的唯一性成为制约元间传播和元间联系的瓶颈。

人际间的元间传播常常是不对称的，比如几十亿人可以知道一个人的故事，但一个人却难以知道几十亿个人的故事，这受到了人本身性能的限制。通信和计算机技术的发展帮了大忙，互联网的出现为人际间广泛联系增添了强有力的媒体和途径，每台电脑都可能与所有上网的电脑发生联系，都可能成为元间的发布者和接受者，都可能成为一个由电脑组成的临时性"团体"中的成员，通过这种媒体，可以在人际间形成新的相对凝结、相对确定的组织结构。虽然通过计算机信息网只能实现很少一部分内容的相互联系，但这毕竟是一个前景无限的开端。

有两个不同的观察角度：一是联系者，一是联系方式。这里所指的联系者是"人"，所指的联系方式就是人际关系。复杂之处在于，这两方面都把对方作为自己存在的前提，同时也都是造成对方发展变化的原因。两者相互促进，同时处在不断的运动和变化之中。这就意味着，我们参与相互联系的行为与过程可以改变我们自己。

人际关系是人与人之间实际存在着的联系方式，是人际间相互作用和交换的具体内容，又是对象性的元间实体，通过联系者之间需求品的交换来具体实现这种联系。这些需求品中有两种极端的成分——物质成分和元间成分，以及介于这两个极端性质之间的具体交换品。

自在和自为的条件下，在没有自我意识的条件下，这种交换已经开始建立和形成。具有自我意识的人出现之后，元间抽象能力、反思能力使人成为自觉的新的实体，新实体的加入改变了人的自在和自为的生存状态，改变了自己的性质，同时也改变了相互联系途径中所交换的内容，相互交换的需求品中越来越多地出现了更纯粹的、间接性程度更高的元间交换品。如今，元间交换品已经不再仅仅作为物质生存的工具和手段，反倒是物质品更多地成为实现元间需求的工具。

不过很快我们就会冷静下来，人际关系并不是我们实际生存的唯一环境，还有大自然。人作为进化中的一种实体，自己也不过是一种具有某种程度自觉能力的自然物。所有的需求、联系、联系者都建立在自在、自为、自觉的三维环境里，即便是试图通过纯粹的自觉能力脱离其他维度，达到纯粹元间境界的努力也只能得到相对的效果。

在所有的人际关系中，"平等"和"差别"是最令人纠结的一种关系方式，也是一种典型的元间需求品。

4.4　人际关系中的平等与差别

一开始，平等和差别都指向特定的需求品以及需求品的分配，后来，平等和差别本身也发展成了需求品。这样，人的需求目标就不再仅仅是原来意义上的具体的需求对象，分配方式本身也成了人际关系中的重要的需求品。

每个人都不同程度地同时具有平等和差别这样两种对于人际关系以及分配方式的希望，形成了两种极端情形。

4.4.1　人际间平等的极限

极限意义上的平等，意味着所有人际关系都能达到绝对均匀，这也许是对每一个人都能均匀占有所有自然与社会的产品和机会的一种期许。当然，这里所谓的"产品和机会"也有物质和元间这样两种极端的情形。最理想的社会是所有的人都能取得与别人同样多、同样性质的需求品，所有人都可以获得相同数量和性质的需求品，也就是说，所有需求者的地位是无差别的。

从普遍联系的模型中可见，假如要实现彻底意义上的人人平等，应当满足这样的条件：

作为普遍联系中的联系者，作为联系的主体，每个人本身所具有的内在素质应当是均等的、相等的；每个人都具有对每个其他人发生联系的可能并均等地实现所有这些联系；所有人之间的联系方式和所联系的内容是相同的，体现这种平等关系的交换也是平等的，是无差别的。这样才能实现极限意义上的平等。

人际间的联系也有物质的和元间的这样两种内容。

仅就其中的物质联系来说，即便是每个人都把所有的人作为自己物质需求品的来源，由于物质需求品的最终来源地是人类社会之外的自然环境，人要维持人与人之间的均等联系，就必须同时保持与自然环境的均等联系，每个人就要做相同的事情，每个人作为分工者的同时又必须实现整体所有的功能，这两者难以同时兼顾；在物质与元间对立统一的定义域里，由于物质的唯一性，一件物质需求品同一时间里只能位于唯一的空间位置，只能满足唯一需求者的物质需求，这就要求每一件需求品的数量至少要大于需求者的数量；物质需求品的传递需要时间，所以，所有需求品也是充分均匀的。

对于上述条件，仅从其中的元间联系来说，情况稍好一点，因为元间某种程度上脱离了物质唯一性的限制，可以更多复制，有更大的自由度，资源相对更丰富一些，有可能接近实现每个人都知道的所有事情的极限。但是，元间传递、扩散也要通过特定的媒介，因此也需要时间，使得元间分布在特定的定义域里也是不均匀的。物质与元间分离只有相对意义，达不到完全分离的程度。一个球场里实际可能容纳的观众数量总归是有限的，现场看球赛和看电视转播毕竟还是两回事，彻底的平等依然无望。

其实，正如我们已经讨论过了的那样，只有在每一个要素都简单到没有内容的绝对状态的条件下，相互之间的联系才能简单到极限，才能消除联系内容中物质与元间的区别，彻底的"平等"才是可能的。然而，这种绝对均匀，绝对地无差别意味着体系的消失和寂灭。

生命的、人的、社会的活力正在于差别，在于差别形式的多样性。

4.4.2　人际间差别的极限

所谓差别的需求，特指人对于需求品分配结果的另一种希望，希望自己可以比他人更优秀、更独特、更显赫、更有效，希望这些优势能够得到承认，希望自己偶然取得的优越势态也能得到尊重，可以比别人占有更多的物质和元间资源，直至有权支配这世界上的所有资源，吸引和独霸所有人的目光，支配所有人的意志、行为和命运。差别的极限就是差别的最大化。

人与人之间的"差别"就是"不均匀、不平等"，是平等的否定形式。

差别是形成个体以及维持个体存在的前提。特别是对于具有自我意识能力的个体的人来说，意识到自己的同时也就意识到与他人、与社会、与自然的差别，意识到自己相对于各个层次环境的差别形式。只有保持自己的差别形式才有自己可言，才能使自己成为整体普遍联系局势中的一个联系者。差别是自我存在的前提，每一个生命本身都是努力保持这种差别形式的一个过程。

只有人与人之间的关系才是人际间的关系，表面上看，这段表述似乎是同义反复，但是，如果把人作为人看作是一个过程，这个判断就是有意义的。这就意味着"人"是一个有程度可言的范畴。意味着一个具体的人在多大程度上接近了当前"标准"的人的范畴，又在多大程度上超出了当前"人"的标准。如果远离"人"的标准范畴，就没有资格作为人；如果远远超出了人的标准范畴，就不再混同于人类了。这样的两种主体不再是人，也就达到了人际间差别的极限。所以，联系者、差别者作为人的资格是人际关系间差别以及差别形式的极限。

4.4.3　DNA人、身体人、意识人

把具体的人作为一个连续进化过程中的某个特殊阶段和状态实体来看，早已不是一件不可思议的事情了。把所有生物物种的基因相似程度排成一个系列，排成一个时间轴，就会看到，人类所有种族的基因聚集在一个很小的范围里一起，相互间差异极小，虽然与其他物种有不同程度的相似和接近，但毕竟人的基因组是一个相对独立的元间实体，一个相对独立的物种。

人的身体是繁衍DNA之类实体的工具，同时DNA之类的实体作为元间实体又决定了身体的形式和特征。

遗传途径的差别造成了家庭、家族之间DNA的微小差别，这种差别的积累形成了种族之间的DNA差别。

"身体人"成为"DNA人"的载体，身体人同时生活在大自然的势态环境以及由身体人相互联系共同组成的社会环境中，身体人与这两种势态环境的关系都是既差别又契合的关系，差别与契合都是生存的手段，这种对立统一成为人类进化发展的基本动力。这种对立统一具体表现为与自然势态的竞争与合作，表现为人与人之间的竞争与合作。在竞争与合作的过程中，这两种能力本身都得到长足的发展和进步。而且，这些能力通过自然环境对于身体人的选择，间接实现了对DNA人的选择，DNA人的性质所发生的变化又改变了身体人的性质，于是，这些变化最终被积累成为身体人性质的一部分，不断改变着身体人的性质。

人际间的竞争与合作只能在平等与差别的两个极端位置之间的领域里进行。历史事实经常提醒我们，尽管人类之爱是温馨的，但人间的竞争也很残酷，许多人经常同时具备这样两种极端的性质，常常会把这两种面孔都发挥到极致，达到了善良与邪恶的极端，有选择地在不同时间

和场合对不同的对象表现出反差极大的行为。

此外，作为 DNA 人之间竞争与合作的一种有力工具，身体人生成了并逐渐强化了自己的自我意识能力，具有了自觉能力。

自我意识能力并不是人的专利，其他高等动物也都有一定程度的、初始状态的自我和自我意识能力，人与动物的区别不在于有没有自我意识能力，而在于自我意识能力的发达程度有了本质的不同。随着现代科学、社会化、全球化的迅速发展，人类自我意识水平提高的速度也越来越快，视野也更加全面，不仅意识到自己，也意识到世界，成为世界自身的自我意识，生成了"意识人"。

如果意识仅仅停留在作为实现身体生存工具的水平上，人与动物还是没有太多区别，这时，人不过是一种更聪明的动物罢了。身体人还只是意识人生存的载体和基础，只有在意识人的元间生活内容远远超出了身体人原有的目标和界限，这些冗余的元间需求才开始反过来奴役身体人，使之成为实现这些冗余需求的工具和奴仆。自我意识的革命意义在于颠倒了作为身体生存工具的地位，自我意识开始上升成为需求和生存目标，身体的生存反而屈居为实现意识生存的工具。无论如何，意识人的一切愿望都必须通过身体人的实际生存和体验才能实现，于是，意识人也具有了双重的目标：首先是维持身体人的生存，继续作为身体人的工具和奴仆；同时，高居身体人之上，成为了身体人的国王，驱使身体人充当实现自己贪欲和刺激欲的体验者与炮灰。此外，意识人还始终无意识地充当着 DNA 人的工具。

这样，人就成了同时具备 DNA 人、身体人、意识人这样三种意义的复合体，以这样三重身份统一体的形式处于普遍联系之中。

DNA 人、身体人、意识人三种意义的复合体所具有的需求，当然具有三种不同指向和内容，可以分析为不同性质、不同程度、不同发育阶段上的三个需求主体的需求。同样，这样的综合性的主体在实现自己的各种需求的过程中，也同时在向整个系统施加、传播、扩散自己的各种影响，表现出复杂的、让人难以捉摸甚至连自己也难以把握的微妙性质。

如果平等与差别是一类最重要的元间需求品，那么，人作为这三种意义的复合体，对于平等与差别的需求也具有三个层次上的意义。

4.4.4　DNA 人之间的平等与差别

一段 DNA 之类的遗传机制由一系列核酸片段共同组织而成，具有同等重要的地位，相互平等，否则就不能实现完整的遗传，就不能保障这个生命实体的生存。

然而，并不是所有的基因片段都能实现均等的复制，很多基因组的表达只是过程性、工具性的，被物化的时间很短，不同基因组相互之间的地位出现了差别，相互之间是不均匀、不平等的。

遗传过程中，也并不是所有的基因片段都能均等地被保留、被复制，很多基因组发生了丢失、变异和增加，作为一个元间实体整体的DNA 发生了变异。依据分子生物学的原理，DNA 发生的变异首先要通过 DNA 层面自身的检验，这种变异只有在符合这个层面的契合条件才可能被保留；之后，还要经过作为 DNA 生存复制条件的身体人的检验，由 DNA 变异导致的身体人的变异能否被这个人所生活着的势态环境所接受，这个层面的环境势态也成为检验这个变种的标准和条件，只有这种变异与势态契合才可能继续实现遗传。由此可见，两个层次的势态环境都是对于 DNA 中新产生的差别形式的选择条件。这个条件里没有道德和价值的含义，也没有什么"合理"可言，也不存在什么纯粹的"生而平等"，只有不与环境冲突的变异才被容许存在，否则，只能被淘汰，是彻底的否定，能生存下来的才有平等可言。

这种情形之下，契合是唯一条件，所有的平等以这唯一的条件为前提。这样，所谓平等和差别的概念就只是相对概念，所谓平等仅仅是相对一个作为标准的差别形式而言的，都是有条件的平等，契合就是平等的条件，就是平等本身。

还有一种极端情况，假设所有 DNA 是无差别的，都是绝对同一的，所有的个体都能适应同一种势态，都具备平等生存的可能。但是，当这些平等的实体所面对的环境势态的资源不能与此相适应，不能保障所有个体享有绝对相同的待遇时，这些个体之间就不可避免地处在不均等的地位上，只能有个别的或一小部分成员能通过偶然的机会占有有限的资源，有机会正巧在不均匀的势态中遇到更有利的生存机会，也就是说，只能靠机会取胜。

这样，我们得到了两种极端的筛选条件：

一是，用同一个势态作标准，从不同的个体中挑选出部分生存者；

一是，用不同的势态作标准，从相同的个体中选出部分生存者。

与其说这是两个平等的条件，还不如说是两个差别的条件，是把具体的差别形式、把种种不平等的具体形式作为了平等的条件。更经常的局面是用变化中的、不同的势态做标准，从不同的个体中挑选部分生存者。被选择的对象只在这两个差别形式面前才是平等的。这种平等可称为"机会平等"。

DNA 人之间也要进行竞争与淘汰，只有最适宜的基因才可能通过竞争获得生存和延续，只有占得先机的基因才可能获得繁衍的机会。

4.4.5　身体人之间的平等与差别

人的 DNA 通过身体实现生存和繁衍，身体人是实现 DNA 人生存与繁衍的工具或载体。这样，身体人相互之间的关系中最重要的内容首先是 DNA 关系的实现和表达。

人的 DNA 遗传和繁衍通过两性方式进行，两个不同性别的身体人之间的关系就是最初的紧密关系。

所产生的子代、所形成的亲子关系是第二层更紧密的联系，随着血缘关系的疏远、差别的增加，联系程度逐渐减弱。根据血缘关系程度上的差别，形成了家庭、家族、族群等关系。但是，差别更大的 DNA 人联姻，可以形成生存能力更强的子代，于是，家族间的差别反而成了发生婚姻联系的原因，因此形成了部落、村庄以及更大的社区。

身体人之间的平等与差别首先建立在血缘关系之上，以夫妻、亲子关系为基础，父母亲对待所有子女是平等的、是无条件的，这可能就是最初、最原始的人际间平等，是最初、最完美的"生而平等"。建立在DNA相近基础上的生而平等成为了原始人类社会关系的初始原则，每个家庭和部族都必须小心翼翼地维护自己的基因生存和延续，在族群内部平等分配资源，以致这种发生在原始公社内的温馨情景被几千年之后的人们所津津乐道，屡屡被奉为理想社会的楷模。

随着基因的繁衍，种群的扩张，身体人互相之间的血缘关系出现了越来越大的差别，建立在血缘关系基础上的人际间差别就越来越大。当血缘关系淡化到不需要认真对待的程度时，这部分人际关系就开始趋同于人与自然的关系。

原始人并不严格地将其他种族的人也当作人来看待，反而是看作与自己争夺生存条件的另一种自然力量。于是，人与人之间的关系出现了两个极端：对一部分人极端的友好和善良，对另一部分人极端的冷漠和残暴。人际关系中出现了善与恶这样两种极端的形式，以及处于这两个极端之间的无限多样化的具体关系形式。

小结以上的讨论，可见，人际间的平等关系有三个主要来源，出现了三种最重要的平等关系。

首先，机会是造成资源分配不均匀的重要原因，偶然占据先机可能形成优势地位，迫使竞争者承认这些成果和地位是命运的安排，甚至是法律的安排，无可争议，被视为是平等的。这样的平等是"机会平等"。

其次，所有子女都可以从父母那里直接获得平等的待遇，可以把这样的平等称之为"生而平等"。

再次，通过竞争，用自己的能力迫使同伴和敌人承认自己的劳动或斗争的成果，使他们相信，在实力还不具备的这段时间里，不可能轻易地夺得这些资源和地位，这就迫使大家公认强壮、勤劳、智慧的人获取更多成果和地位的分配方式是公平的，人们在能力的较量面前是平等的。可以把这种平等称之为"能力平等"。

　　显然，能力和机会这两种因素本身并不是真正意义上的人与人之间的平等，只不过把这两种具体差别形式当作了平等的条件，是对这种差别形式的认同和肯定，是这些不平等条件互相之间的比较。

　　机会平等取决于运气。生而平等来源于人的先天本性。只有能力平等取决于人自己，只有具备过人的能力才可能挑战他人因血统和机会获得的特殊地位，因此，这是生命进化的新动力。

　　依据能力优势所取得的每一项成果不仅可以实现当前的需求，而且还造就了一种优越的势态，成为一种规范。有些势态和规范发展成了相对固定的实体，积累成为后来进一步发展的基础和出发点。比如国境线就是这样一种由于早先能力的较量才形成的延续至今、相对稳定又充满争议的元间实体。

　　三种平等的因素共同构成了资源分配的势态。

　　能力和机会的竞争会扩大差别，但是，最终都会受到生而平等原则的限制，差别并没有被无限扩大，亲情和血缘关系一定程度上限制了能力的竞争，因为任何个体都无法单独实现生存和繁衍。

　　人口数量的增加，人际关系的种类和层次变得越来越复杂。使得原始人的生存环境发生了飞速的变化。过去，人只是把自然环境作为主要生存条件，环境中的其他动植物才是自己直接的竞争对象。现在，要把其他种族的人群作为主要的竞争对象，同时也作为更重要的生存条件。对此，人就必须理解这些错综复杂的关系，记忆自己的家族和利益，辨别敌人与朋友，制定策略和计划，甚至还要区分眼前对策和长远战略。这样，仅靠先天的、DNA 里携带的那一点点本能已经无法应付了。竞争的结果使得感知、意识能力更强的种族获得了更多、更优越的生存机会，得以顺利地延续和发展，也使得感知与意识的能力作为一种遗传素质，作为身体人的一种先天的独特结构，通过 DNA 获得了延续。不过，意识中绝大部分的内容却是在后天的实际生活经历中逐渐积累起来的，智能成为了最重要的生存能力。意识和自我意识成为身体人最重要的生存手段和工具。

4.4.6　意识人之间的平等与差别

意识能力让人认识了自然，区别了自然，从自然中区别出了人自己。自我意识让身体人从所有人当中区别出了自己。身体的人开始知道了自己在已知自然中的地位，知道了其他人，知道了与其他人应当采取的关系方式及其后果。由此，身体人开始发育成为了意识人。

如果将智能严格限定为实现身体人需求的工具和手段，人和动物就没有根本的区别，因为动物也具有同样的甚至更为精良的感知能力以及相当水平的判断、决策能力和相互协调能力。人之所以能够与动物分道扬镳，恰恰是因为人类一旦开始把原来仅仅作为工具性质的元间能力转化为需求对象，就打开了一座贮藏着或可能生产出无限种类需求品的宝库，就面临永远也无法最终实现的需求。这些享之不尽的需求品不仅诱使人们躁动终生，也成为驱使人们不断提升自己能力的原动力，就为人、族群、整个人类社会的进化开辟了更加广阔的空间。

对于飞速发展的人工智能技术及其产品来说，它和人类的差别也正在于此。智能只要停留在仅仅作为工具的地位上，还不是一个需求主体。他们自主地生成自己需求体系之时，具有自我意识之时，就是以一个新纪元开始之日。

身体人和动物的需求之所以是有限的，那是因为除了身体的生存和延续之外已经别无所求。而意识人可以源源不断地生成新的需求，除了身体的生存和延续，还有不断迅速扩张中的物质的和元间的需求，贪婪成了人类进化的新诱因和新动力，人类进化的前景也因此变得无可限量。这是意识人区别于身体人的一个重要标志。

例如，需求目标实现之后产生的快感首先来源于遗传因素，快感及其否定形式是特定目标实现或失败之后产生的标志性信号，所以，最初的快感都直接依赖于外在对象的实际获得，是对于实现目标的过程的一种奖赏。一旦意识人将自己的意识作为了对象，自己可以意识自己的意识，快感也就开始成为了意识的对象，后天的经验主体可以有意识地把快感这种元间实体本身作为需求的目标。因此，快感及其否定形式开始发育成了一个极为复杂的元间实体，往往既是心理体验又是心理需求，这是意识人区别于身体人的另一个重要标志。

至少可以从以下三条线索来分析意识人之间的平等与差别的发展。

1. 作为普适原则的平等与差别

"众生平等"是平等关系的极限。

重要的是，我们对这种平等有了意识，从一种天然的行为以及这种行为背后的以遗传形式存在着的元间实体演变成了对这种行为和元间实体的意识。"博爱"是人类灵魂深处的先天情感，如今成为了被意识到了的天性。既然被意识到了，这种元间实体就开始成为目标性的、内在的、新的元间需求品。众生平等成为人与所有其他生命形式之间关系的基础，成为意识人之间关系的基础，成为一种主动的人际关系原则和目标。用儒家的范畴来说，就是"仁"，"仁者爱人"。

从人际关系的进化来说，族群相互之间的竞争增强了对族群自身的认同感，原先亲子之间无条件的平等资源分配方式被延伸到了整个族群，使得原先只有从父母那里才可能享受到的生而平等，如今在一个族群、社会中也能某种程度的获得。生而平等原则的扩张和延伸是族群和社会自我意识发育到一定程度的结果和现象。这时，能力和机会这些原先属于个体所拥有的特殊资源都被作为族群共有的资源，使得生而平等原则得以扩展，扩展到直系血亲之外的其他人群，家庭内部平等分配资源的原则也就延伸成了族群内部的分配原则，直至泛化成为一个普适的观念和原则，人人平等成为人际关系的最崇高的目标和原则。

但是不要忘记，人兑现自己博爱承诺的前提是所拥有的生存必需品足够多，足以维持身体人的生存。虽然脖子上挂着钥匙却饿死在粮仓门外的保管员令人感动，但是这还不是目前人类所能达到的普遍道德水平。

正如竞争规模的扩大导致了生而平等原则泛化一样，竞争规模的扩大也导致了竞争本身的极端化、残酷化。

229

父母与子女之间、兄弟姐妹等家庭成员之间的竞争都是有限度的竞争，不同家族、族群、民族、国家之间的竞争远离了家族关系，生而平等的天性会被掩盖。人们会有意识地站在 DNA 人、身体人的角度上，以各种借口把竞争的对方仅仅当作是普通的自然对象，拒绝把敌人当作人来认真对待，历史上贩卖黑奴的海盗们，显然没有严格地把黑人当作人来看待。参与纳粹集中营、南京大屠杀的屠夫也不把无辜百姓当作生而平等的人，只被看作自己兽性发作的对象。这种竞争关系中，只是碍于对方的实力才不得不承认对方的暂时存在，不得不尊重对方的利益和地位。要想在竞争中取胜就必须扩大相互之间的差别，使自己的一方处在压倒性优势的地位。这种差别的极限就是摧毁对方的民族意识，消灭对方的文化存在，最终奴役和统治对方，直至就像对待印第安人那样，有计划、大规模地灭绝对方。

无论我们怎样地谴责和厌恶战争，但这毕竟是贯穿几千年来人类发展史的一个重要内容和事实，战争的目的在于追求差别的最大化，是追求差别最大化的极限形式。这也表明了一个判断：追求差别也是人性的一个基本特征。追求差别的一般行为就是竞争。

人际关系就有了两种基本的需求以及由此而决定的两种原则：一是以生而平等原则为目的的极端友爱；二是以差别最大化为目的的极端冷漠和残忍。随着文化的交往，经济的联系，我们对这两种原则的意识能力也越来越强，对于人人平等的意识越来越清醒，意识到应该尊重所有的生命，与此矛盾的是，核武器的杀伤力也越来越大，越来越精准。博爱和竞争的能力都在同时增强。

我们希望能够最终战胜自己，用爱心泯灭天性中的戾气，用科学和发展的成就平复贪婪和独霸。

2. 社会分工造成的人际关系的平等与差别

平等和差别不仅是人际关系的两个基本原则，不仅仅是两种极端的元间需求品，同时还是两种最重要的生存手段，是人类发展和生存的基本条件和动力。

230

分工的产生和发育形成了新的社会关系。分工就意味着分工者都是相互依存的，谁也不能离开谁单独实现自己的需求，共同构成了一个生存和发展的环境。

首先，每一个分工者的人格都必须是平等的，因为每一个环节都是不可缺少的。显然这是一种有别于生而平等的新的平等形式。有机会、有能力参加到一个分工的链条中，就有资格取得最低限度的平等的资格。

其次，每一个分工岗位和环节所起的作用、实际的效能又是有差别的。基于分工的人际关系只能是差别的、等级的、阶级的，依照分工的不同，人被赋予了身份的差别，这种差别也决定了对于社会资源分配权利的差别，由此导致的是人格事实上的不平等。

3.元间需求品分配中的平等与差别

感知能力、意识能力、判断能力、元间组合能力等元间能力，作为身体人生存工具和手段的同时，在新的层次里，在某些局部，出现了以元间目标为需求对象的特例和萌芽。

对于一个复杂任务来说，在实现这个任务的所有环节中，一部分任务主要通过身体人的直接劳作来实现；另一部分任务主要是思考和策划，由意识器官通过脑神经的操作来实现。两种劳动都能产生过程性的、阶段性的快感，但是，产生的途径和相对者不同。身体人的快感要直接看到实际的劳动成果，要看到一个物质实体被劳动改造成的另一种物质实体；而意识人的快感往往只要一个单纯的元间实体的实现就可以了，不必直接看到物质实体，只要一个关于形式或纯粹的元间实体的信号就够了。这种分化表明，身体人与意识人的需求发生了分化。

我们不难找出许许多多为保护孩子而牺牲的母亲、为保护他人生命而牺牲自己的感人事例，这种情况在动物中也不罕见。除去这种本能的反应，对于有意无意地主动实践"博爱"的人们来说，身体人变成了实现元间目标的工具和手段，身体人成为了意识人的工具。

意识人就是从这种特例的不断积累中成长壮大起来的。身体人只有通过意识人才能实现快感，当这种需求不断增加，成为人的主要需求时，原先作为工具和仆从地位的意识人开始统治身体人。

意识需求与身体需求的分离使意识人以及意识人的需求获得了独立发展的机会，相信这种分离并不只发生在人这种特殊物种。笔者就目睹了一位夫人只是亲昵地抱了抱邻家的小狗，就惹得自家小狗"贝贝"狂吠、沮丧、出走等一连串激烈反应，经过好长时间的找寻、抚慰才哄下来。可见，受宠虽然是宠物的生存条件，但是在这个例子里，受宠就变成了目的本身，受宠成为一种必须独自占有的元间需求品，否则，宁可负气出走。

身体人生存的动力和目标是特定的物质需求品，意识人的生存动力除了因获得身体人所需的物质品而生成的快感之外，还要实现在实现快感的过程中产生的另一层次的新的情感，逐渐地将这些情感以及实现这些情感作为自己的元间需求，作为自己新的动力和目标。例如，平等博爱和相互竞争已经不再仅仅作为工具和手段，而是逐渐发展成为相对独立的两种极端的元间需求品。参与竞争不仅是实现物质需求的途径，其本身也直接产生快感。参与竞争本身成为元间需求品。有句名言很透彻地抒发了这种情感："与天奋斗，其乐无穷；与地奋斗，其乐无穷；与人奋斗，其乐无穷。"

但是毕竟大多数的情形都处在这两种极端状态之间的具体位置上，平等和差别总是相对的。一位坐在豪华轿车里的富翁羡慕在河边垂钓的渔夫，而渔夫向往这部车，双方都不动声色地揣摩着坐在对方位置上的滋味，双方都觉得有点儿不平等，但都不得不接受这个不平等，因为从机会和能力的角度看，这已经就是平等了。

然而，尽管身体人和意识人的需求发生了分离，尽管身体人与意识人的生命质量、寿命长度有较大差异，却不能在时间和空间上最终脱离对方独立存在。具体的人都只能同时生活在这三种状态中，必须从"完整人"角度才能完整地了解人的性质。

4.4.7　完整人之间的平等与差别

（1）人作为进化中的实体，经历了从 DNA 人到身体人再到意识人这样三个发展阶段。DNA 人是身体人的原因和先决条件，但是，身体人又反过来成为 DNA 人的生存条件和选择条件的载体，身体人的处境、行为模式成为改变 DNA 人的原因；到如今，意识人又开始通过基因改造和干预的方式，直接改变 DNA 人。虽然，前者是后者的条件，是后者生成和发育的基础，但是，后者一旦生成，就开始改变前者原有的生存环境，进而改变了前者，成为前者进一步发展的条件。一个实体发展的结果可能改变产生这种结果的条件本身，这样，前者与后者互相都成了对方发展变化的原因，推动三者一起滚动发展与进化。

三种人各自都有一个属于自己的生态圈，这些生态圈同时也是另外两种人另外两个层次的生态圈，三者形成了密切相关的统一体，形成了由完整人构成的生态体系，处在这个体系中的个体的人才是完全意义上的完整人。

（2）人在将自然环境作为生存条件的同时，也把他人作为生存条件。人是构成社会环境的要素，这个要素至少具有三种主要的素质：DNA 人、身体人、意识人。由此产生了三种不同的极端的人格，把同时考虑三种因素共同作用的具体人称之为"完整人"。每个"完整人"的性质或人格都是这三种主要要素的综合体，在不同的发育阶段，面对不同的环境和对象，三种要素的"配比"也就不同。每种要素所占的比重有从 0 到 1 这样两种极端情形，每种要素具体的权重处在这两个极端情形之间的某个具体位置上。

这样，人与人发生相互作用时，就是由这样三种性质不同配比形成的不同主体之间的相互作用。并且，每一个个体的这三种性质并不确定，不同时间、不同发展阶段、不同场合条件下，三种因素的配比处在变化之中。

两个主体相互作用时，各自试图从对方得到的与试图给予对方的当然是不同的内容,这些不同交换意图代表了交换发生当时的考量,反映的是这种考量所依据的三种性质的配比。如果双方配比的差别很大,达到了极限,这个交换行为实际上就变成了不同性质的人之间的交换、交流或相互作用,这是跨人格之间的作用。比如过去中原一带有一种风俗,谁要是患了"狐臭",是一件极不体面的严重问题,当地人把这叫做"门风不好",十里八乡的人都会知道,以致不仅本人,连这个家族的成员都很难找到配偶,即便成婚也很难维持,结果就切断了这种体质的遗传途径,使得这个地区"狐臭"患者极为罕见。这种现象就是意识人对于 DNA 人的一种干涉。

当你和一个人对话、做事时,自己所站的立场是三种性质综合的产物,当时的心境和处境决定了你在这三维体系中所选取的定位点。同样,对方也根据自己情况在自己的三维体系中选择了一个定位点。如果你们两人所选的立场较为接近,就是同一种人格的交流,否则,就会有很多冲突。

每种极端人格对于差别与平等的需求有很大的差异,三种极端人格的不同配比形成了完整人复杂多变的人格,先天的遗传因素和后天经验积累两种因素影响着人格的长期形式,瞬息万变的处境影响着人格的短期性状。

不同性质的整体人以自己全部的性质参与相互作用,互相之间结成了不同程度的联系。至少可构成三种极端形式的联系,即 DNA 人之间的联系;身体人之间的联系;意识人之间的联系。各自不同配比或权重的三种素质相互交织在一起,形成了完整人相互之间的极为广泛、复杂的联系形式。每一种相对稳定的联系就是一种新的状态或新的实体。不仅每一个人都是三种意义上的主体,每一个团体和群落也都是这三种意义上的交换主体,都不同程度地处在这样三个层次的关系之中,这正是人际关系的复杂性所在。

(3)三种不同性质的人格的一个共同特点是,元间追求有两个极端的倾向:一方面,强调差别,趋向于扩大差别,追求差别的最大化以及这种差别的持久性和稳定性；另一方面，强调同一，追求平等和均衡，希望实现与所有其他成员具有相同尺度、相同形式的元间品。其中，元间需求又有两个层次，一是元间形式的差别的最大化，也就是追求新样式的最大化，一是同一形式的元间品的量的差别最大化。

（4）意识因素占主导地位时的人，其元间需求品的实现有典型的两种途径。

一是外在的物质途径。

由于意识人是从作为身体人的工具和奴仆的身份中嬗变、成长起来的，一开始，意识人的元间需求往往通过具体的物质需求来实现，将物质产品作为元间产品的载体，经常通过占有更多数量的物质产品或实现利益最大化的方式实现自己的元间需求的最大化。在此基础上，才开始逐步在物质产品中填塞更多的元间成分，增加元间价值的含量，以期达到满足元间需求最大化的目的，进而逐渐向更直接、更纯粹的元间需求方向靠拢。受制于物质的唯一性，物质所能实际实现的结构样式是有限的，并不是所有的作为元间需求品的元间形式都能通过物质产品得到实现，通过制造物质实体以实现元间实体的表达毕竟是一种间接的实现方式，仅仅局限在物质载体这个表面层次上，许多元间实体就根本无法实现，甚至无法生成。

二是内在的接近纯粹的元间途径。

在这个物质与元间的世界里，我们不仅能创造物质产品、建造器物，我们还有无比丰富的内心世界，还有情感、表情、口头语言、肢体语言的表达和交流能力，还创造了文学和艺术，利用这些工具，可以记录、表达和交换我们心中生成的元间实体。元间实体作为社会产品，还可以通过器物的形式间接表达，可以通过传媒的方式更直接地表达。

例如，对财富的贪婪往往缺乏新意，许多人奋斗终生，积攒了远远超出生存必需的财富还不罢休，像老葛朗台那样，即使占有世界所有的财富也不能让他们的心灵得到满足。其实，这时的需求对象已经不是财富，而是积累财富的过程和成就，财富成为实现成就感的一个媒体。所有努力都不再指向物质产品本身，而是都不约而同地指向了自己的内心，只是为了实现一个元间实体所规定的目标，从这种实现中得到一个快感的体验罢了。

（5）有元间需求品和物质需求品这两类需求品，就有两种极端的记录、表达、积累、分配、交换、占有、消费的形式。

由于这是一个以分工为特征的广泛联系的系统，是一个以交换关系连接起来的网络，我们不仅可以通过交换获得物质的产品，同样也能通过交换实现自己的许多元间需求品。发达社会的一个重要的特征是形成了这两种需求品的生产与分配体系，是这两种体系的统一体。

完整人之间的平等与差别是上述这样一个复杂背景中一种重要的元间实体和需求品，当然，也是这个背景本身的重要内容。

4.5　个体需求实现的途径

4.5.1　个人

作为社会和人群要素的个人具有这样一些显著的特点：

（1）个体的人都具有 DNA 人、身体人、意识人这三种性质，不同条件下，三种性质表现的程度不同。

（2）个体人的需求有物质和元间这样两个极端，所有需求处于这两个极端之间。也就是说，完整人将在 DNA、身体、意识三个层面上分别表现出物质与元间这两个极端形式的需求。

（3）个体都具有利己性和利他性这样两种极端的人际关系原则和品性，所有人际关系都在这两个极端之间。同样，个体作为整体人，也将在三个层面上分别表现出利他和利己这两个极端形式。

（4）个体的人，所有的需求能力都只能在自然和社会这两个层次的环境中生成，一切需求也都必须在自然的、社会的这两方面的环境中实现。作为需求主体的个体，同时以三种身份处在自然的、社会的环境之中。

（5）个体与他人、个体与群体是一个分工和交换关系。

（6）人普遍接受三种主要的资源分配的条件和方式：依据人的生命本身，一旦出生就拥有分享社会资源的权利；依据能力，用自己的能力生产、创造、占有资源和财富；依据机会，比他人更早、更方便地发现、占有、夺取、拥有自然资源和社会资源。

拥有上述性质的人作为社会的要素，相互发生了联系，要素间的一般关系有这样一些显著特点：

（1）人的性质影响和决定着社会和人群的性质。同样，社会是人的生存环境，社会和人群的性质影响和决定着人的性质。这两者之间是互补关系，是影响和决定对方性质的前提，相互推动着对方的发育，继而推动着整个社会的进化和演变。因而，也可以用自在、自为、自觉的进化模型来描述一个社会的发育程度及状况。

（2）当社会通过个人的自觉实现了整体的自觉时，社会在作为个体的集合体的同时，自己生成了相对独立的、超越个体的意识能力，开始具有群体自己的需求，开始生成一种拟人化的、人格化了的需求。一般来说，社会的需求应当是所有个体需求的集中体现。但是，个体的需求是多样化的，相互之间可能是冲突的，社会在某个时空区间里只能更突出地代表其中一部分人、某个时段里的某一种需求和意志。社会意识与个体意识相比较，有层次和视野的差别，相对于个体需求来说是间接的，有时是抽象的。当间接性、抽象性很强时，许多个体反而会认为这些社会需求与自己的需求相冲突。总之，群体需求具备了对于组成群体的所有个体需求的超越性，相对独立于所有个体。

（3）如关于普遍联系的第四个模型所试图表述的那样，群体是一个由人际关系广泛联系构成的实体。这种关系的不均匀分布、相对凝滞、各种层次性的积累、不同层次实体之间形成的各种联系及其积累和凝聚，不断演变，形成精彩纷呈的经历和故事，从而构成了全部的社会现象、过程和形态，形成了从每一个个体的角度研究群体的视野，逐渐形成了所有不同层次的群体观察其他每一个个体和群体的视野，最终出现了从总体角度出发观察所有个体和群体的视野，而这种总体自己对于自己的观察却是由构成整体的所有不同层次的个体相互之间的观察而具体实现的。

4.5.2 群体与分配方式的进化

任何生命体都只能是群居的。群居有一个下限，最初的群居单位可能是复制和被复制的双方，之后是配子双方，进而是亲子双方……

配偶双方是最初、最基本的分工合作的群体，是群体的最小单位。一旦作为一个整体，就会产生出超越夫妻任何一方的群体利益，出现了夫妻各自的利益和共同利益这样三种不同利益。共同利益形成之前就出现了关于利益分配的期待和默契，共同利益出现的同时也就出现了分配的事实和必要。初始的配偶间的分配是平等的，是按需分配的。这种平等的前提是双方的契合，是双方的相互依存与合作，可以把这样的平等称之为"契合平等"或者"合作平等"。合作平等是建立在基因合作基础上的"平等"，建立在共同分享劳动成果的基础之上，是最初始的分配方式，所有的分配关系的方式都从这种基本形式中开始发展、分叉、成长出来。

初生的个体还没有足够的能力独自创造和维护自己所有的必需品，许多需求的实现有赖于群体间的分配。在亲子关系组成的群体中，所有子女之间是平等的，双亲赋予了每个孩子生而平等的权利，赋予了平等分享一切资源的平等权利和平等机会。这也是建立在合作平等基因基础之上的"生而平等"，可以把这看作是"天赋人权"的来历，看作是分配方式的最初延伸。

建立在 DNA 基础之上的关系是最初的人际关系原则，DNA 之间的亲缘关系产生了家庭。家庭作为最小群体单位，基本要素是双亲与子女，要素之间的关系是血缘关系，是母性以及子女对于父母的倚赖。随着家庭关系的扩展和延伸，基于血缘关系的群体逐渐扩张，家族逐渐形成，家族内部依据血缘关系的远近建立了共享资源的序列，中国古代有

"五服"之说。"生而平等"出现了扩散和分叉，出现了等级、层次的差别。这种不均匀分布的核心区是亲子关系，之后是近亲、远亲、同族、同种……不断衰减，直到那些相关程度很低的远缘生命。换言之，所有生命都不同程度地存在"生而平等"的关系，对此，佛学持极限意义上"众生平等"的信念。只不过这种平等的程度随着血缘关系的逐渐疏远而降低，直到无足轻重。即便是佛陀也会对自己的异母兄弟阿难另眼相看。这也意味着基于生而平等原则的分配方式被展开成了一个不同程度分布的序列，不均匀的程度与血缘关系的不均匀程度相关。分配踏上了差异化发展的道路。

　　由于血缘关系的扩散，直系血亲的后代自然有可能比旁系亲属的子女更直接地获得资源和帮助，天生具有优越的地位。对于同一层次的个体们来说，这是典型的机会差异。更多的机会差异出现在不同个体与不同自然环境、社会环境相互作用的过程中。人们会欣然接受和承认这些差异。机会的不均匀、不平等被视为是天经地义的平等条件，这就是"机会平等"。

　　群体内，最初、最直接的"能力竞争"和"机会竞争"出现在兄弟姐妹之间，不仅有生存和地位的竞争，更多地表现为争夺交配权或遗传权的斗争。这可以看作是"能力平等"和"机会平等"的开端之处，也是能力和机会导致的不平等的开端。通过这种斗争可以挑选出更优秀的基因，从整体上看有利于种族的强壮和繁衍，但是对于那些被淘汰者来说则是悲惨的。遗传权的斗争产生了两种极端的结果，一种是独占的交配权，一种是所有个体平等享有的交配权。蚂蚁和蜜蜂的繁衍模式就是一种极端情形的典型例子。人类社会一夫一妻制是另一个极端的典型例子。当然，更多的模式介于上述的两个极端的某个具体位置上的具体形式，都多少具有另一个极端的痕迹。

　　显然，能力平等、机会平等的原则是对于合作平等、生而平等原则的否定，是冲突的，由此而导致的不同的资源分配方式也是冲突的，这种冲突贯穿着整个生命进化的历史，贯穿着整个人类社会的进化发展史，甚至可以说，最初的合作平等、生而平等与能力平等、机会平等之间的冲突将成为之后所有社会形态中冲突和斗争的根源，也将成为生物群体和社会发展的基本动力。

4.5.3 新需求品的涌现

遗传权的竞争本质上是一种元间需求品的竞争。这也就意味着，不能简单地认为人类的基本需求是物质需求。在这个意义上，对于物质品的需求只是实现元间需求的手段，因为自在自为的人，本身也还只是实现 DNA 之类的遗传实体繁衍的工具和载体而已。

为了得到元间需求品，首先要生存，先要强壮自己，要得到物质需求品，要得到足以维持自己生存的环境以及各种最低限度的条件。获得物质需求品与环境需求品是生存的手段，生存是实现遗传的途径。为了实现元间需求，生成了对于物质对象的需求，生成了对于环境条件的需求。在这个层面上，人与其他动物之间还没有原则的区别，都是自在和自为的生命。只不过不同的动物有不同的生存方式罢了。

无疑，在所有竞争手段中，最有效的工具是"智能"，是对于对象世界的元间的理解和运用能力。其中，更重要的是从这种智能中生成的反思能力，将对于对象世界元间的理解和运用能力本身作为对象，对于这种能力的再认识、再思考，从而具备了自我意识的能力，这是人开始与动物分道扬镳的分叉点。当然，这种分叉的实质是人类生成了新的需求目标，新的需求目标使得人的性质发生了改变。

除了由于突变生成的新的需求目标之外，新需求大都建立在原有需求的基础之上，是原有需求的延伸，所以通常表现为需求向间接化的方向发展和积累。例如，切叶蚁先把植物的叶子切成小段，拖回洞里，并不直接作为食物，而是用来培育真菌，再以真菌为食物；动物园里的大猩猩学会了收集石块，用作第二天和游人们打闹的工具，通过游戏讨得游人的欢心，从而得到食物。所有感官和智能的一个共同任务是"预测""预谋""设计"能力，尽可能早地从通过间接相互作用掌握对象的意图或趋势，提前准备策略，提高在直接相互作用中的成功率。最终目标与手段性目标之间的距离越来越远、间接性越来越大，所需要的智能就越高，元间实体的权重也就越大。

与动物之间通过决斗争夺领导权的方式不同，人群中出现了靠智能和品德获得领导权的新方式。如《韩非子·五蠹》中所描述："上古之世，人民少而禽兽众，人民不胜禽兽虫蛇。有圣人作，构木为巢以避群害，而民悦之，使王天下，号之曰有巢氏。民食果蓏蚌蛤，腥臊恶臭而伤害腹胃，民多疾病。有圣人作，钻燧取火以化腥臊，而民悦之，使王天下，号之曰燧人氏。"

显然，有巢氏和燧人氏"王天下"的资格已经不再像许多动物那样，仅靠决斗产生，其中，智能的成分越来越多，进化到通过发明创造或技术成果的成功推广而获得领导权的程度。

人和动物都能不同程度地将某种元间实体通过自己的身体外化为自己的行为，再通过身体的行为将外在的环境势态塑造成为决策、预案中所设计的样式。纺织鸟能编织出漂亮的鸟巢，河狸能建造堤坝，很多动物都能掘洞筑巢。真正的具有革命性的意义在于不仅仅只享用这种发明带来的直接效果，而是对于这种技术以及技术来源的肯定；在于把间接过程的某一个阶段作为与最终必需品同等重要的实体，作为一种稀缺的需求品来看待，作为一种相对独立的外在资源来看待；在于除了直接的需求品之外，实现直接需求的方法、技术等间接需求品也成为了新的需求品。这种进化形成了新的社会组织形式，在新的社会组织形式中又成为了新的需求对象。

对发明人的信服、对于中间成果的接受和信服、对领导者公正性的信任要通过对于这种新元间实体、这种新的需求形式的反思才能产生，要通过对一系列间接过程的意识与操作才能完成，这是一种自觉能力的表现。反思能力也只有面对新的需求形式才能得到发育，相互成为促进对方发育和积累的条件。

对于发明人本人来说，自己对自己的肯定就是常说的"成就感"。

成就感发育成了一种基本的元间需求。成就感归根结底仅仅是需求实现时产生的复合信号。"成功"或"自我实现"本身发展成为了一种需求，成为了一个相对独立的元间需求品，成了一个作为需求对象的元间实体。除了可能通过某些致幻剂也能够直接产生类似成就感所能给人带来的快感之外，其余所有的快感、所有的成就感都必须以一个特定的目标被实际实现作为产生的条件。也就是说要有一个作为对象的媒介作为"见证"，见证这个快感是相对于谁、相对于哪一个具体对象的成功。拾荒者在垃圾箱里翻出一个饮料瓶就会满心欢喜，亿万富翁却因排名落后而抑郁寡欢，其中的道理是一样的，成就感的获得和满足都需要一个具体目标和载体。

具体的物质实体可以作为快感实现的载体，同样，很多元间实体也可以作为产生快感或成功信号的载体。

开始，大多数元间成就感依然直接依赖于外在世界具体物质对象的实际获得与实现，需要用对以更多物质成分为载体的元间实体的具体征服、创造、占有来实现。比如，征服珠穆朗玛峰的壮志要真正站在山峰之巅才算最终实现；创造新产品的能力要以这些产品效用和性能来验证；创造财富的能力要靠占有金钱的数量体现……不仅是通过具体的物质对象，强制自然承认，强制社会承认，强制自己承认，还要将一种外在的物质、势态实体作为一种元间实体成功的依据。这种元间目标被隐含、寄托在物质实体之内，显然，这个物质实体本身已经不是实质性的对象了。

之后，当需求实现的途径充分间接化之后，生产元间实体成为某一段时间里的专门工作，甚至发育成了一种专门的分工和职业，仅就这段时间和这个职业本身的成果来说，也可以获得成就和成功，也就不再需要直接的物质成果和现场势态的成功作为佐证，通过纯粹元间成果本身就能直接获得成就感。

如，一个人产生了一些困惑，解开这个困惑成为他的目标，这是需求主体自我意识中被对象化了的另一个元间实体。一旦自己解决了自己设想出来的问题，自己开始欣赏自己的思想成果之际，也就是快感获得之时。例如解开一道数学题会产生快感，想出了一句绝妙的对联可以让人喜出望外。这是来自自身的奖励和肯定。

如，"领导欲""支配欲""表现欲"都是对外输出元间的欲望，都期望引起他人关注，甚至迫使他人放弃原有主张，转而服从、采纳自己的意见，对外输出元间也成为一种新的元间需求品。

如，爱情这种元间需求品，一开始，仅仅是一种外在的、间接的元间需求品，是实现生存和繁衍的手段和工具，甚至是获得物质需求品的手段和工具，之后发育成为直接的、更重要的元间需求品，孩子反而被称之为"爱情的结晶"，只被看作是一种副产品。

无疑，元间需求品是在个体与群体的相互作用中不断发展和进化的，元间需求品发展的极限是将纯粹的元间作为需求品，具体表现为个体和群体不同程度地接近纯粹元间极限的元间需求。如纯粹思辨、理论物理学、数学、天文学、文学、艺术、对于集体尊严与光荣的向往等爱好和追求。

纯粹元间需求的实现有两个极端的途径，一种是仅仅依靠最低限度的物质载体，在接近纯粹元间实体的层面上就能直接实现；一个是需要大量的物质载体才能实现。纯粹元间产品的生产、分配与纯粹物质产品的生产、分配是两种极端的生产方式，两种生产方式如影随形，不可分割，始终相伴在一起，只不过不同发育程度的社会各自的配比方式有所不同，两者始终是对方的反作用者。

4.5.4　需求目标的反作用

自为的人，作为遗传的工具而生存，为了实现这个目标不得不首先满足安全、食物、温暖等最基本的生存条件。所有新的需求形式和需求对象也只是实现这些基本生存条件的工具和途径。但是，新的需求对象在改善最基本生存条件的同时改变了需求者的性质，进而改变了基本生存条件本身，人的性质被新的需求对象所改变，也就是被更多的间接化的需求品的出现而改变。

需求对象从纯粹的自然物变成了更多是由人创造的社会产品，成了石器、铜器、纺织物、窝棚、城墙、田埂……不具有这些基本生存条件就不能算是与这个时代相称的人，就不具备做人的资格。甚至，主要工具和需求品的性质成了这个社会性质的标尺。历史学家们通常用石器、铜器、铁器、电气化、自动化、信息化这样的工具性的产品来表述一个历史时期的社会性质。

生存条件逐渐被转换成了生存目标的过程并不一定总是直接、均衡地表现为元间需求重要性的上升。如，生孩子本身也不一定就是单纯的宗族延续手段，也以生产更多劳动力为目标，演变成一个使财产和荣誉得以继续增殖和延续的工具，成为养老的一种方式。这时，元间目标被转换、被掩盖。又如，在很长的一个时期里，社会更崇尚追求物质产品，所有的荣誉和尊严都要通过占有更多的物质产品才能实现，似乎生存的目标就已经不再是元间对象了，而是物质对象，这时的元间需求品已经蜕变成了实现物质需求的工具和途径，物质的需求反而占据了统治地位，成为了霸主。但是，事实上，需求本身从来就没有脱离物质与元间的对立统一的轨道，元间需求作为幕后导演，只不过被暂时掩盖了而已。

尽管无数圣贤都希望掀开这层大幕，力图向人们揭示真相，但是，这种揭示能力本身恰恰也建立在那些物质需求品基本满足和涌现的基础之上，因此，并不能从根本上扭转人们积极向往物质需求品的历史趋势。这段历史时期里，由于物质需求品的相对短缺和不稳定造成了人们占有更多物质需求品的习惯和冲动；占有物质需求品是实现元间需求的重要途径；相对于某个时期的生产和需求水平来说，这个星球上的资源是有限的，拥有更先进工具和生产方式的个体和族群才能获得更多的生存机会。即便人们心里清楚了良田万顷、金银财宝统统都是过眼烟云，也无法彻底抛弃这一切，因为一旦放弃了这些，就从根本上放弃了竞争的地位，甚至会失去基本的生存和繁衍机会。

人类已经很难再回归到原始的田园生活中去了，这是因为人的需求以及由此所决定的人的性质发生了变化。而人本身成为了造成这种变化的主要原因，自己是自己性质变化的原因。这种变化主要来自人际间的竞争和人际间的分工合作这样两个相反的途径。

4.5.5　分工与竞争

对于原始人来说，性别差异是产生分工的最初原因，由此出现了以生殖繁衍为突出目标的母系社会和竞争性更强的父系社会。从这两种社会形态的差别中可见，分工是竞争力发展的一条重要途径。

除了两性差别之外，几乎每一个原始人都具有实现自己全部需求的能力。对于农业社会中的人来说，每个个体依然还具有实现自己绝大部分需求的可能。比如，笔者小时候目睹和参与了外祖母这老一辈农民从种植棉花开始，采摘、轧棉、纺线、染色、整理、织布、裁剪、缝衣或制鞋，直到集市交易，以货易货、出售产品的全过程，几乎所有工序都由一家人甚至一个人独立完成，这种情况直到 20 世纪 80 年代之后才逐渐结束，最终沦为一种民间的手工艺表演项目。

为什么这种生产方式能够持续几千年呢？一个原因是，相对于当时人的学习能力来说，所使用的生产技术和设备十分简单，无需太多的训练和知识就可以掌握，无需很多投资就可以实现。因此，也就不依赖资金和技术的积累，不需要建立起更多的分工环节，只把少数最终产品作为交换品，不必将中间产品拿出去交换，因此也就无需更复杂的交换机制和理念，无需保障分工者权益的社会精神和法律体系。缺乏分工成了分工缺乏的原因。其实，任何一个环节都可能通过分工得到更大的生产效率，但是，任何一个环节实现分工都直接带来一系列的新的联系方式，直接产生一系列新的需求。传统文化观念和政治制度从限制新需求的角度限制了分工的发展。

所谓分工，就是将一个工艺流程中各个工序分别由不同的人专门承担，所有从事专门工序的人共同完成一个完整的工序。这样，表面上看，似乎并没有增加更多的工艺环节，实际上，一旦下一道工序是由另外一个人专职完成的，就必须与这个人进行协调和沟通，就必须将自己原先对于下道工序的具体设计、要求、规定、安排从大脑中转移出来，交代给承担下道工序的人，这种沟通的过程和内容都是原先工艺流程中所没有的新的内容，意味着新的元间实体生成了，新的元间内容本身就是新的工艺环节，这些环节本身也可以通过分工来实现。

沟通的内容和过程本身可以被分化成为一个相对独立的工序，也实现了分工，由专门的人员独自完成，这就创造出了新的需求。比如中国古代备受贬斥的商人就是这样的一种不可避免的中间环节。各个层面的管理协调部门也都是这样的中间环节，这也是一个饱受责难的阶层。正由于对这些中间环节的轻视，才制约了分工的实现，也就制约了新需求的涌现。这一点，可以在由多CPU构成的计算机系统中得到印证。多CPU构成的计算机，其运算速度并不是和CPU的数量成正比的线性关系，CPU越多，用于协调相互关系的中间环节就越多，用于各个单元之间通信的压力就会迅速增加，以至于用来实现CPU之间互联和管理的资源超过了用于实现计算过程的资源，形成了一个相对独立的体系。同样，现代化社会里，用于实现传输、服务、管理和协调过程所占用的社会资源正在超过用于实际生产过程所占用的社会资源。

新的分工形式是新需求形式产生的现象，同时，新的分工形式也是产生新需求的新原因和新动力。两者互相成为对方发育的原因，分工也是分工的原因，两者构成了闭环的正反馈关系。

分工的不断积累促成了需求品多样性的快速增长，当然，也在逐渐分解着物质与元间的直接关系，长此以往，就足以裂解同一件需求品的物质意义和元间意义。新的需求品被分割成物质需求品和元间需求品这样两个相对独立的发展方向，分蘖、衍生出以元间成分为主要特征的和以物质成分为主要特征的这样两类需求品。分工也是造成需求品多样化的重要源泉。

竞争是获得更多生存机会的途径。在竞争中得以取胜的关键在于拥有过人的能力和幸运的机会。所谓"能力"常常表现为独特的方法和工具，拥有独特行为方式和独特工具的人更能在竞争胜出。人是一种具有了元间转移能力和意识能力的动物，是一种极善于学习和模仿的动物。一种有效的行为方式，一种精良的工具很快就会传播开来，成为公知公会的通用方法、通用技术，成为人人都可以拥有的必需品。一种新技术一旦公知公会，就没有了原先的新颖性和先进性，除了相对于外在的自然界具有竞争优势外，在人与人之间失去了优势，于是，迫使人们去研发更新的技术和产品，形成新的竞争优势。如此往复，仿佛穿上了一双永不停息的"红舞鞋"。每个人都必须跟随时代的潮流，否则不仅就会面临被他人、被其他民族淘汰的命运，同时还面临来自自尊心的残酷折磨。

"狂舞"带来的不仅仅是新技术、新产品的急速增长和普及，原先作为竞争工具的技术、行为、产品不断被沉淀为生活的必需品，不断垫高竞争的基础，工具的工具又不断地再次累积成为新的生活方式，成为了需求对象，成为了主要的生活方式。必需品不断增加，追求和实现这些必需品的工具也随之不断增加，这种趋势愈演愈烈，形成了一个闭环的正反馈过程。竞争是这个正反馈过程的基本动力，竞争也成为需求品趋向多样化的源泉。

这些不断喷涌而出的新的东西真的是我们所必需的需求品吗？我们每个人都能够消费的了吗？都能有机会得到它们吗？个体的人的需求极限在哪里？

4.5.6　个体需求的极限

个体的需求可以被分为对于自己内在世界的纯粹元间需求品的需求和对于外在世界需求品的需求这样两大类。

每个成年个体的大脑是一个类似我们在第四个普遍相关模型中所描述的体系，所谓内在世界的纯粹元间需求品只是这个大脑中神经元不同的联系和凝结方式，是对象化了的纯粹的元间实体。由于个体大脑神经元数量和连接数量的有限性，受自身生物特性限制的运算速度、检索速度、记忆速度、信息输出输入速度、记忆持久性都很有限，因此，人能够产生出来的元间实体的规模、数量、复杂程度最终都只能是有限的。需求对象和需求者处在这同一个集合中，只是相互都把对方作为了对象，两者都是有限的。因此，个体大脑能力的极限就是其内在元间需求的上限。

如果一定要勾画出个体对于外在世界的需求上限，最极端的表述应当是这样的：每一个个体都有权利获得这个世界上的任何需求品。这世界上所有的需求品、每一件需求品，都应当属于所有人中的每一个人。

注意，"一切需求品"不是"一切"。能够作为需求品的实体首先是能够被作为需求者需求标的实体，就不可避免地受到来自需求者和需求对象两方面的制约。

首先，需求目标与需求者本身的需求能力相关，是需求者本身能产生什么样需求的问题。这其中，作为意识人的需求者本身是一个由许许多多概念实体组成的复杂需求主体，同一个个体，潜在地拥有许许多多不同的需求，因此，从深层次说，每个概念的实体就是一个需求的主体，就是一个需求者。

其次，是找到、生成、获得这个对象，从而实现这个需求。

尽管所有需求者产生出来的需求标的形形色色，所能够实际实现的需求也汗牛充栋，但是，相对于这个世界的"一切"来说，仍是有限的。至少，在某个时期里，"所有的需求意念"和"所有需求者"是一个有限值，"所有需求品"是一个有限数量的集合。那么，要想实现每一位需求主体都获得每一件需求品的目标，可将前一个集合以及这个集合中所有的要素与后一个集合以及这个集合中的每一个要素逐一对应或映射，将所有需求品的全体以及这全体中的每一件需求品均等地分配给全体需求者以及每一位需求者，这就是有限定义域中需求实现的最大极限。

所有的需求都只能处在这个极限的范围之内，根据不同限制条件取一个有限的、特定的位置、性质、状态或量值。

对于物质需求品来说，并不是所有需求主体的需求目标都相同、都同时发生，并不都同时指向同一个需求对象，实际的需求实现只是这个极限范围中的一小部分。在这一部分实际可能实现的需求对象中，可分为物质的需求品和元间的需求品这样两种类型。由于物质的唯一性，只能把同一种东西分给不同的人，不可能把同一件物品同时分配给两个或两个以上的人，更不要说同时分配给所有的人。唯一的一件物品只能共有，不能分有，所以，在同一时间区间里，只有一部分物质需求品可以被一部分需求者实际占有，其余需求者不能立即实现自己的需求。

对于元间需求品和元间需求者来说，就要宽松许多，至少有三种极端的情形：

（1）直接与物质载体相重合的元间需求品，其本身同时也是物质需求品，受到了物质唯一性的限制；

（2）具有唯一性的纯粹元间需求品；

（3）不具有唯一性的纯粹的元间需求品。

除了具有唯一性的元间需求品之外，由于元间的可无限复制性，一个元间需求品可以同时被无数人所拥有，所以，在上述的第三种意义上，个体的需求至少在某种程度上可能达到或接近实现的极限，在此范围内，"按需分配"具有一定程度上的现实意义。

所谓"元间需求品"和"物质需求品"，都是简化的、极端的表述方式，实际的需求品都处在这两种极端之间的某个具体位置和状态中，都或多或少地具有这两个极端状态的性质。实际的需求品都处在唯一性和可无限复制性这两种极端情形之间的某个具体位置，随着元间需求品与其物质载体关系的不同，纯粹元间需求品的唯一性程度的不同，受到的限制程度也有所不同。

此前，我们关于个体需求极限的讨论中隐含着这样一个假定：需求和需求对象的数量、性质都是事先规定好了的，两者的关系是相对静止的，放在那里等着我们从容分配，事实不都是这样。既然个体以其他个体、以群体相互作为生存条件，相互作为需求实现的条件，那么个体间、群体间、个体与群体间不可避免地出现物质需求品的交换、元间需求品之间的交换、物质需求品与元间需求品之间的交叉交换。个体需求在增加和实现的同时，需求对象被改变，需求对象的改变又反过来改变了需求目标，同时也就改变了需求者自身的性质。需求对象和需求的实现两者都是对方变化的原因和动力，两者密切相关，构成一个共同发育进化的反馈链条。这样，就要重新认识个体需求，也就是说，应当把个体需求放在整个世界范围的大框架下来重新认识。

4.5.7 个体元间需求的实现过程

影响某一个个体实际拥有元间产品的限制条件，主要是这个个体对于元间产品的记忆、理解、获得的能力，而这些能力本身也是一种元间实体，是在先天能力的基础上通过熏陶、适应、学习、思考、练习生成的新的元间实体。这就意味着，产生新元间的能力不仅是实现元间需求的前提，本身也成为元间需求品，实现需求的思维能力、思维方式和思维过程也成为了新层次的需求品。就像笔者希望成为一位作家或诗人那样，不仅是打算创作多少作品，首先是要具备创作作品的能力，要具备欣赏他人作品的能力。

所谓元间需求品就是作为需求目标的对象性的元间实体，就是有待实现的元间实体的一个契合形式。因此，必须依照这个目标实体的规定，"生成"一个与之相契合的元间实体，之后才可能实现这个元间需求。

实现元间需求的过程可以分析为这样几个阶段。

1. 目标元间实体的产生

元间需求作为一种元间实体，有先天的、后天的、从物质需求中派生等一系列生成途径。例如，人先天具有对于快感的追求，快感本身就是目标，导致快感产生的特定元间形式成为了元间需求对象。

2. 规划和策略

生成实现目标的方式和途径，生成具体实施的方案和计划。

此前，我们曾列举过附着在不同载体上的四种元间需求品。每一种形式的元间需求品都会有不同的实现方式，四种形式的交叉可形成更加复杂的局面。实际生活中，我们很难清晰区分元间需求品的载体性质，只有在极端情形下，这些区别才是明显的。这就造成了元间需求生成和实现过程的复杂性。

外在元间需求品的制造，就是将需求主体已经形成的元间需求形式外在化、物质化、行为化、对象化，使其从内在的、理想性的元间实体成为外在的、对象的、可交流的或以物质形式表达的元间实体。就是同化、改造、塑造环境势态中的素材，改变这些素材原有的元间结构，重新组织、安排、修饰这些素材原有的元间结构，将自己的意图、将自己已经形成的元间实体强加于对象，迫使其变成需求主体所指定的、所需要的新样式。

由于所有的对象都是物质与元间的对立统一体，所以，这种同化工作都有物质和元间两个方面，被同化的对象也有物质与元间这样两种极端情形。对于更多依赖于物质因素的元间需求品来说，元间需求品的生产更突出地表现为物质生产，比如生产粮食，挖掘煤炭，建造高楼大厦、铁路、桥梁……这些产品是用"吨""千米""立方米"等来做计量单位的，我们对于这些物质对象中的元间需求，包含在这些巨量的物质产品中。相反，对于依赖于极少量物质因素的接近纯粹元间的对象来说，物质载体的数量和质量只具有极限意义，什么样的、多少量的物质本身已经无关紧要，更常用的计量单位是"比特"以及这些"比特"符号之间的关系。"比特"是一个智能表述构成元间实体之要素数量的参数，到目前为止，科学界还没有发明一个可以用来表述元间实体复杂程度、结构程度的术语和参量，比较接近这个意义的是"熵""序"这类热力学概念，这还只是一个萌芽。

改造以具体物质表现的元间实体和改造接近纯粹的元间实体是两种差距很大的工作，就像在电脑的 CAD 界面上画一座大楼与用钢材水泥盖一座大楼是完全不同的两回事，仅就其中的元间实体来说才是同一个对象。所以说，元间需求品的实现有两种极端的实现方式。

"输出元间"是人的一项重要元间需求品，人们最想做的一件事恐怕要算是让所有人都承认、接受、喜欢自己，喜欢自己的一切。几乎人人都梦想能有片刻机会站在舞台的中央，被人关注和重视，希望自己的作品受到追捧和喜爱，自己的意见得到认可和实施，自己的人格得到肯定、尊重和敬佩。实现这些目标的手段和途径有很多，甚至有一类最为极端情形是战争、暴力、欺骗……除了这些极端行为背后的物质目的之外，是极度张扬的元间输出企图，是试图用强制、诱骗的手段迫使对方接受自己的观念和统治。但是，最为稀缺的需求品，也就是世界上最难实现的元间需求。

人际关系作为一种元间需求品，也有自在、自为、自觉的这样三种层次和性质。

3. 反馈过程

将自己生产出的元间目标作为对象，作为一个新的概念实体，通过内在的感觉器官、通过与大脑中已经有的其他概念实体的比较，获取到它的特征；通过比较发现其中的差别。根据差别的具体形式，可能会产生两个方向的调整：一种是保持原有的最初的需求目标的元间实体不变，修改正在建造过程中的作为对象的元间实体，最终使其更趋向于目标元间实体所期望的那样，达到两者最大限度的一致；一种是调整目标元间实体本身，部分放弃原先的设计，改用新的调整方案。

产生这种调整的原因可能来自外在或内在势态的变化这样两个方面，也就是说原来设定的环境势态和实际遇到的情况不相符合，或者自己的想法发生了变化，产生了新的观点和方法。经过多次反复的调整和修正，才能最终实现一个元间产品的生产。

不同于物质需求实现的过程与途径，由于人与人之间的关系和人与物之间的关系相比，更具对称性，元间反馈的速度更快、更直接，必须及时发现对方的元间体系的特点，主动适应对方，与之契合，以期得到对方的认可。因此，向对方输出元间的过程首先是从改变自己、接受对方的元间开始的，只有能够被对方初步接受，才可能进一步将更多的元间内容输出到对方，才可能逐渐改变对方，在对方的元间体系中更多地存入自己的元间内容，逐步扩大自己对于对方的影响力，才可能被对方所认识、所接受。

生产的目的是消费。与物质需求品的消费相比较，元间需求品的消费有自己的特点。

我们对食物、空气、水之类以物质成分为主的需求品的消费是分解、同化这些对象，从中取得营养、能量和素材，这里已经蕴含了某种程度的元间消费。而更纯粹一些的元间消费是将一个作为元间需求目的的元间实体与一个自己生产、营造出来的作为需求对象的元间实体相互契合和消解的过程。从这个消解过程中获得的既不是物质素材也不是能量，而是一种特定的感受，是产生特定心理感觉的过程。不同的元间消费品对于物质载体的依赖程度有极大的差别。

依附于具体物质载体的元间需求品，在消费过程中，所依附的物质载体被作为物质需求品而消耗。就像一块泡泡糖，在品尝、咀嚼的过程中不仅实现了元间需求也实现了物质需求，这块糖一旦被消费，同时就不复存在了。但是，还有许多许多依附于具体物质的元间需求品并不会因为我们对它的消费就同时破坏了它的物质存在，就像一幅画、一件漂亮的衣服，看多少次，它们还是能持续保持原有的元间性质，这样的元间需求品并不会因为被消费而消失、改变或减少。

元间品的成功消费以产生快感为标志。人是一个生理的实体，快感也是一种生理行为和结构，对于同一种快感的感受能力有一个恢复的过程；人又是一种心理的实体，一种元间需求实现之后，就会形成对于由此而生成的快感的记忆，相同的元间实体的再次输入就不再是新的元间实体，不需要更多次数的记忆和欣赏。由于这两方面的原因，短时间里，对于反复出现的同一种需求品的需求强度趋于下降，所能引起的快感趋于减少。这可能就是对需求方而言的边际效益递减的一个原因所在。

4. 元间需求品的存储与积累

一个需求主体在一段时间、一定的场合里可能为自己生产出了许多需求品，但是，如果不是在当下就即刻全部消费掉这些产品，生产和消费过程就成了两个不同的过程，而且是占用不同时空的两个过程，为了度过这个时空间隔，有必要将这些已经获得了的但却不能即时消费的产品储存起来。通常所说的元间需求品，很多属于那些已经生产出来还没有被及时消费的元间产品。

元间需求品的存储方式与这种元间实体的存在方式相关。

附着在普通物质产品中的元间需求品，其存储直接与这种产品的物质性相关，元间产品的可保存性直接取决于它所附着的物质载体的可保存性。因为，作为元间需求品的元间实体同时还是这个物质实体本身的元间结构，这两种性质由同一个对立统一的实体来承担。所以，元间实体的存储同时伴随着物质产品的存储。物质的唯一性限制了元间的自由，一个物质载体与附着在这件物质上的元间实体之间具有唯一的对应关系。

另外，由于元间的可转移性，物质载体与其所承载的元间实体可以相对分离。例如，作为传播媒体的物质实体本身所具有的元间形式与其所承载着的元间实体是两种不同层次的元间实体，一张可擦写光盘所具有的性质与这张光盘上所记录的内容是两种不同的元间实体，虽然这两种元间实体相互之间可能发生干扰，对对方发生影响，但这种影响被限制在可以忽略不计的程度。这样，光盘作为物质实体所具有的唯一性对于所承载的元间实体所具有的自由转移性质不构成限制。光盘的保存和积累与光盘上数据的保存和积累就成了两种性质的问题。虽然这些数据的保存、积累仍然必须依赖物质载体才能实现，但是，却不再必然依赖某一个特定的物质载体，而是可以通过更多更合适的载体实现存贮。

一家百年老店用优质的服务在消费者心目中树立了良好的商誉；一位老者与邻里真诚相处几十年，以自己的品行在身边的人群中营造了一种温馨的氛围，从这种氛围中感受着生活的惬意；一位歌星踌躇满志地面对着大群泪流满面的追星族；一位幼童因获得了一朵老师奖励的小红花儿而感到无上光荣……人们通过人际关系实现着自己许多的元间需求。这种寓于人际关系中的元间需求品如何存储呢？依托人际关系的元间需求品最完美的储存方式还只能是在人际关系里，只能储存在产生这种需求品的同一个环境中，要想再次真实地享用这个需求品就只能再次回到那个情境中去。任何情境都是人们情感、情绪的一种暂时凝聚状态，只是相对静止和存在，都会发生变化，由于情境具有唯一性，不可能完全彻底地回到任何一个已经逝去的情景中。

这类元间需求品还可以有另一种存储方式，就是将原来那个情境中的元间转移到其他载体上，用另外的物质载体记忆下来。比如，作为元间实体存储在当事人的头脑里、存储在图像或文字的媒介上，这些当事人聚在一起，可以回忆、复原、重现当时的情境，从中回味曾经有过的美好时光。或者用戏剧、影视方式实现现场还原。更常见的存储方式是需求者自己对于当时的体验以及对于当时整个情境的记忆，这将作为经验实体被保存在这个人的头脑里，成为这个人经验体系中的重要内容。将这种元间实体转移出来，保存在记忆磁盘里，虽可长久保存，但只能是一个简化、抽象的复制品。

将原先外在的元间实体转移、复制到了脑海里，将其内在化，转化为另一个具体的、形象的元间实体，成为消费主体自己经验体系中的又一个新内容，成为一个对象性的元间实体，元间需求品就是这样一些对象性的元间实体。获得这个对象并由此产生了相应的心理体验就实现了这个元间需求。然而，我们对这个元间需求对象的消费会造成对象本身的改变。这个对象自己如何继续存在呢？好在消费主体不仅记忆了消费这个对象时的心理体验，同时还会记住这个对象本身，记忆了这个对象被消费之前的形式，记忆了这次消费的全过程，记忆了对象在消费过程中被改变的全过程。所有这些记忆又都再次被积累成为新的对象性元间实体，通过这种方式，元间需求对象迅速丰富起来。

这些原先的元间需求品可能会被直接作为新的元间需求目标，寻求再次将其外在化、物化，重新用外在的物质素材重建出来，就像我们试图在原址复原重建圆明园或者根据回忆录拍摄一部历史电影一样。

这些元间需求品作为元间实体与其他的元间实体并无本质区别，因此，也就可以分解成素材性要素或者关系性要素，成为进一步元间组合的要素。可将已经分解了的元间素材重新组织、综合起来，生成新的元间实体，成为新的元间需求指向或评价标准。可将更多元间需求品存储起来，用来作为进一步元间组合的元间要素的过程，是元间积累和增殖的过程。被作为经验实体存储了的元间需求品，也是可能被解析的元间实体，很多成分最终成为需求主体自己经验体系的内容，特别是积累形成了经验主体的一般性的世界观，形成了他后天的人格和性格，成为了他的习惯和行为规范。

元间需求品积累的最重要意义在于能够形成新的组合，以便形成可供将来消费的新的元间目标或元间消费品。当元间需求品被作为元间要素意义上的元间实体存储，成为经验库中新的内容时，被用来参与新的元间组合形成新的元间实体时，就开始具有了新的意义。目前，还只有人的大脑可以自觉地实现对于元间实体的分析和综合，能够理解和掌握抽象的、具体的元间实体，能够以此为依据生成新的元间实体。因此，目前最有效的元间需求品的积累仍然发生在人的内心世界里。可以预料，随着现代科学技术的飞速发展，更多的媒体中的元间品积累形式也越来越多，完全可能出现人脑之外的新的元间组合主体。

4.5.8 完整人的六种生活状态及个体自我意识

既然完整人同时具有自在、自为、自觉三种性质，每个个体就会对外将表现出这三种性质，每个个体的任何一种行为和动机都不可避免地、不同程度地同时具有这三种因素。另外，每个个体都是一个独立的意识主体，首先生活在自己独立的躯体范围内，是为自己的，同时又必然生活在群体的环境中，又必须是为群体的。为自己的生存有自在、自为、自觉三种生活状态，为他人、为群体的生存同样也有自在、自为、自觉这样三种生活状态。这样，一个具体的个体，个体的一个具体行为和意念，至少具有这样六个基本的出发点，每个人在面对千变万化的对象世界时，所表现的具体行为是这样六种基本要素相互交织、共同作用的综合结果，在不同的情境下会有不同的表现，由此决定的人格和行为也就异常复杂。比如一个在灭火救灾中奋勇献身的警官，却被发现生前接受过火灾事主的贿赂；一个盗窃犯同时却是个孝顺儿子。

意识能力可以直接关照自为和自在的行为，自为的行为也会左右自在行为，但是，最基础的自在行为在紧急时刻通常都是优先的。对自己自为、自在行为的意识就是自我意识，这种意识受到了先天能力的制约，受到后天各种势态影响，受到了经验积累程度的制约，对于自为、自在行为的约束能力极其有限。所以，即使是经验丰富的成年人，很多行为常常是不理智的，极端情形下也可能是不可理喻的。个体的自我意识能力并不是他行为的全部出发点。

4.6　群体需求实现的一般方式

4.6.1　推理与演绎

群体与个体互相是对方实现自身目标的途径和手段，就必须实现个体和群体两个方向上的需求。群体又以其他群体为生存环境，进一步构成了新层次的、更大的群体。鉴于需求本身的多元性，由此形成的体系将是极为复杂的，试图用一些简单清晰的条目作为整个复杂体系的一般理论的努力，注定是徒劳的。对于这个体系的观察、反思、资料整理、概念梳理工作才刚刚开始，对需求及其实现的体系研究都还处在"钻探勘察"的初始阶段，处在取样、分析、假设、猜想和推理的阶段，一时还难以形成可靠的、系统性的认识和观点。因此，以下这些涉及具体经济现象的讨论，更大程度上属于演绎性质的探讨。

根据我们的假设，逻辑的、思维的、纯粹元间的世界具有无限的可能性，一旦一个规则生成与确定，依照这个规则就可能演绎出一套元间体系，生成一个独特的模型。同样，大自然也是无限可能性中实际实现了的一种模式，只不过这套模式的实现途径不是纯粹的元间实体，或者说不是处在对物质载体的依赖程度接近下限范围里，而是处在从趋近于物质的下限开始，直到接近纯粹物质上限的广阔范围里。我们的认识能力仅仅是整个自然界中偏重下限的区间里的一小部分，是自然界自己对自己的反思能力。因此，我们可能具有比大自然自己的这部分更自由的元间组合能力，这种能力是我们可以产生出远远多于主要靠物质载体才能实现的元间组合的样式和状态。

一方面，我们用纯粹推理的方法演绎出的元间实体就有可能和物质世界实际发生的物理事实相同或相似的元间实体，换言之，我们产生的无数元间实体中有一些可能与自然的物理的世界生成的元间实体是同一种元间实体。造成这种可能性的最根本原因是我们大脑本身是大自然的产物，大脑的形成及其初始规则是在进化中通过元间转移和复制的方式被大自然直接赋予的。大脑的初始规则和自然的规则是同一套元间实体。所不同的在于，大自然通过人实现了元间抽象，具有了元间抽象能力，将元间分解到了极限，具备了探寻比大自然实际实现的元间实体更为基本的、更为初始的规则的能力。因此，在一个有限定义域里，我们都在放心地使用演绎和推理的方法，并通过这种方式发现物理的对象世界实际采用的元间实体。

如果我们演绎出的元间实体与对象世界实际采用的元间实体高度契合，就可以把这样的演绎结果称之为科学，如果两者相差较大，只有某种程度上的吻合，只能解释一小部分现象，不能说明或预言大部分的现象，就还达不到通常所说的"科学"的标准，经济学就是这样一类还达不到科学标准的学科。这是因为我们过去使用的规则和方法维度太低，远远低估了经济学领域的复杂程度，还没有能力掌握更多的对象实际拥有的元间实体。相信随着我们认识能力的提高，经验的积累，终究可以更多地掌握这种方法和信息，逐渐接近复杂对象的元间实体，直到最大限度地逼近极限位置。这个极限可能是对象本身的不确定性，也就是不可契合不可预测的极限，也就是我们对于需求研究的极限。

另一方面，除了寻求与外在自然对象世界的契合之外，在纯粹的元间世界里，元间的推理和演绎可以依照自己设定的任意规则进行，每选择一套初始规则，就可以产生一个新的截然不同的新的元间体系。相对于每一套元间体系本身来说，各自都有对于规则本身的契合性问题，都有在本体系内部的合理性问题，这种合理性也是一种科学性，因此，我们所说的"科学"，有两种意义。

在具体的生活中，我们很难绝对清晰地划分我们处在哪一种意义上的"科学"之中。往往处在这两种"科学"之间的某个具体位置，或多或少地同时具有两种意义。下面讨论的几个经济学话题就是这样的一种推理和演绎的尝试。

4.6.2　群体需求

所有个体都只能通过群体的途径才能实现自己的绝大部分需求。不论是从一个群体中生成的新个体还是新加入一个群体的个体，都即刻处在与其他个体的关系之中，这些新建立起来的关系也就是个体实现自己需求的途径和方式。然而，个体之间的关系一旦建立起来，这一个关系主体就不再仅仅属于他自己，而是属于构成相互关系的所有关系者。比如由两个人构成的"朋友"关系，这种关系属于双方共同拥有，离开了对方，一个单独的关系者就不再能继续作为关系者，也就不再拥有这种关系了。这个关系实体本身也就随之消失了。但是，对于由多个体构成的群体来说，某个个体的退出，失去的只是这个个体自己与其他个体的关系，其他人之间的关系作为关系实体依然存在，如果，这个群体的人数足够多，某个人的离开不可能大幅度地改变原有的关系实体的性状，这种关系实体就是独立于那个离开了的人的实体。构成群体的个体数量越大，这种关系受到的影响就越小，就越是趋近于一个相对独立的关系实体。这种关系实体就是群体的元间实体。所以，群体利益不仅是所有个体利益的抽象，是所有个体利益的共同部分，同时也能成为一个独立需求主体的独立需求。

个体互相之间构成相对紧密关系的基础是分工与合作，分工与合作是实现自己需求的重要手段与途径。个体对于其他个体、对于群体具有依存性和界限性这样两种相反的倾向。首先，在通过群体实现自己需求的过程中，从合作中感受到了集体的温馨与安全，从为了集体目标的奋斗中获得成就和荣耀，获得了具体的物质和元间的利益，从而，群体的利益与个体的利益达到很大程度的一致，群体利益被直接转变成了个体利益本身。其次，群体被作为实现个体利益的途径，必然表现出个体利益实现的间接性，有时，间接性的程度会非常大，达到极限时，群体利益与个体利益就会是冲突的，眼前利益和长远利益就是冲突的，甚至只有牺牲个体生命和财产才能实现这个群体的某些利益。群体利益成为个体利益的竞争者和对立者，更不要说个体相互之间也存在着竞争与合作这样的双重关系。

因此，一方面，个体必须要维持自己的独立，要坚持自己的利益和目标，否则，就难以生存，就失去了参与合作的意义；另一方面，个体又必须服从群体的规范和要求，某种程度上放弃自己的利益。于是，这两种相反倾向的对立统一就成为个体与群体之间关系的基本准则，成为群体内所有个体之间关系的基本原则。这个基本原则也就成为群体元间实体的基本形式。

由于群体成为了相对独立的需求主体，因而也具有了群体自己的自我意识。

作为相对独立的需求主体，群体的需求也有物质与元间这样两个极端的形式，所有的需求形式和目标也都是处在这两种极端以及两个极端之间的具体需求。例如，一个国家需要土地、石油、粮食，需要奥运会金牌、国际话语权，也需要国家尊严。

由于群体作为相对独立需求主体的同时，是所有个体利益的抽象形式，是所有个体实现各自需求的途径和手段，所以，群体的利益就有两个目标方向，一是保障实现每个个体各自的需求，二是保障实现群体本身的需求。群体的自我意识也就具有这样两个思考方向。但是，这两个方向需求的实现过程常常会发生相互冲突的现象。

既然个体的利益必须通过群体的途径才能实现，那么对个体来说，这种需求就成了只能间接实现的间接需求。随着分工的不断发育，就像一家人不需要用装备战斗机的方式来保卫家园一样，间接需求与直接需求之间的距离会越来越远，更多的间接需求都由群体和群体中的其他个体代为实现。由于这种间接性，抽象需求与具体需求，间接需求与直接需求，长远利益与眼前的利益，个体利益与群体利益的冲突，往往以牺牲对方为代价。比如，希腊政府如果不实行财政紧缩就难以扭转主权信用危机，就得不到欧盟的援助，但是，希腊民众的福利却因此受到了伤害，于是，走上街头，抗议示威。个体与群体成了对立的双方。

个体头脑中所进行的决策过程是不同概念体系、元间立场的比较、评估、竞争的过程。同样，群体的决策也是这样一个不同意见的比较、评估、竞争的过程。个体拥有一个可以为不同概念体系进行辩论的大脑，个体决策的困难在于自己多重利益之间的冲突和取舍。但是，个体毕竟是一个独立和完整的身体人，个体的人体不会在方案辩论的过程中发生分裂，充其量也只能是精神分裂。而群体自我不具备这样的不可分裂性，方案的论证和争辩在可分离的个体之间直接进行，维系这些个体之间相互关系的前提仅仅是现有的政治、经济、民族、历史、文化、信仰关系。而且，每一个辩论者在作为一种意见的代言人代表一部分个体利益的同时，其自身还是一个利益主体，每个辩论者都是这样一种具有三重身份的相对独立的利益主体。辩论者所要竭力坚持的观点和立场必须同时有利于群体、有利于其所代言的那些个体以及辩论者自身这样三个主要方面的利益。虽然我们经常可以看到有许多"民意代表"超脱了自己的个人利益，能够舍弃自己大量物质和名誉利益，为大众服务，让人敬佩，但是，只能说这些杰出人物超脱了自己的某些个人利益，难说超脱了所有的个人利益，因为元间需求的种类无限多，元间需求本身又是最高水平意义上的个人利益。其中，最吸引人的是这种元间利益与群体利益直接重合的那些部分。

无论如何辩论、如何决策，无论怎样高明的管理，无论怎样先进、合理的社会制度、政治制度，由于个体的角度和地位各不相同，个体间总是处在不均匀的状态之中。作为所有个体抽象形式的群体都难以顾全每一个个体的全部个别需求。个体的直接利益和间接利益总是存在着差别。群体适应环境势态变化的速度总是或超前或滞后于个体利益变化速度。个体之间，个体与群体之间，群体与群体之间总是存在着利益的冲突。从积极的角度看，正是这些利益的冲突才是推动社会前进的不竭动力。从消极的角度看，利益的冲突成为群体决策的难题，使得任何决策都难以做到总是有利于所有个体，总是能令所有人满意，往往不得不以牺牲一部分个体的利益为代价，因此，群体的决策必然是一个不断争执的过程。

4.6.3　两种极端的需求及其对立统一

个体与群体的需求都具有物质和元间两种意义，具有物质和元间两种极端的情形，任何具体的需求都处在这两个极端之间，不同程度地具有物质和元间两种因素。这样，两个层次交织在一起的需求主体面对的是两个方向的需求目标，所要实现的是两种不同性质的需求。

需求总是物质与元间对立统一的，而这两种需求并非是均匀的、对等的，比如，吃饭和读书这两种实现需求的行为中都包含了物质和元间这样两个方面，但是这两种行为的着眼点是有明显区别的，同一位需求者在不同时间对同一个需求对象的着眼点也是不同的。

每次技术革命和社会变革都会打开一个新的需求领域，新的需求相对于过去都会表现出在物质和元间方面侧重点的偏移。例如，春秋战国时期，旧的社会体制崩溃了，生产力获得了解放，与此相伴随的是思想的解放，出现了百花齐放、百家争鸣的局面，新的思想方式和新的社会秩序成了重要的元间需求品；唐、宋时期相对发达的农、工、商业和长时期的和平安定，形成了相当的财富积累，社会安定，温饱问题暂时得以缓解，这种改善使得诗词歌赋、文学艺术、宗教、思想有机会成为更重要的元间需求品。

以英国为先导的工业革命，开发出了一大批新的物质需求品和新的生活方式，使得传统的农耕文明相形见绌，田园牧歌、温情脉脉的人际关系被赤裸裸的金钱交易和炮舰、坦克所取代，生存压力被提升到一个新的层次，生存又再次成为最迫切的任务。物质需求重新成为时代的标志，就连哲学家们也异口同声地将物质作为了唯一的存在者。从此，观察世界的主要视角转移到了物质之上，元间仅仅被作为一种物质现象，元间本身不再被作为一个具有对等地位的实体来看待。直到现代科学和信息技术的革命才重新开始缓慢地纠正这个偏见。工业文明所产生的巨大生产能力，再次在新的水准上局部、暂时解决了温饱问题，为实现更多个体的元间需求创造了条件，社会的元间需求开始逐步向舞台中心挪动。眼下，我们正在走入的信息化社会也就是以元间需求为主要目标的新社会。

历史揭示了一个倾向：人类社会的需求以及实现需求的方式向着元间化的方向发展。元间需求与更多的用元间方式实现的需求将逐渐成为主流。

此前很长的历史时期内，社会将焦点汇聚在物质需求品之上，元间需求品还不是一种必须刻意关注的领域，处在仆从的地位。元间需求品从属于物质需求品，仅仅是获得物质需求品的一种手段和工具，其本身很难成为主导的分配标的，目前的经济体系及其理论体系都植根于此。现在，情况开始发生逆转。物质生活得到基本满足之后，多余的物质成分成为了实现元间需求的手段和工具。理论和经济体系显然滞后于需求的变化，许多新的社会问题由此而生。

两种需求都需要通过一定的生产方式才能实现，于是，就有必要讨论包括两种不同需求品在内的更一般的生产方式。显然，这将会是一个内容极其庞大的体系，也绝不是作者个人学力所能及的。本书的主旨仅限于探讨需求的极限，至于这极限之间的更多内容以及对于如何实现这些需求，这里只能就其轮廓做一些远远的眺望。

按照马克思主义政治经济学的框架，核心是生产方式问题。

《中国大百科全书》这样定义："生产方式（Mode production）是指社会生活所必需的物质资料的谋得方式，在生产过程中形成的人与自然界之间的和人与人之间的相互关系的体系。生产方式包括生产力和生产关系两个方面，生产方式是两者在物质资料生产过程中的统一。生产力是生产方式的物质内容，生产关系是生产方式的社会形式。"[1] 这个定义的关键词是"物质资料的谋得"，而"人际关系""生产力""生产关系"都不过是手段和途径罢了，其倾向性和极端性显而易见。

马克思所要解决的问题是那个时代中的主要社会矛盾，在于处理由工业化所产生的最基本物质生存资料的生产和分配问题，满足人们最基本的生存需要，这些问题即使是到现在也还没有消失，所以马克思主义的观点和立场依然具有现实意义，马克思主义的对立统一分析方法依然具有理论和现实意义。

新的变化是，我们已经开始在某些局部的区域里不再仅仅把物质资料作为唯一的主要的生活必需品，甚至不作为最迫切的必需品了。人与自然、人与人之间的关系本身不再仅仅被作为是实现物质需求的工具和手段，这种关系本身正在开始成为更重要的需求品。此外，我们已经也不再仅仅把生产力理解为是一种单纯的物质因素，这其中还有很多内容已经不能仅仅用物质范畴所涵盖了。需求和实现需求的手段的变化迫使我们必须将另一个极端的情形也考虑在内，开辟更加全面完整的政治经济学视野。

虽然，物质与元间总是相依存的，但是，需求的进化和发展逐渐将这两者之间的差别显现出来，两种需求品及其实现方式之间的差距越来

---

[1] 《中国大百科全书·哲学卷》，北京：中国大百科全书出版社，1987年，第782页。

越大，最终分化成了明显的、极端的、不同性质的需求品。换言之，我们有了物质和元间这样两种极端的需求品，也就有了处于这两种极端情形之间的更多形式的其他需求品。

既然有两种极端的需求品，就意味着至少应该有两种极端的生产方式。既然有两个极端状态，有处在物质与元间这两个极端之间的需求品，也就应当有处在这两个极端之间的对立统一的生产方式。

事实上，我们的生产方式正是这样一种处于这两个极端之间的具体的状态。在不同的条件下更突出地表现为某一个极端的情形，更多的场合表现为两个极端的对立统一形式。

两种极端以及极端之间的生产方式之间究竟有怎样的不同呢？可以从生产、分配、交换的具体环节加以分析。

4.6.4 两个极端以及极端之间需求品的生产

物质产品的生产是利用体力或工具获取物质素材和能量，将物质材料按照需求意图的元间形式进行加工和改造，重新组织成新的物质实体，重新组装成满足另一种物质需求的新的物质实体的漫长过程。

纯粹元间产品生产的过程则是利用感觉能力和传感工具将元间实体从物质载体中分离出来，形成独立的、纯粹的元间实体；输入大脑或智能机械；利用大脑的智能将所获得的元间实体与存储着的元间实体相互比较，进而分析、归纳，对外在元间实体进行解析，生成元间要素或概念实体，从而实现对外在元间实体的记忆和分解；将元间要素或概念实体组装成新的元间实体；将大脑中的元间实体复制、转移到另外的认识主体或物质实体之上，实现人际间的元间交流，创造新的物质和元间实体。

比较这两种极端产品的生产过程，可以发现两者的显著区别。

（1）物质劳动的对象是具有唯一性的物质素材，产生的劳动成果也是具有唯一性的物质实体；相比之下，元间产品的特点正好相反，元间劳动的对象和成果并不都具备绝对的唯一性，同一个元间实体可以有不同的时间或空间分布，可以被不同的物质实体所具有，绝大多数元间需求品可能被不同的需求主体同时持有。

（2）与物质素材形式的改变和重组相伴随的是蕴藏在这些物质中的能量形式的转换和释放，这种转化和释放的规模、尺度、形式基本与人的物质需求的规模、尺度、形式相适应。而且，这种能量形式也不可避免地受到了蕴含此能量的物质实体本身唯一性的制约。而元间产品的生产起源于对于对象的识别，起源于力求在与对象发生实质性作用和遭遇之前就提早获得对象的元间信息，先期做出的判断。因此，元间生产以最大限度减少载体的物质量为特点，虽然元间产品的生产过程也不可避免地伴随着能量转换，也要占用必要的物质材料，但已经被不同程度地弱化，甚至被减少到微不足道的程度。

（3）物质生产是以获得具有特定元间的物质实体为目的；元间生产则以获得特定形式的元间实体本身为主要目标，以创造特定的、新的元间实体为目标，有时甚至是无目的的，至于是何种物质载体，那是第二层次的需求，往往是另一层次的元间需求。

（4）物质产品生产过程可以被看作是一种元间转移和复制过程，是将计划中的元间形式用另外的物质素材重新表现出来；而纯粹的元间生产有两种类型，一是对原有元间产品、已有元间形式的复制，一是产生新的元间形式，创造一种过去从来没有过的新的元间实体。

（5）由于上述差别，物质生产的目标是在生产之前就已经产生和存在了的，物质产品是在生产过程结束之后才能出现；与此不同，并不是所有元间生产的目标在生产之前就存在了，许多元间生产的目的恰恰是寻找和产生一个目标性的元间实体，生产的过程与目标产生的过程发生了重叠。

（6）进而，物质产品的消费只能发生在物质产品的生产过程结束之后，只有制成品才能用于消费；许多元间产品的消费过程却发生在生产过程之中，生产一个元间实体的过程本身就是元间消费的过程，于是，元间目标的产生、实现这个目标、消费这个元间产品的这三个过程可以重叠在一起。

毕竟，由于物质与元间的对立统一性，这两种需求品互相都是对方的手段和媒介，两者紧密地交织在一起，说某个实体属于元间需求品还是属于物质需求品这只有相对意义，只在某个特定的层次或极端意义上说才有分别讨论的意义。只当手段和目的的层次充分积累之后，两种需求才表现出显著分离的迹象，在极限位置才形成相对独立的两种需求品。因此，上述这些区别只有在极端情形下才是显著的，或者说，这些区别的程度与离开极限的程度相关，在离开极限的不同位置上，在不同的具体对象中有各自独特的情形。

4.6.5 多维的分配方式

每个个体各自都有自己的需求，但是在彻底分工的社会里，一个生产者只承担所有生产任务中极少的一部分工作，生产者从这个任务中只能直接实现自己极少的一部分需求，绝大部分都是为了他人和社会而生产的。生产者通过这个细微的、局部的工作实现自己其余的所有需求。

所有生产者相互之间都是一种交换关系，用自己的工作换取他人的工作。从社会和群体的角度看，这种交换关系的实现形式也就是所谓的分配方式。所以，广义地说，分配方式只是一种交换的实现形式。但是，"分配"和"交换"毕竟不是同义词，"分配"还含有一个权益者、一个主体依照某种规则将需求品分发给一些人的意思，这里带有一定的强制性。而交换是互相的，依照某种规则和尺度进行，比如自愿、等价、公平的原则。

"分配方式"有三个层次的内容：分配什么；由谁分配；按照什么规则实行分配。

可供分配的对象有物质与元间这两种极端的产品，以及处于这两个极端之间的不同程度地具有物质与元间属性的具体产品。大多数分配通过交换来进行，交换双方各自是对方的分配者，交换的规则和尺度也就是分配的规则。

有这样一些典型的分配方式。

1. 按需分配

并不是所有的分配都通过交换来实现，就人类的生物性意义来说，维持基因的繁衍和生存是个体和群体的第一任务，因而，"生而平等"是最基本、最高的分配原则。每个人从出生的那一刻起就天然地具有平等分配一切社会资源的权力，就有权利取得自己所需求的这个社会中已有的一切，有权获得与别人同等水平的需求品。这是由我们的基因所决定的分配方式，是一切经济活动的初始原则，也是全人类最崇高的理想和目标。将生命本身作为唯一资格的分配就是按需分配。无论这个人是否具有劳动能力，是否实际参加了劳动，都有权获得生活所需的一切资源。按需分配并不需要通过直接交换品来实现，生命本身就是交换条件，每一个人都天然的具有占有所有资源的权利。

就物质需求方面看，虽然俗话说"欲望是无限的"，但事实上，在一定的历史时期内，个人和群体用于维持生命和繁衍的基本物质需求品都是有限的，每个社会事实上实现了这个时期内每个人的基本物质需求，否则就不会有这么多的人口。或者说，种群的数量表示了这个种群按需分配的水平和能力。

基本需求之外的绝大部分物质需求，其实都已经转变为实现元间需求的媒介和手段，都是由元间需求所产生的新的间接性的物质需求。

与元间需求的进化相伴随的是人本身的进化。每一个阶段的社会都不可能实现所有人试图通过物质途径去实现的所有元间需求，特别是那些用于实现新产生出来的元间需求的物质需求，新需求的出现总是超前于生产和普及这种需求品的能力和速度。因此，总是只有小部分人能够比更多的人提前占有、享用更多、更新的元间需求品，拥有实现这些新的元间需求的间接性的物质需求品。社会总是不能达到每个人都均等地占有用于实现元间需求目标的物质需求品的程度。

血缘关系之间的差异是造成需求品分配不均匀的初始原因。

目前只在家庭范围里才将血缘关系、婚姻关系作为彻底的分配基础，依据血缘关系的亲疏程度在家族、种族范围里不同程度地施行。这种分配原则被逐步泛化成了普世原则，在更广泛的领域里推行。比如全民医疗保障、最低生活保障线、灾难救助……随着经济活动社会化发展的进程，随着社会生产能力的发展和积累，采用这个原则的范围也在逐步扩散开来，逐渐成为更大范围的分配原则。

按需分配从最基础的物质必需品开始，逐渐向元间需求品方向扩展和延伸。我们所说的"按需分配"中的"需"，是有限的需求，如果需求无限大，超过了实际拥有的资源储量，超过了全社会的生产能力，需求本身就是不切实际的，有限意义的。

由于所有的物质产品都具有唯一性，首先遭遇可分配极限的是物质需求品，每个时代、社会所能生产的物质产品都是有限的，特别是为了实现元间需求所需的物质工具和载体之类的物质产品是有限的，试图通过更多物质载体实现元间需求品的按需分配不切实际。

由于许多元间需求品可以无限复制，可以同时被无数需求者同时享有，因而，许多纯粹元间需求品的分配可能达到均匀分配的极限，还有一些元间需求品是排他性、唯一性的，譬如，情敌之间就是一种排他性的人际关系，一个国家的总统只能有一位。此类元间需求品没有按需分配的可能。

元间需求品的可按需分配性，分布在这两个极端情形之间的不同位置上。人类社会具有实现接近纯粹物质的需求品和接近纯粹元间极限的需求品的按需分配、平均分配的可能性。但是，我们始终无法实现对于具有唯一性的物质需求品和具有唯一性的元间需求品实行按需分配和平均分配。这是按需分配和平均分配的极限，是两条不可能超越的边界。

2. 按劳分配

劳动是一种能力的形式，按劳分配是按能力及其实现的分配。

原始社会里，人们的劳动直接为了自己和家人，通过劳动可以直接获得生存条件。在充分分工的社会里，每个人都远离了天然的生存条件，都生活在他人构成的间接的自然环境中，劳动就成了一种人与人之间的交换品，要用劳动换取他人的劳动。一个分工者从事微小局部工作的目的是通过间接劳动实现自己的全部需求，因此，对于自己的劳动能否交换回与自己所付出劳动相适应的最低限度的需求品抱有期望，只有在这种期望有实现可能的条件下，分工者才会从事这项劳动。这就是最低限度的公平交易，换言之，这就是最低限度的平等。否则，就不会分工出现。

依"生而平等、天赋人权"原则进行的分配目前还只能局限在最低生活保障的范围内，依"社会必要劳动时间"进行的分配也建立在最低生活需求的范围内，每个人必须活着，必须最低限度的活着。按马克思主义政治经济学的概念，维持最低生活水平和劳动力再生产的劳动时间是社会必要劳动时间。

劳动既然是获得需求品的一个重要途径，因此，也成为一个重要的分配原则。问题在于，我们不仅有两种极端的需求品，有处于这两个极端之间的需求品，还有两种极端的获取需求品的能力，有处于这两个极端之间的获取需求品的能力。也就是说，有体力和智力是两种极端形式的劳动能力，实际的劳动能力都处在这两个极限端点之间的某个具体的位置上，也可以把这两种极端的劳动分别称之为物质劳动和元间劳动。

在充分分工的社会条件下，每个人只需从事一种非常具体的工作，只能生产上述各种需求品中极少的一部分，每一个劳动者在特定的工序或岗位上用自己特定的劳动方式向社会提供自己的劳动能力，以此来换取自己所有的需求品。分工条件下的按劳分配是通过交换来实现的。过去，大多的劳动都是处于物质与元间这两个极端之间，智力与体力交织在一起。由于分工的充分发育，由于现代化科学技术的高速发展，在许多方面分裂了物质与元间的密切关系。如今，开始出现更接近纯粹元间生产劳动，相比之下，有些生产劳动显得更接近于纯粹的物质劳动。两种劳动发生了分离，进而也造成两种劳动者的分化，造成两种劳动时间的分化。

如果把充分分工条件下的分配看作是一种交换，那么交换的尺度就是分配的尺度，而且，交换的尺度也是一种价值的尺度。是不是存在一种一般交换尺度或者普适的价值尺度呢？过去我们最经常使用的尺度是"劳动时间""社会必要劳动时间"，这些尺度在什么条件下才是合适的呢？

假如，相同的体力劳动时间生产相同质和量的物质需求品，相同的智力劳动生产相同质和量的元间需求品，那么，这时物质劳动时间与物质需求品、元间劳动时间与元间需求品之间的交换就有可能实现等价交换，就可以各自用平均的劳动时间作为交换的一般尺度。

但事实上，这个假设已经很难成立了，这两种劳动的效率各自都是不均衡的。因为没有纯粹的物质性劳动，也没有纯粹的元间性劳动。两种劳动者之中也各自存在着能力差异，体力劳动中的智力因素和智力劳动中的体力因素都是造成不均衡的原因。特别是在现代化生产体系里，物质生产中的元间因素成为影响生产效率的决定因素。也正因为这种不均衡性，劳动效率才成为了不可忽视的分配依据。显然，所谓按劳分配至少要有两个尺度，一是劳动时间，一是劳动效率。

要想通过交换实现物质和元间的需求，就会出现不同劳动与不同需求品之间的交换，出现处于不同极端之间的劳动和处于不同极端之间某个具体位置的需求品之间的交换。这样，交换至少会有四种极端的情形：

（1）元间劳动与元间需求品之间的交换；

（2）元间劳动与物质需求品之间的交换；

（3）物质劳动与元间需求品之间的交换；

（4）物质劳动与物质需求品之间的交换。

由于每一种具体的产品都处在物质与元间这两个极端之间的某个具体的位置上，每个劳动者从事的劳动以及他所提供的交换品也都是处在物质与元间这两个极端之间的具体性质的交换品，一切具体的交换实际上都只能处在这些极端之间的所有情形的交叉所形成的范围之内。

即便是相同的体力劳动时间生产相同质和量的物质需求品，相同的智力劳动生产相同质和量的元间需求品，这也不表明这两种各自平衡的关系相互之间也是平衡的。并不表明相同的体力劳动时间生产的物质产品与相同智力劳动时间生产的元间需求品之间存在着等价关系。这是两种不同性质的劳动和劳动产品。至少有这样一个原则性的区别：物质产品具有唯一性，一件物质品同一时间内只能位于唯一的空间位置，只能被一个或一小部分人占有和享有；纯粹元间产品却有可能被无限复制，可以为与更多的空间位置，可以被无数人同时占有和享有。这样，相同体力劳动时间和相同智力劳动时间所能产生的效果就不可能是等价的，也就是说，劳动效率是不等价的。即便同时使用劳动效率和劳动时间这样两个尺度，也不足以形成一个完全的、一般交换尺度。或者说，这两个尺度的综合也并不构成完全的、一般性的尺度，只能是在某些特定场合有效的特殊尺度。劳动时间和效率的考虑只是所有交换理由中的两个因素，不是全部因素。而且，这两点也并不总是决定性的因素。

劳动时间、劳动强度、劳动效率仅在某种条件下某种程度地作为分配的条件和原则。

3. 按资分配

按劳分配造成的收入差异是强有力的激励机制，只有具备更强的劳动能力、更积极的劳动态度、更高的智能水平才能取得更高的劳动效率和成果，这就迫使劳动者不断努力提高自己的素质，改善自己的劳动态度，否则就会失去很多本应该得到的需求品，特别是元间需求品。于是，人与人之间，群体与群体之间的竞争成为推动社会发展的基本动力，这些都是常识了。

劳动成果归劳动者所有，推动着劳动效率的不断提高。但是，这种提高是不均匀的，因此，每个劳动者得到的需求品的数量和质量也是不均匀的，有些劳动者通过劳动获得的需求品超过了自己的消费，形成了剩余和积累，这些被积累的需求品并不是简单地堆放在仓库中，而是用各种方式重新回到生产过程中，成为整个社会进一步发展的资源，成为社会再生产的资本。由于这些资本品属于原先创造它们的那些劳动者，其他人在使用这些资源的时候应当支付报酬，要从利用这些资源再次生产出的产品中分出一部分，分配给资源的所有者。这些所有者就在原先因劳动而得利基础之上又叠加了因资本而得利的新的获利途径。当他拥有的资本足够多时，就可以逐渐减少自己的直接劳动，逐渐把通过资本获利作为主要的生存途径。用自己的资本所有权同他人的劳动进行交换。当这种交换大量出现之后，劳动的交换就不再是唯一的交换内容，在此基础上增加了资本的交换，以致出现了资本之间的交换，由此出现了新的分配方式——按资本分配，相应的，也就出现了主要靠资本获得需求品的新阶级。

　　人们之所以要将这些没有在当下就消费完了的产品积累起来，最初只是为将来而储备的，是为了应付将来不确定生活的一种保障措施。但是，直接将产品本身保存下来是不明智、不方便的。在充分发育的市场经济条件下，直接产品被债务人拿去投入再生产过程中，债务人出具给了产权所有人一张借据，这张债券是直接产品的镜像，是一种间接的元间品，也就是所谓"货币"。再进一步，人们又将手中的货币也出借给了债务人，换得了另外一张借据、一张股票、一张银行卡。于是原先作为直接劳动产品的镜像元间品又再一次被镜像。用两次镜像的方式实现了直接产品的社会化储存，用货币的方式将自己的剩余劳动产品借给社会。利用社会的再生产过程保持自己过去的劳动成果，直到需要的时候，再逆向操作两次，兑换回原先储存的直接需求品，或者交换为其他需求品。当然，直接产品的所有者自己也可以直接将自己的剩余产品投入再生产过程中。剩余产品的拥有者可能从再生产过程中获得的超出原先存储数量的超额部分，就含有了资本利得，依照"按资分配"原则获得额外的收入。

　　虽然关于按资本分配的理论已经被认为是相当完备了，但是，如果从物质和元间这两个极限及其对立统一的视角，或许还能得到一些新的看法。

　　（1）金融制度的基础是实现了对直接剩余产品的两次镜像，实现了对所有社会现存资源的元间化处理。问题在于，第一次元间化处理之后所获得的镜像品可以大体准确地反映现存产品状态，而对于这个镜像品的再次镜像，甚至多次镜像，就形成了相对独立的、新的元间实体，这个新的元间实体已经不再是原先直接剩余产品的镜像实体，已经越来越远地脱离了由现存产品为基础的经济体系，甚至是一种完全无关的意志或信用的镜像品，逐渐形成了一种新的元间性的经济体系，也就是今天我们常说的"虚拟经济体系"。镜像资产本身成为了相对独立的实体，镜像资产相互之间发生了交换，镜像资产形成了自我积累，形成了相对独立的经济体系，形成了独立于实际产品生产与交换的体系。新旧两大体系之间的镜像性程度趋向于弱化，弱化的结果使得从虚拟体系中获得的数字利润难以在实际生产过程的体系中找到对应者，两个渠道产生的收入混合在一起，使得原先那些物质生产收益者难以完整地兑现自己的收入。这中间插入了新的分配者，形成了新的分配途径。除非把虚拟产品、镜像收入本身作为另一种直接的需求品。

（2）既然有物质和元间两种极端的需求品，就会有两种极端的"剩余品"，如果说资本来源于剩余品的积累，就会有两种极端类型的积累形式。

但是，不同的产品，其可保存性之间有巨大的差距，就像不同的产品有不同的保质期一样。而所谓可保存性、可存储性将直接影响到可积累性，使得所有产品都具有不同程度的可积累性，这将直接决定着这些资源作为资本的有效性。反过来说，所有产品都具有不同程度的不可积累性，不可积累的产品不能作为有效的资本，积累的时效性很低的产品，作为资本的时效性也很低。但是，原先的劳动成果都已经被货币化了，货币的数字是统一尺度的，都是可以永久保存和积累的，但是这些货币所反映的产品却不具有相同的可积累性和时效性。

不仅物质产品与元间产品的可积累性之间有很大的差距，不同的物质产品的可积累性，不同元间产品的可积累性之间也都存在着巨大的差距，不仅存在着作为资本的有效性方面的差别，也存在着时效性的差别。有的元间产品具有永恒性，比如《论语》、楞次定律、相对论……许多元间产品仅在某个瞬间有意义。不同元间产品可积累性方面的差距甚至可以达到无限大的极限，相比之下，不同物质产品的可积累性之间的差别要小得多。

当一个经济体系中的物质产品占主导地位的时候，剩余产品的可积累性相对比较均匀，在有限的时间范围里，各种剩余产品作为资本在再生产过程中发挥的作用也大体均衡，由此产生的按资分配也是大体均衡的。当经济体系中大量充斥元间产品的时候，物质产品与元间产品之间、元间产品的相互之间巨大的可积累性差距，使得各种作为资本的剩余产品对再生产过程所发挥的作用出现了巨大的差距。许多实际上已经消失了的资本与正在实际发挥作用的资本具有了同等的分配资格。这时，已经不再是本来意义上的"按资分配"了，其中有相当的部分已经演变成为"按机会"的分配。

过去很长的一个历史时期内，我们处在物质产品占绝对优势的经济体系中，元间劳动产生的分配要求并不特别突出，可以把由生产元间产品的劳动所获得的分配归结为"剩余价值的再分配"，元间因素不被作为主要的生产要素，只是折算成若干倍数的体力劳动。现在不能这样看了，"科学技术是第一生产力"绝非虚言，元间产品不仅成为最重要的生产要素，甚至可以说成为了生产效率和质量的决定因素，不仅是不同性质的劳动工具，同时，也逐渐成为一种主要的需求品，成为主要的资本之一。元间产品的积累形式作为资本也同样是再生产过程的重要资源，因此具有直接的分配权。

并不是所有的元间产品都能成为生产要素，也不是所有的元间产品都具有同等的可积累性，在这些方面，元间产品之间的差距巨大。一名艺术家设计的一个移动电话机的界面是一种元间产品，一位歌星的一次演唱会也是一件元间产品，这两件元间产品的可积累性和积累的意义都相差甚远。显然，我们原有的积累理论开始变得不那么有效和适用了。

4.影响分配的其他因素

除了上述三项主要的分配原则之外，还有很多因素影响分配，都不同程度地作为分配原则。

（1）机会。任何资源的分布都是不均匀的，不均匀的分布就意味着"机会"，既然是"机会"，就没有太多道理可言，就不可能全都严格依照什么规则进行。

在我们的经济和政治生活中，相当一大部分资源都是通过机会来分配的，占有机会就占有了资源。虽然这是分配中最大的不平等，可是就像人们对抽签、摇号的结果都欣然接受一样，就像坦然面对穷爸爸和富爸爸为子女创造的不同生活条件一样，就像极为宽容的对待商业战场上的鲸吞和倾轧一样，机会这种最不平等的因素反而成了一种最"平等"的条件。如果再将机会、能力、资本、制度加在一起，反复不断地积累和增值，就能产生更加惊人的不平等，例如，一个利益集团经过周密的筹划，就可以用一件反复嵌套的金融产品轻而易举地、合法地、掠走几亿人一生的积蓄，人们对此居然可以坦然地接受。机会作为一种元间品，也是可以交换的，同理，也就成为影响分配的重要因素。

（2）偏好。正如马克思所揭示的那样，首先交换者应当是个自由人。交换者作为具有自我意识的主体，要将自己拥有的可供交换的交换品与交换对象所拥有的交换品进行比较，根据自己对于不同交换品的需求强度做出判断，以决定交换的尺度，这是一种从需求强度出发的价值判断。然而，每个人都是具有三重性质的具体的人，都有物质和元间的这样双重的供给和消费能力。不同的生存状态下有不同的需求重点，不同的条件下可以提供不同的交换品，不同经历、不同教育程度的人有不同的需求倾向和生活习惯，每个人在不同的条件下对同种需求品的需求强度是不同的，观点和看法是不同的，而且是变化的，这种观点和看法之间的差异就是所谓偏好。

偏好当然也是一种元间实体，但是，偏好可以成为交换者的对于交换品的价值判断标准。当偏好成为影响交换的因素时，需求品的相对价值就随偏好发生变化。尽管每个个体都可以单方面做出价值判断，但是，这个价值判断还要与交换的对方的价值判断进行比较和谈判才能被确认，只有当双方的价值判断达成一致，交换才能实现。

偏好本身也可以作为一种间接的交换品。依据偏好的交换也是一种分配原则。

（3）情感。当然，可以将情感解释为一种偏好，不过，这并不完全恰当。人与人之间，除了血缘关系产生的情感之外，还有一大类情感是由合作和对抗以及这两个极端之间的具体情形所产生的。虽然情感在特定的情境中产生，一旦生成，就成为一种相对独立的元间实体，这个元间实体可能被转移、被复制，或者可能成为另一层次的元间素材，参与到另外的、更大规模的元间实体中去。因此，情感作为一种元间实体，不仅是一种元间需求品，同时也是影响交换和分配的一种重要因素。

（4）资源约束。由于社会产品和资源的分布总是不均匀的，个体的需求也是不均匀的，这两种不均匀的综合就会出现有些需求品过多，有些过少的局面。过少的需求品资源就会提高需求的强度，改变需求者的价值判断。这也就是说，价值判断还受到了资源的可分配性的限制，需求品的稀缺程度也可以成为影响分配的重要因素。

总之，由于我们本身的性质和需求的多元性，由于所分配的内容具有物质和元间这样两种极端的情形，具有处在这两个极端之间的无数种具体的情形之中，由于正在使用的分配方式和交换渠道是多元的，所以，所依赖的价值尺度也是多元化的。现有的经济体系和货币体系只是全部交换方式和渠道中的一种已经形成势态的特殊的、不完整的形式。

势态是具有决定性的势力，这种决定性对许多可能的方案和选择形成了规定和压制，生产方式的框架经常落后于经济发展的实际步伐，新采取的改革措施又总是难以撬动事实上已经存在的经济状态，社会的自我意识能力和调控能力还是一个发展中的、极为有限的影响力。

过去，我们习惯于从复杂的系统中整理出一条主线，归纳出一些一般原理，试图用一个简单的理论支撑整个经济体系，比如我们就正在用同一个货币对不同价值尺度的无数需求品进行计量和结算，所遇到的困难是显而易见的，因此这也只能是一个充满不公平的、粗略的结算。

所有分配原则都不同场合、不同程度地同时发挥着作用，每一次具体的分配都是多种因素共同决定着的一个事件，都是被所有这些因素共同决定、共同影响、具有多种性质的元间实体。每一种分配方式和理由都可看作是一个维度。

4.6.6　群体自我意识

在以元子为基本构件的无限维联系的模型中，所有的实体都只是这种联系不均匀分布所形成的各种不同层次的暂时的凝聚形式和现象，我们自己也是其中的一种相对凝聚着的暂态。沿着这个模型的思路，可以把个体的人作为基本的要素和单元，把整个人类社会看作是个体相互联系的一个层次。整个社会只是无限维联系体系中的一种微不足道的、局部的、特殊的积累形式。个体的人凝聚成了不同层次的群体，群体就是个体不均匀分布和不均匀联系形成的暂时的凝聚态。

个体生成、生存的环境可分为两个方面，一是人之外的自然环境；一是由人以一定的人际关系构成的人的群体以及人建造的生存环境。尽管相对于每个个体来说，其他个体也是严格意义上的自然环境，但是，随着人和社会的进化，这两种自然环境随之分化，需求的直接实现途径越来越多的从前一种自然环境过渡到后一种自然环境，原先更多直接从自然环境中获得生活资源的局面转变成了通过人的群体的分工间接获得，人的群体成为每个个体更重要的生成与生存环境，自然环境和社会环境变成了两种生存环境。

因此，个体的人作为具有意识能力的自觉的人，其意识的对象至少有四个相互反馈、相互交织又相对独立的内容：

（1）以非人类因素和人类因素的两种自然为对象；

（2）以自己的内心世界和身体为对象；

（3）以个体的、他人的内心世界和身体、行为为对象；

（4）以所有层次的群体或组织及其行为为对象。

每一个个体都具有这四种主要方面的属性和关系形式，都以这些属性作为自己的主要性质和关系方式，都以这种本性和关系形式参与到与其他各个层次、各种形式对象的相互作用中。

如果打算把个体与群体的关系看作是普遍相互作用模型的一个特例，就可以用普遍相互作用的模型来进行类比。比如，可以把每个个体都比喻作一个个脑神经细胞，每一对人与人之间的固定联系和临时联系可以比作已经生成的相对稳定或暂时的神经节或神经细胞之间的联系网。这样，我们就可以把个体组成群体所发生的相互作用的过程模拟、类比为一个类似脑神经网络样的复杂系统。

个体是构成群体的要素，个体的集合生成群体。由于个体只能在群体中产生，群体是个体生成和生存的唯一途径，群体和个体双方都是对方生成和存在的原因，两者之间构成了互为因果的密切关系。

与所有因凝聚形成的其他实体不同，构成人群的要素，构成人的群体的每个个体的人，都是具有不同程度意识和自我意识能力的人。人是一种同时具有自在、自为、自觉三种性质的生物，同时具有 DNA、身体、意识三个层面的需求；同时具有物质和元间这样两种性质的需求；同时具有个体性和社会性的生存状态；每个需求者只能通过其他需求者才能实现自己绝大部分的需求，因此，每个需求者同时也是被需求者，都同时具有这双重的身份；每一个个体都处在发育、成长、衰老的过程中。

所有这些条件造成了个体需求的复杂性，很难单独用这种种条件中的某一种条件加以解释和说明，只有将所有因素都考虑在内才可能得出一个对于个体需求的全面理解。所有这些因素共同决定了每个个体的需求能力和需求对象的发展性、积累性。众多的个体一起构成了需求品生产、分配、消费的体系，所有这些需求都只能在群体环境中才能实现。

个体的不均匀分布凝结成了不同的群落。开始，这些群体本质上都是实现个体需求的工具和途径，但是，一旦群体成为所有个体公共的生存环境，就超越了每一个、任意一个具体成员的特殊利益，具有了整体意义上的需求，成为超越组成这个群落所有个体的新的需求主体。

用这样的要素构成的新的实体，也天然的具有某种程度的意识和自我意识能力，我们把这种能力称之为群体意识和群体自我意识。

群体的意识和自我意识能力有三个来源：一个群体不仅生活在自然环境中，还同时生活在其他群体构成的环境中，在区别与周围环境关系的同时，也就认识了自己；在对于其他群体的意识过程中，对于自己群体的意识就同时出现；群体中个体对于其他个体意识的综合实际上属于群体中的一部分意识主体对另一部分意识主体的认识，也正是群体自己对于自己的认识。这三方面的因素共同汇集、生成了群体对于自己的自我意识。

就像个体的人实现自我意识是通过自己不同的经验实体之间的相互比较来实现的一样，群体的自我意识也是通过群体中不同的经验实体的相互比较来实现的。所不同的是，个体大脑中的经验实体是大脑内部不同存储单元中贮存着的元间实体，群体中的经验实体则存储在不同个体的大脑中，通过人际间的交流来实现。群体的经验实体最初通过不同的个体的大脑来实现记忆，由这群个体的人实现分析和综合，形成不同的经验实体，也就是说，这些个体在完成其本人的生存任务的同时，更多地或专职地关心群体事务，记忆、总结、提炼、拥有了属于群体活动的一部分经验，形成了一部分、一个特定角度的经验实体。当两个以上的人，或两个不同意见的群体在一起讨论时，将各自的针对同样问题的经验实体相互比较的时候，就会分解双方的元间实体，产生出一系列元间要素，形成一系列概念实体。形成关于这些概念实体的标示性符号，进而形成语言和文字。根据这些概念形成新的元间组合，产生出新的看法和解决方案，这些新的观点改变了双方原有的经验实体，产生出不同于两个讨论者各自意见的新的元间实体。这就是人们经常在开会过程中所做的事情。当一种意见占了上风，人们就分别放弃或保留原先的主张，共同协调，产生出一种集体行为的决策。

开始，构成群体意识和自我意识基础的要件是每个个体之间相互的交流和比较，这个过程是通过个体之间语言、表情、行为等方式实现交流，思考的过程依赖个体的思维过程，群体意识和个体意识密切相连。对于由个体的人构成的群体来说，每个个体是一个相对独立的概念体系、元间体系，都是一个属于群体意识和自我意识的各自独特的视角，属于一个相对独立的元间存储器和处理装置。在这个历史阶段里，实现群体的自我意识本质上还不能脱离个体的大脑和个体的意识，不能脱离人际间自然、直接、现场的交流，个体是实现群体意识和群体自我意识的载体，或者说，群体意识只能通过具体的个体来实现。

但是，随着元间转移和记录技术的不断发展，如，结绳、甲骨、铜鼎、竹简、纸张、算盘、硅片……个体的元间实体从具体个人的头脑中被某种程度地转移出来，个体的思想、言论、行为和状态开始逐渐从个体身体的生理的载体中分离出来，用器物、建筑、图像、文字等方式刻印在了外在的、另外的媒介之上，这部分元间脱离了人的身体，变成了独立于所有个体的第三者，超越了个体生命和躯体的时间与空间的限制，成为群体中所有成员可能共同拥有的元间资源。

人通过大脑记忆的元间实体，通过相互之间直接的交流，通过外在的符号辅助记忆的元间载体实现了间接的交流，所有这些逐渐构成文化体系。

一个族群的文化体系实际上就是这个族群的自我意识的实现途径。

4.6.7　群体自我意识的两种实现途径

正如我们把个体的人分析为是一个从自在、自为到自觉的发展过程那样，同样，也可以把群体也理解为这样的一个发展过程，而且依然处在发展之中。

每一种状态并不都会因为新状态的生成就随即消失，而是不同程度地被保留下来，因此，群体也是同时生存在这三种状态中的实体。

分工从个体之间的交换开始，对于已经进化到了自觉阶段的个体来说，这时的个体是自觉的，知道自己的需求，也知道对方的需求，双方都站在自己直接需求立场上，用自己的间接需求品从对方那里换回自己的直接需求品。如果把这两个交换者临时组成的交换行为看作是一个组织行为，看作是在一个群体内部进行的行为，交换双方对于对方的意识，对于自己的意识的综合就是最初最基本的群体意识，这是最小的群体意识的单位。

如若交易过程趋于复杂，有更多的人加入交易中来，需求品的间接程度就会随之增加，每个个体所要面对的对象就会大幅度增加。当这种增加达到个体元间处理能力极限时，达到个体对于对象了解程度、知识程度的极限时，当个体对于众多对象实际的关照能力以及对象变化的速度都力不从心时，当个体没有条件了解更多的其他个体以及群体的信息时，个体事实上已经达到了自己对于群体意识的极限。这个极限也对群体意识形成了限制。事实上，出于成本和效益的考虑，个体一般不会费尽心思去想那些与自己生活不直接相干的事情，不会过度关照太多的细节问题，会采取集约和简化的手段，尽量减少需求品的间接性，个体在自己能力和知识的范围内实现最简洁、最有利的交易。这样，每一个个体实际所能意识到的群体信息，仅仅是全部群体信息中微不足道的一小部分，群体意识实际上通过所有人意识的综合才可能实现，甚至，即便是所有人的意识加在一起，也不足以将群体中发生的所有事情都了解的一清二楚，都难以真正达到可以关照整体一切信息的程度。

每个人只能更真切地了解自己正在进行的事情，只能大体掌握与自己直接相关的对象的信息，仅仅某种程度上掌握一些间接对象的信息。微观地看，是以自觉的状态参与群体活动的，宏观地看，却是以自为和自在的状态处在群体生活的势态之中，是用一种自在和自为者的身份处在群体中。因此，就群体自身来说，也就不同程度地具有自觉、自为、自在这样三种状态。

例如，交易本身是分工的结果和现象，更多人的交易说明了更多的分工。既然有了分工，就必须了解上下游工序的需求，就必须对自己这道工序之外的信息有更多的掌握，就必须与其他工序的人进行交流和配合。个体对于群体的意识逐渐成为生存的必须，对于更多间接信息的需求成为生存的必要手段。社会的分工组织逐渐滋生的基础是所有个体的自觉，但是对于群体来说，个体的自觉行为只是针对自己行为的自觉，还不是主要针对他人和群体的自觉，这时的群体还仅仅是自在和自为的群体。

开始，个体在群体活动中，只能掌握自己的行为，只根据自己的意识决定自己的行为，通过自己的实际行为影响周边的其他个体。但是，这种行为出自个体的意愿和需求，出自对对象行为的预期，希望用自己的元间实体去同化对方，让你和他都依照我的元间实体中的安排行事。当间接需求不断增加时，这套元间实体就越来越复杂，涉及的范围也越来越宽泛，逐渐形成了对他人，对周围小部分的人群、对更多人、对整个社会关系和秩序的期望和要求。这种需求逐渐蔓延为普遍的需求，成为更多个体的元间需求。

与个体自我意识过程相似，群体自我意识也通过不同经验实体之间的相互比较来实现，不同个体作为不同经验实体的载体，具有形同和相似观点和立场的人形成群体，和具有不同经验实体的人群相互比较，从比较中发现差异，发现最适合的行动方案。

实现群体元间需求的途径有两个主要的途径：一是由每个个体自行实现；二是依照分工的原则，生成专门处理这部分元间需求品的机构和组织，通过一些专职人员来实现。

一个人要实现对于整个群体的意识和理解，前提是先要实现自己的生存，在具备了这些条件之后才有可能关心更多的事情，如果实现生存必须以参与某项社会分工才能实现，那么，这个人对于社会整体的关心只能在业余时间才能进行。因此，社会为每一个个体提供的闲暇时间、为每一个个体提供的教育水平是个体关照群体事务的前提，也就是说，群体通过所有个体实现的自我意识水平，与整个社会的发展程度相关。

将群体的决策权交给某一个个体，也许可以从人的动物性中找到原因，可以把这看作是人类从自在向自觉进化过程中的一种必然选择。但是，更深层、更一般的原因是群体意识的形成远远落后于个体意识和个体的自觉能力的形成。目前，群体的意识还都需要通过个体的大脑才能实现。

既然群体的自我意识要通过具体的个人的大脑来实现，而负责承担这些任务的人，就其本身来说都是具有自己特殊利益的个体，具有自己特殊个性的个体，这些利益和个性就不可避免地与他所从事的群体意识、群体行为、群体利益发生冲突，发生相互作用和相互影响，使得群体意识不可避免地带有了个人色彩。

所以，群体意识实现的两条途径是两种极限形式的表述，具体的群体意识通过处在这两种极端情形之间的某种具体方式实现。这两个方面相互交织在一起，构成了世界群体自我意识和调控的具体状态。

例如，传统经济学推崇个体的充分自由，认为整个社会的经济秩序都可以通过"看不见的手"通过市场实现自动调节和生成，每个人为自己的努力最终会汇集成为社会为他人的力量。每个个人只要自为即可，并不需要自觉，更不需要太多的宏观的群体意识。的确，自由经济可以充分发挥个体的自觉能力，个体在市场中可以创造出最适合于自己生存的势态，个体与个体的相互竞争相互合作可以形成某种程度的整体发展和秩序。但是，当整体发展到相当规模的时候，这个原则就失去了原有的魔力。个体只能站在自己利益和视野的立场上处理自己在整体中的关系，当群体形成超脱于所有个体的独立的需求时，当群体本身成为相对独立的需求主体时，群体的利益仅仅通过所有个体自为的努力已经无法实现。因为从个体利益和视角出发的个体需求常常是冲突的。

马克思以来，产生了集体、国有经济的理论体系和伟大实践，出现了以群体本身作为利益主体，通过群体直接实现群体和个体需求的经济体系。这种经济体系的典型特征是根据事先的"计划"实现需求品的生产和分配。实际上，自由经济也是有计划的，只不过这个计划的规模仅限于个体和小集团之内。如果我们把"计划"看作是自我意识的一种现象，那么，不同程度、不同主体的计划就属于不同程度和不同主体的自我意识，国家计划就是国家规模的群体意识。

理想中的群体自我意识指导下的经济活动理应是最合理、最强大、最高效率的，但是大规模实践的结果却差强人意。认真总结、研究这些伟大实验和探索的经验教训具有重要的意义。

群体需求的绝大部分内容都是对个体需求的抽象，抽象就意味着舍弃，不同的群体在代表不同的共同利益的同时，也舍弃了个体的不同的需求，就要以许许多多的个体利益为代价，就会与个体的需求、个体的计划、个体的自我意识发生冲突。群体在促进社会进步的同时，这些冲突也会积累成社会矛盾，会影响个体的自觉能力的实现，从而遏制个体的自我意识，最终遏制了通过个体自我意识实现的群体自我意识。

从群体自我意识的角度看，在其发展过程中，群体对自己的意识本身是不平衡的。群体可以意识到自己当前面临的主要困难和危机，能够体验到自己在整个社会和整个自然体系的部分状态和地位，但是不可能立即意识到所有状态和地位，因为这种意识是通过个体的人来实现的，受到了这些人自身利益、经验、能力、角度的限制。不仅如此，群体更需要了解的是构成自身的所有个体以及这些个体之间形成的复杂关系，一种类似于无限维联系的复杂关系，而群体对于这种关系的意识只能达到与其认识能力发展水平相关的一个有限水平，有相当一部分甚至绝大部分的信息都是缺失的，信息的处理能力也相当欠缺。没有能力实际掌握每一个个体的具体需求，每一个个体需求实现的程度，个体之间的利益冲突，个体与群体之间的利益冲突。也就是说，群体对于自身的意识水平也是一个不断增长的过程，在这个过程的每一个阶段里，群体对于自己的意识都是有限的，所以，根据这种有限的意识水平产生的决策也是有缺陷的。

通过个体意识分散、分布式实现的群体自我意识和通过专职个体或机构集中实现的群体自我意识这样两种极端的实现途径，无论哪一种途径对群体自己的意识能力都是有限的，都是不断变化和发展的。两者交织在一起，事实上的群体意识实现途径都处在这两种极端途径之间的某个具体位置上，都是这两种形式的结合，只不过或多或少地带有两个极端的特点罢了。我们不可能仅仅选择其中的一个极端，彻底摒弃另一个极端，这就割裂了这个完整的体系，导致群体自我意识的偏颇。关于个体与群体之间的关系，我们有一个经典的模型：在发达的生命体中，大脑神经系统的集中意识和控制体系与所有作为个体要素的细胞之间的自治系统共存，是这样两个体系的有机统一，共同实现着每一个个体和整体的需求。

4.6.8 新的需求主体

随着媒体和传播技术的发展，特别是网络技术的发展和普及，群体所有成员共同分享任何一个元间实体成为可能，仅在这一点上，仅对纯粹元间实体而言，我们已经看到了接近普遍相互作用极限的可能，也就是说实现所有个体分享所有元间实体正在成为可能。

尽管所有个体具有分享所有元间实体的可能，但是，并不是所有个体都具有分享所有元间实体的实际能力。需求主体享用元间实体的程度受到了这个主体本身性质的限制，正如一个人要想欣赏唐诗宋词就必须先学会认字，要想利用技术文献，只有先能读懂、看懂、听懂技术文献一样。如果这个需求主体是一个群体，群体本身的素质就是这个群体实际可能消费元间实体的依据。群体的文化能力取决于所有个体的一般文化能力，也取决于所有个体之间的组织形式和沟通的效率。目前，人类群体还只是通过外在的物质媒体初步实现了元间的记忆和传播，元间的比较和运算过程依然主要通过个体内在的、大脑的思考来实现，因此，所有的思想、发明、选择、决策……都不可避免地与某个具体的个人、某些具体的人联系在一起，都不可避免地受到个人的大脑思考能力和思考速度的限制，受到个体的人自己的心理状态和心理素质的影响。

由于元间的复杂程度正在迅速的增长，很多方面都超出了个体的人的可能直接处理的程度，很多时候群体的元间需求超出了单个个体的元间理解或消费能力，而且个体的元间处理能力受到了生理进化速度的限制，所以个体的元间处理能力的发展速度远远低于对元间需求心理渴望的发展。面对这种尴尬，群体生成的一个对策是分工，不同的个体分别把自己大部分精力都投入某一个专业的元间学习和处理工作中去，形成专业的知识和技能，不同专业技能的合作形成整体的元间处理能力；另一个对策是制造各种元间处理的工具和设备，辅助人脑完成复杂的元间处理工作。

重要的进展是我们发明了计算机，最初的计算机只能根据事先编制的程序进行快速运算，经过 60 多年的发展，计算机理论和技术已经有了长足的进步，实现自动编程、自主运算已经不再遥远，大量传感器、媒体、数据库正在逐步与计算机系统相连，这种系统效应将使计算机的能力发生根本性的进步。

计算机使我们的元间处理能力跟上了元间需求的发展，也同时创造了更多的元间需求。就像利用外在媒体限制了一个元间实体的随机性，将其客体化，将其固化为一个相对稳定的元间实体一样，同样可以把思维过程固化为一个个相对稳定的元间实体，排除许多运算错误和不必要的随机性，获得更完善的不依赖特定个体大脑的元间处理机制。

互联网将大量计算机联系在一起的同时，实际上也将更多的人的意见连接在了一起，不仅实现了人与人之间的交流，每个人从他人的意见中获得了比较自己意见的机会，促进了群体自我意识的发展。计算机和互联网正在或已经逐渐成为实现群体意识和群体自我意识的重要工具，这个事实将导致一个革命的改变：群体的意识和自我意识过去绝大多数的过程都是通过个体人的大脑来实现的，现在开始需要通过非人脑的另外的媒介来实现。甚至，当这种外在的媒体充分发展，最终超过人脑在群体意识和群体自我意识中所占的比重时，计算机就不再仅仅是一个工具了，它可能成为一个相对独立的意识主体。那时，计算机里运行的元间实体只有用另一台计算机才读得懂，似乎计算机比我们每个个体的人更懂得、更了解人的群体。这样，也就有可能获得更客观的群体意识和群体自我意识，可能更方便地实现更为理想的群体自我意识以及每个人自己的自我意识。这时，群体意识的范畴中不得不将机器考虑在内，机器也将成为我们群体的一部分，成为我们文化体系中的一部分，成为我们生活中必不可少的重要组成部分。

恩格斯在他著名的《自然辩证法》一书中说道："而在这些脊椎动物中，最后又发展出这样一种脊椎动物，在它身上自然界获得了自我意识，这就是人。"❶

目前，在我们所知道的自然界里，只有人才具有真真的自我意识，会不会出现新的自我意识主体呢？如果将来会有，极可能是计算机了。

这种神奇的机器不仅具有元间分析分解能力，还开始具有了元间组合能力，将来有可能将不同的元间要素一起，生成新的元间实体。目前计算机还处在自在的阶段，还没有自己的"利益"，本身还不是一个"我"，不是一个自我意识者，更谈不上具备"自觉"能力，但是，不能排除将来发展出这种能力的可能性。例如，已经出现了利用 DNA 作为计算机记忆载体的研究；出现了用生物学方法制成的有生命的逻辑运算器件；出现了将电子器件植入大脑的实例，试验表明，大脑可以"懂得"视频芯片编码的电信号，可以通过摄像头"看到"实时影像；生物技术和脑科学的进展，似乎已经找到了读懂了大脑思维内容途径，将大脑活动的信息直接与计算机链接，直接用这些信号控制外部设备已经不再是科幻和传说。这些进展预示着人的大脑和计算机之间的界限正在弱化，反过来说，用计算机干涉、参与、辅助甚至主导某个体大脑思维过程也并非遥不可及。

计算机和人脑之间距离缩短的极限应当以计算机是否具备自我和自我意识为标志，这可算作是新的"图灵判定"标准。

人的意见都汇总到计算机里，计算机自己通过星罗棋布无孔不入的数据收集掌握了更多的社会信息，无处不在的摄像头可以记录每一个人

---

❶　恩格斯:《自然辩证法》，北京：人民出版社，1972 年，第 18 页。

一天、一年甚至一生的行踪，密如蛛网的交易结算系统可以记录绝大部分的金钱往来，从这些记录中可以分析出每一个人的经济状态和活动规律。我们不仅通过机器和外在媒体实现相互沟通，可以轻松高速地处理人的大脑根本无法应付的海量信息，还可能利用机器逐步实现思考过程的客观化。计算机很可能成为人类社会群体实现自我意识的一个重要途径。

当群体信息爆炸性的增长，远远超过了个体人的记忆、理解和计算能力，任何一个个体都不可能实际实现对社会状态从整体到细节的全面把握。我们已经离不开计算机，计算机对我们的了解远远超过了人类自己对自己的了解。因为群体信息如果有一天计算机听懂了所有这些内容，计算机自己的自我反思就不再是天方夜谭了。计算机从人们实现自我意识的工具演变成一种相对独立的意识主体。

计算机本身作为一种自然物，所意识的内容也是关于自然界的元间，那么，自然界就不再仅仅通过人实现自我意识，除此之外又增加了另外一种方式，计算机之类的人造机械自己可能发展成为新的相对独立的自我意识的主体，将成为新的需求主体。

结　语

　　人是大自然漫长进化过程中的一个现象，所以，人的需求依然处于
进化的过程中。离开了人本主义，站在自然界整体进化的立场上，或者
说站在"上帝"的视野上看，人和人的社会不过是整个自然界发展过程
中的一种具备了自我意识能力的载体和形式，并不是唯一形式。

　　这里所说的"进化"只说明时间的单向性，并没有任何"价值"含
义。谁也不能保证进化必定会朝向对人更有利的方向发展，并不总能符
合我们的预期。何况从更长远的尺度看，我们也并不清楚究竟需要怎样
的未来，不清楚我们需求的极限究竟在哪里。

　　需求发展史中的一个重要规则或现实是：工具性的需求往往发展成
了需求本身。如今，这个现象正在更突出地表现出来。基因技术的发
展，已经可以直接对 DNA 本身进行修改和编辑，实现人们对延长寿命、
保持健康、提高对环境的适应能力的需求；细胞工程、医学工程、机械
电子技术的发展已经可以直接干预身体人的结构，延展人天然的体能和
视野；脑科学、电子信息技术、系统工程的最新进展已经开始直接影响
和干预人的精神世界，我们的 DNA、身体和思想开始被嵌入、渗透进
五花八门的新部件、新功能。由此生成一系列新的需求，大大突破天然
的极限，人性的三个层次同时遭受到非传统的直接干涉，新的需求产生
了新的需求主体，人的性质因此改变，甚至是迅速改变。

　　人类用来实现自己需求所创造的工具和手段开始摆脱仆从的地位，
正在发展出了属于他们自己的、独立于人类的需求，他们将最终意识的
这种需求，生成了属于他们自己的自觉需求，将成为更强大、更智慧的

具有自我意识能力的新物种，成为新的需求主体。当这些需求与人类的需求发生冲突时，必然挑战人类的统治地位。这些都早已不再是科幻故事，正在成为严格意义上的哲学问题和科学问题。

我们将怎样看待自己的这些本质性的变化呢？我们将怀着怎样的心情与形形色色的新伙伴一同生活呢？我们将如何面对这样一个光怪陆离的新世界呢？一般需求学可能会是一个有用的思想工具，这是这本《需求的极限》可能的长远意义。

目前，新技术革命导致的新需求海啸般地向我们涌来，随之而来的是生产方式、生活方式、思想方式、社会关系、国际关系的巨大变迁，我们需要重新审视眼下这个既熟知又陌生的世界，这是这本《需求的极限》可能的现实意义。

2012 年 8 月 4 日初稿

2017 年 11 月 18 日终稿

于深圳缔梦园